## NE능률 영어교과서

대한민국 고등학생 **10**명 중 **4.7**명이 보는 교과서

영어 고등 교과서 점유율 1위
(7차, 2007 개정, 2009 개정, 2015 개정)

## 능률보카

그동안 판매된
능률VOCA 1,100만 부

대한민국 박스오피스
**천만명을 넘은 영화
단 28개**

VO CA

## 리딩튜터

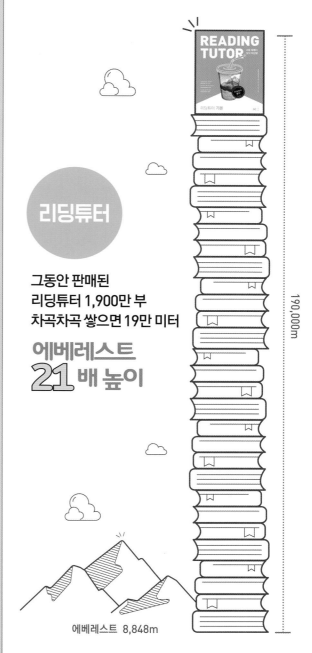

READING TUTOR

그동안 판매된
리딩튜터 1,900만 부
차곡차곡 쌓으면 19만 미터

**에베레스트
21배 높이**

190,000m

에베레스트  8,848m

## 그래머존

그동안 판매된 450만 부의 그래머존을 바닥에 쭉 ~ 깔면
**1000km** 서울-부산 왕복가능

서울

부산

# The 상승 문법독해편

| | |
|---|---|
| **지은이** | NE능률 영어교육연구소 |
| **선임연구원** | 김지현 |
| **영문 교열** | August Niederhaus, Nathaniel Galletta |
| **디자인** | 조가영, 기지영 |

Let's grow together

# NE능률이
# 미래를
# 창조합니다.

건강한 배움의 고객가치를 제공하겠다는 꿈을 실현하기 위해
40년이 넘는 시간 동안 열심히 달려왔습니다.

앞으로도 끊임없는 연구와 노력을 통해
당연한 것을 멈추지 않고

고객, 기업, 직원 모두가 함께 성장하는 NE능률이 되겠습니다.

NE 능률

# The 상승

독해 기본기에서
수능 실전 대비까지
The 상승

문법독해편

# STRUCTURE & FEATURES

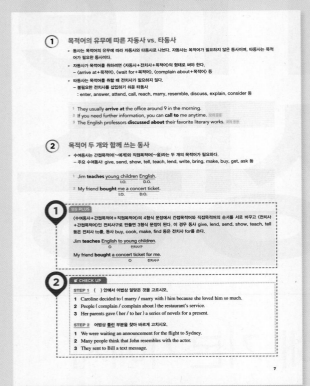

## 핵심이 담긴 간결한 문법 설명

수능·평가원 모의평가·전국연합학력평가를 철저히 분석하여 수능 독해에 필요한 문법 사항들을 수록하였습니다. 명쾌한 문법 설명과 함께 기출 예문으로 수능 독해에 필수적인 문법 사항들을 학습할 수 있습니다.

### ① 상승 PLUS

해당 문법과 관련된 부가적인 문법 사항을 예문과 함께 수록하였습니다.

### ② ☑ CHECK UP

배운 문법 사항들을 정확히 확인할 수 있도록 단계별 연습 문제를 제공하였습니다. STEP 1에서는 선택형 문제를, STEP 2에서는 간단한 서술형 어법 문제를 풀어봄으로써 문법 학습을 체계적으로 점검할 수 있습니다.

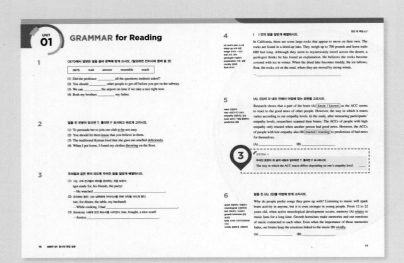

## GRAMMAR for Reading

문법 문제  다양한 문제를 통해 학습한 문법 사항을 이해했는지 확인할 수 있습니다.

단문 독해  학습한 문법 사항이 포함된 70-90 단어 길이의 단문을 통해 문법을 익히도록 했으며, 내신 서술형 주관식을 대비할 수 있는 문제 유형을 수록했습니다.

### ③  EXTRA Q.

단문 독해 지문을 읽고 요지나 세부사항을 확인하는 간단한 문제를 풀어봄으로써 독해 실력을 한층 더 향상시킬 수 있습니다.

## 수능 유형 독해

### 주제·제목 추론

**유형 설명**
글의 중심 내용인 주제나 그 주제를 함축적으로 표현하는 제목을 찾는 유형이다.

**유형 전략**
- 주제문은 주로 글의 처음이나 마지막 부분, 혹은 결론을 나타내거나 전환하는 연결사 뒤에 위치한다. 따라서 이에 해당하는 문장을 주의 깊게 살핀다.
- 글 전체에 반복적으로 나오는 어구는 주제와 긴밀히 연결되어 있으므로 반복 어구를 통해 글의 주제 및 제목을 유추해 본다.
- 너무 포괄적이거나 지엽적인 선택지는 제외한다. 또한, 선택지를 바탕으로 글을 썼을 때 주어진 지문과 같은 글이 구성될지 생각해 보는 역발상을 통해 오답을 제거할 수 있다.

---

**[모의고사 기출]**

다음 글의 주제로 가장 적절한 것은?

ⓐ Noise in the classroom has negative effects on communication patterns and the ability to pay attention. Thus, it is not surprising that constant exposure to noise is related to children's academic achievement, particularly in its negative effects on reading and learning to read. Some researchers found that, when preschool classrooms were changed to reduce noise levels, the children spoke to each other more often and in more complete sentences, and their performance on prereading tests improved. Research with older children suggests similar findings. On reading and math tests, elementary and high school students in noisy schools or classrooms consistently perform below those in quieter settings.

① impacts of noise on academic achievement
② new trends in classroom design
③ ways to control a noisy class
④ various kinds of reading activities
⑤ roles of reading in improving writing skills

**유형 SOLUTION**

1. ⓐ를 통해, 이 글에서 교실 안의 소음과 학생들의 학업 성취의 관계를 설명하려는 것을 알 수 있다.

2. noise in the classroom, negative effects, exposure to noise, reduce noise levels, performance on prereading tests improved, perform below those in quieter settings 등의 어구를 통해 소음에 노출된 환경과 조용한 환경에서의 학생들의 학업 성취에 대한 연구 결과를 비교하고 있다.

3. 교실 안의 소음이 미치는 부정적 영향에 대한 내용을 근거로 ③을 답으로 선택할 수도 있으나, 이를 주제로 글을 구성한다면 교실 소음을 줄이는 구체적인 방법들이 제시되어야 한다. 따라서 ③은 정답이 될 수 없다.

---

negative 부정적인  pay attention 주의를 기울이다  constant 지속적인, (끊임없는)  exposure 노출  be related to ~와 관계가 있다
achievement 성취  preschool 유치원  performance 성적, 성과 (v. perform)  prereading 읽기 전략  consistently 일관되게
setting 환경  impact 영향

12  UNIT 01 동사와 문장 성분

---

**1**

다음 글의 제목으로 가장 적절한 것은?

[정답 및 해설 p.4]

Many people think that electric cars are completely eco-friendly because they don't require gasoline or release harmful gas into the air. However, these cars require electricity to run. And where does this electricity come from? In many places, electricity is generated by burning coal. When this is the case, electric cars end up creating nearly as much greenhouse gas as normal cars. Furthermore, special metals that are buried deep in the earth are needed to make electric cars. The process of digging out the materials can be harmful to the environment. Clearly, when it comes to being eco-friendly, things aren't always as simple as they seem.

① What Does Eco-Friendly Really Mean?
② Choosing the Best Type of Electric Car
③ Gasoline: A Danger to the Environment
④ The Most Common Sources of Electricity
⑤ Do Electric Cars Help or Harm the Environment?

*어휘*
electric 전기의, 전기를 이용하는 (n. electricity)
eco-friendly 친환경적인
gasoline 휘발유
release 풀어 주다; *배출
generate 발생시키다
end up v-ing 결국 ~하게 되다
bury 묻다
dig out ~을 파내다
when it comes to ~에 대해서라면
*문화*
source 원천

---

**2**

다음 글의 주제로 가장 적절한 것은?

The Surui are an Amazon tribe. They have been protecting their rainforest home from loggers and miners for a long time. Unable to win the battle through traditional methods, they put down their weapons and turned to the Internet. Most of the credit for this innovative approach goes to their leader, who learned to use computers when he attended college. After visiting Google's headquarters in America, he started using Google Earth. He mapped out the tribe's land, marking their villages, hunting areas, and holy sites. Then he marked the areas where logging and mining companies had been active. This not only let the world see the challenges faced by the Surui and other rainforest tribes but also helped the local government locate illegal logging and mining operations.

① creating online jobs for Amazon tribe members
② using the Internet to make maps of the Amazon
③ the problems faced by Google's mapping project
④ the ways illegal companies damage the rainforest
⑤ how a rainforest tribe used the Internet to save their land

*어휘*
tribe 부족
logger 벌목꾼
miner 광부
credit 신뢰[기여]; *공로
innovative 혁신적인
approach 다가가다; *접근법
headquarters 본사
holy 신성한
locate ~의 위치를 찾아내다
illegal 불법적인
operation 수술; *활동

13

---

총 10가지의 수능 독해 유형 설명과 그에 대한 유형 전략을 수록하였습니다. 수능·평가원 모의평가·전국연합학력평가 기출 문제를 통해 해결 전략이 적용되는 구체적인 과정을 확인할 수 있습니다. 각 UNIT의 문법 사항들이 포함된 수능 독해 지문들을 통해 문법과 수능 유형을 동시에 익히고, 기출 문제 및 고난도 문제까지 수록되어 수능 독해의 실전 감각을 기를 수 있습니다.

---

### UNIT 01 — REVIEW TEST
*Grammar in the passage*

[정답 및 해설 p.7]

**[1~5]** 다음 문장의 동사에 밑줄 긋고 알맞은 뜻을 고르고 해석하시오.

1. Many people think that electric cars are completely eco-friendly.

2. When we are unhappy, everyone else seems to have a better life than we do.

3. This will give you time to think things through.

4. Let me prove to you that all people are potential geniuses.

5. Individuals that cannot handle these forces die.

**[6~10]** 다음 문장에서 주어 자리 보이나 목적어, 목적어 보어를 찾아 각각 밑줄을 긋고 문장을 해석하시오.

6. This let the world see the challenges faced by the Surui.

7. All the people around us appear to be more content than we are.

8. This encouraged artists to concentrate more on elements not found in photographs.

9. The process of digging out the materials can be harmful to the environment.

10. Scientists call this natural selection.

17

---

## REVIEW TEST
*Grammar in the passage*

수능 유형 독해 지문에서 각 UNIT의 문법이 적용된 문장을 해석해 보면서 문법 사항을 한 번 더 확인할 수 있습니다. 이를 통해 필수 문법과 독해 실력을 다지고 수능 실전까지 대비할 수 있습니다.

# CONTENTS

# UNIT
# 01

# 동사와 문장 성분

# ① 목적어의 유무에 따른 자동사 vs. 타동사

- 동사는 목적어의 유무에 따라 자동사와 타동사로 나뉜다. 자동사는 목적어가 필요하지 않은 동사이며, 타동사는 목적어가 필요한 동사이다.
- 자동사가 목적어를 취하려면 〈자동사＋전치사＋목적어〉의 형태로 써야 한다.
  - 〈arrive at＋목적어〉, 〈wait for＋목적어〉, 〈complain about＋목적어〉 등
- 타동사는 목적어를 취할 때 전치사가 필요하지 않다.
  - 불필요한 전치사를 삽입하기 쉬운 타동사
    : enter, answer, attend, call, reach, marry, resemble, discuss, explain, consider 등

<blockquote>
1 They usually **arrive at** the office around 9 in the morning.
2 If you need further information, you can **call to** me anytime. 모의 응용
3 The English professors **discussed about** their favorite literary works. 모의 응용
</blockquote>

# ② 목적어 두 개와 함께 쓰는 동사

- 수여동사는 간접목적어(~에게)와 직접목적어(~을)라는 두 개의 목적어가 필요하다.
  - 주요 수여동사: give, send, show, tell, teach, lend, write, bring, make, buy, get, ask 등

<blockquote>
1 Jim **teaches** young children English.
              I.O.       D.O.
2 My friend **bought** me a concert ticket.
              I.O.      D.O.
</blockquote>

**상승 PLUS**

〈수여동사＋간접목적어＋직접목적어〉의 4형식 문장에서 간접목적어와 직접목적어의 순서를 서로 바꾸고 〈전치사＋간접목적어〉인 전치사구로 만들면 3형식 문장이 된다. 이 경우 동사 give, lend, send, show, teach, tell 등은 전치사 to를, 동사 buy, cook, make, find 등은 전치사 for를 쓴다.

Jim **teaches** English to young children.
             O         전치사구

My friend **bought** a concert ticket for me.
                O       전치사구

## ☑ CHECK UP

**STEP 1**  ( ) 안에서 어법상 알맞은 것을 고르시오.

1 Caroline decided to ( marry / marry with ) him because she loved him so much.
2 People ( complain / complain about ) the restaurant's service.
3 Her parents gave ( her / to her ) a series of novels for a present.

**STEP 2**  어법상 틀린 부분을 찾아 바르게 고치시오.

1 We were waiting an announcement for the flight to Sydney.
2 Many people think that John resembles with the actor.
3 They sent to Bill a text message.

## ③ 주격 보어와 함께 쓰는 동사

- 주격 보어는 주어의 상태나 성질을 보충 설명하는 말이다. 의미상으로 '주어=주격 보어'의 관계가 성립한다.
- 주격 보어로는 명사나 형용사 등이 올 수 있으며, 부사는 보어로 쓰이지 않는 것에 유의한다.
- 주격 보어를 취하는 주요 동사
  - 상태를 나타내는 동사: be, stand, keep, stay, remain 등
  - 상태 변화를 나타내는 동사: become, come, get, grow, turn, go 등
  - 감각을 나타내는 동사: feel, smell, sound, taste 등
  - 외관을 나타내는 동사: seem, appear, look 등

> 1 Many animals **stay** <u>warm</u> in cold weather because of their fur.
> 2 When Tom grew up, he **became** <u>a famous actor</u>.
> 3 The T-shirt **got** <u>tighter</u> for her as she **grew** <u>older</u>. 모의 응용

## ④ 목적격 보어와 함께 쓰는 동사

- 목적격 보어는 목적어의 상태나 성질을 보충 설명하는 말이다.
- 목적격 보어로는 동사에 따라 명사, 형용사, to부정사, 동사원형, 분사 등이 올 수 있다. 단, 하나의 동사가 쓰임에 따라 여러 형태의 목적격 보어를 취할 수 있다.
  - 명사나 형용사를 목적격 보어로 취하는 동사: make, call, name, keep, leave, find 등
  - to부정사를 목적격 보어로 취하는 동사: want, ask, allow, cause, encourage, enable, advise 등
  - 동사원형을 목적격 보어로 취하는 동사: 사역동사(let, make, have), 지각동사(see, watch, hear, feel 등)
- 목적격 보어로 현재분사가 오면 진행·능동의 의미이고, 과거분사가 오면 완료·수동의 의미이다.
- 의미상으로 목적어와 목적격 보어는 주어와 서술어의 관계이므로 '(목적어)가 (목적격 보어)하다'로 해석할 수 있다.

> 1 Eating too much sugar could **make** your teeth <u>weak</u> and <u>rotten</u>.
> 2 The teacher only **allowed** students <u>to leave</u> after finishing their tests.
> 3 My parents **let** me <u>decide</u> what to do with my future.
> 4 While walking in the park, I **heard** someone <u>scream</u>, "Stop that thief!" 수능 응용
> 5 The detective **found** diamonds <u>buried</u> in the ground.

### ☑ CHECK UP

**STEP 1** ( ) 안에서 어법상 알맞은 것을 고르시오.

1 The woman made her daughter ( eat / to eat ) some fruit every morning.
2 The raw oyster caused him ( have / to have ) a stomachache for a week.
3 He was ( embarrassed / embarrassedly ) by people's questions about his private life.

**STEP 2** 다음 밑줄 친 부분을 어법에 맞게 고치시오.

1 Your difficulties and challenges seem <u>significantly</u>. 수능 응용
2 A balanced diet and regular exercise will keep you <u>healthily</u>.
3 She advised me <u>apologizing</u> to my girlfriend as soon as possible.

## ⑤ 문장의 동사 찾기

- 주어가 길거나 문장 안에 〈주어+동사〉를 갖춘 절이 쓰여 동사가 여러 개인 경우, 문장 전체의 주어와 동사를 먼저 찾는다.
- 문장의 동사가 조동사나 전치사 등과 함께 쓰인 경우, 이를 하나의 동사 덩어리로 본다.

1 What scientists expect **changes** how they see experiments' results. 수능응용
　　　　　　　S　　　　　V

2 I **realized** that the cake was burning when I smelled smoke.
　S　V

3 The store [that sells nice caps at low prices] **is** near my house.
　　S　　　　　　　　　　　　　　　　　　　V

4 My friends [who are open-minded] **will understand** my situation.
　　S　　　　　　　　　　　　　V

### 상승 PLUS

to부정사, 동명사, 분사는 동사와 형태가 유사하지만 문장의 동사가 될 수 없다. 이들은 문장에서 명사, 형용사, 부사의 역할을 한다.

To learn both Spanish and English **is** my goal this year.
　　　　　S　　　　　　　　V

Reviewing a lot **can improve** your score on your final tests.
　　S　　　　V

The people [waiting in line in front of the concert hall] **looked** excited.
　S　　　　　　　　　　　　　　　　　　　　　　V

Only registration forms [sent by email by January 20] **will be** accepted. 수능응용
　　　　S　　　　　　　　　　　　　　　　V

### ☑ CHECK UP

**STEP 1** ( ) 안에서 어법상 알맞은 것을 고르시오.

1 A train transporting cars ( moved / moving ) slowly down the track.

2 The tree ( was planted / planted ) by my grandparents is still standing after 20 years.

3 Traveling abroad with friends ( is / to be ) more exciting than traveling alone.

4 He ( added up / adding up ) the price of each item to calculate the total cost.

**STEP 2** 다음 밑줄 친 부분을 어법에 맞게 고치시오. (문장의 시제를 그대로 쓸 것)

1 Everything he predicted eventually to turn out to be false. 수능응용

2 People respecting those who bravely stand up for the truth.

**1** 〈보기〉에서 알맞은 말을 골라 문맥에 맞게 쓰시오. (필요하면 전치사와 함께 쓸 것)

| 〈보기〉 | wait | answer | resemble | reach |
|---|---|---|---|---|

(1) Did the professor _____ all the questions students asked?

(2) You should _____ other people to get off before you get on the subway.

(3) We can _____ the airport on time if we take a taxi right now.

(4) Both my brothers _____ my father.

**2** 밑줄 친 부분이 맞으면 T, 틀리면 F 표시하고 바르게 고치시오.

(1) To persuade her to join our club to be not easy.

(2) You should let them know that you believe in them.

(3) The traditional Korean food that she gave me smelled deliciously.

(4) When I got home, I found my clothes throwing on the floor.

**3** 우리말과 같은 뜻이 되도록 주어진 말을 알맞게 배열하시오.

(1) 그는 그의 친구들이 파티를 준비하는 것을 보았다.

(get ready for, his friends, the party)

→ He watched _____.

(2) 요리하는 동안, 나는 남편에게 저녁식사를 위해 식탁을 차리게 했다.

(set, for dinner, the table, my husband)

→ While cooking, I had _____.

(3) Jessica는 나에게 멋진 목도리를 사주었다. (me, bought, a nice scarf)

→ Jessica _____.

## 4

on one's own 스스로
dried-up 바싹 마른
weigh 무게가 ~이다
trail 자국, 흔적
geologist 지질학자
explanation 이유; 설명
muddy 질퍽한
float 떠가다

**( ) 안의 말을 알맞게 배열하시오.**

In California, there are some large rocks that appear to move on their own. The rocks are found in a dried-up lake. They weigh up to 700 pounds and leave trails 600 feet long. Although they seem to mysteriously travel across the desert, a geologist thinks he has found an explanation. He believes the rocks become covered with ice in winter. When the dried lake becomes muddy, the ice (allows, float, the rocks, to) on the mud, where they are moved by strong winds.

→ _____

## 5

react 반응하다
vary 서로[각기] 다르다
empathy 감정이입, 공감
scan 살피다; *정밀 촬영하다
prediction 예측

**(A), (B)의 각 네모 안에서 어법에 맞는 표현을 고르시오.**

Research shows that a part of the brain (A) know / known as the ACC seems to react to the good news of other people. However, the way in which it reacts varies according to our empathy levels. In the study, after measuring participants' empathy levels, researchers scanned their brains. The ACCs of people with high empathy only reacted when another person had good news. However, the ACCs of people with low empathy also (B) reacted / reacting to predictions of bad news for themselves.

(A) _____     (B) _____

### EXTRA Q.

주어진 문장이 위 글의 내용과 일치하면 T, 틀리면 F 표시하시오.

The way in which the ACC reacts differs depending on one's empathy level. _____

## 6

spark 촉발하다, 유발하다
neurological 신경[학]의
last 계속되다, 지속되다
growth hormone 성장
호르몬
fade 서서히 사라지다[희미해
지다]
vividly 생생하게, 선명하게

**밑줄 친 (A), (B)를 어법에 맞게 고치시오.**

Why do people prefer songs they grew up with? Listening to music will spark brain activity in anyone, but it is even stronger in young people. From 12 to 22 years old, when active neurological development occurs, memory (A) relates to music lasts for a long time. Growth hormones make memories and our emotions of music connected to each other. Even when the importance of those memories fades, our brains keep the emotions linked to the music (B) vividly.

(A) _____     (B) _____

# 수능유형독해

## 주제·제목 추론

유형 설명
글의 중심 내용인 주제나 그 주제를 함축적으로 표현하는 제목을 찾는 유형이다.

유형 전략
- 주제문은 주로 글의 처음이나 마지막 부분, 혹은 결론을 나타내거나 전환하는 연결사 뒤에 위치한다. 따라서 이에 해당하는 문장을 주의 깊게 살핀다.
- 글 전체에 반복적으로 나오는 어구는 주제와 긴밀히 연결되어 있으므로 반복 어구를 통해 글의 주제 및 제목을 유추해 본다.
- 너무 포괄적이거나 지엽적인 선택지는 제외한다. 또한, 선택지를 바탕으로 글을 썼을 때 주어진 지문과 같은 글이 구성될지 생각해 보는 역발상을 통해 오답을 제거할 수 있다.

---

**모의고사 기출**

### 다음 글의 주제로 가장 적절한 것은?

ⓐ Noise in the classroom has negative effects on communication patterns and the ability to pay attention. Thus, it is not surprising that constant exposure to noise is related to children's academic achievement, particularly in its negative effects on reading and learning to read. Some researchers found that, when preschool classrooms were changed to reduce noise levels, the children spoke to each other more often and in more complete sentences, and their performance on prereading tests improved. Research with older children suggests similar findings. On reading and math tests, elementary and high school students in noisy schools or classrooms consistently perform below those in quieter settings.

① impacts of noise on academic achievement
② new trends in classroom design
③ ways to control a noisy class
④ various kinds of reading activities
⑤ roles of reading in improving writing skills

### 유형 SOLUTION

1 ⓐ를 통해, 이 글에서 교실 안의 소음과 학생들의 학업 성취의 관계를 설명하려는 것을 알 수 있다.

2 noise in the classroom, negative effects, exposure to noise, reduce noise levels, performance on prereading tests improved, perform below those in quieter settings 등의 어구를 통해 소음에 노출된 환경과 조용한 환경에서의 학생들의 학업 성취에 대한 연구 결과를 비교하고 있다.

3 교실 안의 소음이 미치는 부정적 영향에 대한 내용을 근거로 ③을 답으로 선택할 수도 있으나, 이를 주제로 글을 구성한다면 교실 소음을 줄이는 구체적인 방법들이 제시되어야 한다. 따라서 ③은 정답이 될 수 없다.

---

negative 부정적인  pay attention 주의를 기울이다  constant 지속적인, 끊임없는  exposure 노출  be related to ~와 관계가 있다
achievement 성취  preschool 유치원  performance 성적, 성과, 수행 (v. perform)  prereading 읽기 전의  consistently 일관되게
setting 환경  문제  impact 영향

## 1

다음 글의 제목으로 가장 적절한 것은?

electric 전기의, 전기를 이용하는 (n. electricity)
eco-friendly 친환경적인
gasoline 휘발유
release 풀어 주다; *배출하다
generate 발생시키다
end up v-ing 결국 ~하게 되다
bury 묻다
dig out ~을 파내다
when it comes to ~에 대해서라면

문제
source 원천

Many people think that electric cars are completely eco-friendly because they don't require gasoline or release harmful gas into the air. However, these cars require electricity to run. And where does this electricity come from? In many places, electricity is generated by burning coal. When this is the case, electric cars end up creating nearly as much greenhouse gas as normal cars. Furthermore, special metals that are buried deep in the earth are needed to make electric cars. The process of digging out the materials can be harmful to the environment. Clearly, when it comes to being eco-friendly, things aren't always as simple as they seem.

① What Does Eco-Friendly Really Mean?
② Choosing the Best Type of Electric Car
③ Gasoline: A Danger to the Environment
④ The Most Common Sources of Electricity
⑤ Do Electric Cars Help or Harm the Environment?

## 2

다음 글의 주제로 가장 적절한 것은?

tribe 부족
logger 벌목꾼
miner 광부
credit 신용거래; *공적
innovative 혁신적인
approach 다가가다; *접근법
headquarters 본사
holy 신성한
locate ~의 위치를 찾아내다
illegal 불법적인
operation 수술; *활동

The Surui are an Amazon tribe. They have been protecting their rainforest home from loggers and miners for a long time. Unable to win the battle through traditional methods, they put down their weapons and turned to the Internet. Most of the credit for this innovative approach goes to their leader, who learned to use computers when he attended college. After visiting Google's headquarters in America, he started using Google Earth. He mapped out the tribe's land, marking their villages, hunting areas, and holy sites. Then he marked the areas where logging and mining companies had been active. This not only let the world see the challenges faced by the Surui and other rainforest tribes but also helped the local government locate illegal logging and mining operations.

① creating online jobs for Amazon tribe members
② using the Internet to make maps of the Amazon
③ the problems faced by Google's mapping project
④ the ways illegal companies damage the rainforest
⑤ how a rainforest tribe used the Internet to save their land

**3**

다음 글의 제목으로 가장 적절한 것은?

Many farmers today still use an ancient method to water their fields: flooding them by allowing water to flow through tracks in the soil. Unfortunately, much of this water is wasted. Even worse, it sometimes washes chemicals from pesticides into the water supply. For these reasons, a better system is needed, especially with the world's growing water shortage problem. One potential alternative, called drip irrigation, was developed in Israel in the 1950s. With this method, farmers use tubes installed beneath the surface of the fields to deliver water directly to the plants' roots. This system can reduce the amount of water used by 70% while increasing the number of crops produced by up to 90%.

*drip irrigation 점적관개

① A Better Way to Water Crops
② Reviving Past Farming Techniques
③ Why Chemical Pesticides Are Harmful
④ How Farmers Increase Their Crop Yields
⑤ Advantages and Disadvantages of Drip Irrigation

---

**4**

모의고사 기출

다음 글의 주제로 가장 적절한 것은?

When you face a severe source of stress, you may fight back, reacting immediately. While this served your ancestors well when they were attacked by a wild animal, it is less helpful today unless you are attacked physically. Technology makes it much easier to worsen a situation with a quick response. I know I have been guilty of responding too quickly to people, on email in particular, in a harsh tone that only made things worse. The more something causes your heart to race, the more important it is to step back before speaking or typing a single word. This will give you time to think things through and find a way to deal with the other person in a healthier manner.

① origins of violent human behavior
② benefits of social media technology
③ importance of taking time in responding
④ relationship between health and heartbeat
⑤ difficulties in controlling emotional reactions

# 5

content 만족하는
present 주다; *보여주다
overestimate 과대평가하
다 (↔ underestimate)
positive 긍정적인
(↔ negative)
fool 속이다, 기만하다

**문제**
promote 촉진하다; *홍보
하다

**다음 글의 제목으로 가장 적절한 것은?**

When we are unhappy, everyone else seems to have a better life than we do. All the people around us appear to be more content than we are. Logging on to our favorite social networking sites, we can't help noticing the experiences and achievements of others. When we compare our own lives to what we see on the screen, we begin to feel bad. But in reality, other people might not be as happy as they seem. This is probably because they try to present their lives in the best way possible. We also tend to overestimate the positive feelings of others while underestimating their negative feelings. This fools us into thinking that other people are happier and more satisfied than us and that we are the only ones with problems.

① The Secret to Improving Your Relationships
② Why People Aren't as Happy as You Think
③ Social Networking: A Way to Understand Others
④ How to Promote Yourself Using Social Networking
⑤ Sharing Your Problems: A Way to Make You Feel Better

# 6

모의고사 기출

memorize 기억하다,
암기하다
(n. memorization)
a range of 다양한
repetition 반복
grocery store 식료품점
average 평균의, 보통의
carry (가게에서 상품을)
취급하다
category 범주
(v. categorize)
repeatedly 반복하여; 여러
차례
arrangement 준비; *배열
layout 배치

**다음 글의 제목으로 가장 적절한 것은?**

How can we teach our children to memorize a broad range of information? Let me prove to you that all people are potential geniuses, with brains designed to store, control, and remember large amounts of information through memorization by repetition. Imagine the grocery store where you shop the most. If I asked you to tell me where the eggs are, would you be able to do so? Of course you could. The average grocery store carries over 10,000 items, yet you can quickly tell me where to find most of them. Why? The store is organized by category, and you have shopped in the store repeatedly. In other words, you've seen those organized items over and over again, and the arrangement by category makes it easy for you to memorize the store's layout. You can categorize 10,000 items from just one store.

① Too Much Repetition Kills Creativity
② Believe in Your Memos, Not Your Memory
③ A Grocery Store: Where Your Health Begins
④ Your Memory Can Improve as You Get Older
⑤ Repetition and Categorization: The Key to Memory

# 7

다음 글의 주제로 가장 적절한 것은?

Realism was preferred by artists in the mid-19th century, as painters focused on achieving greater accuracy. Everything changed, however, with the rise of photography. Cameras could show scenes more realistically than an artist ever could, capturing even the finest of details. This encouraged artists to concentrate more on elements not found in photographs of the time, such as color. This movement away from realism can best be seen in a group of painters known as Impressionists. They left their studios and went out into nature, capturing the day's small changes in light and color. Although they remained realists, recording what they actually saw, they put more of their own perceptions into their work. This was a step away from traditional realism and toward a more subjective realism.

① the reason early photos had no color
② the political agenda of Impressionists
③ the methods used by early photographers
④ the effect of photography on styles of painting
⑤ the importance of showing subjects realistically

---

고난도

# 8

다음 글의 주제로 가장 적절한 것은?

Outside forces seem to be a key factor in evolution. Individuals that cannot handle these forces die; those that can handle them survive and pass their superior traits to their offspring. Scientists call this natural selection. Modern humans, however, change their environment to fit their needs. Therefore, some say that natural selection no longer has a significant effect on our species. But there is evidence that human evolution is still occurring. For example, research shows that the human brain has been shrinking. In the hunter-gatherer lifestyle, humans had to hunt for their food and make their own tools. As society has evolved, however, we have begun to rely on others to do many things for us. As a result, some scientists think our brains are shrinking because we don't need them as much.

① the continuing evolution of human beings
② the lack of natural selection in most species
③ how evolution has changed the environment
④ what caused humans to develop larger brains
⑤ why people are smarter than they were before

[1~5] 다음 문장의 동사를 찾아 밑줄을 긋고 문장을 해석하시오.

**1**   Many people think that electric cars are completely eco-friendly.

**2**   When we are unhappy, everyone else seems to have a better life than we do.

**3**   This will give you time to think things through.

**4**   Let me prove to you that all people are potential geniuses.

**5**   Individuals that cannot handle these forces die.

[6~10] 다음 문장에서 주격 보어나 목적어, 목적격 보어를 찾아 각각 밑줄을 긋고 문장을 해석하시오.

**6**   This let the world see the challenges faced by the Surui.

**7**   All the people around us appear to be more content than we are.

**8**   This encouraged artists to concentrate more on elements not found in photographs.

**9**   The process of digging out the materials can be harmful to the environment.

**10**   Scientists call this natural selection.

# UNIT 02

## 동사의 시제

# ① 기본 시제

- 현재시제: 현재의 사실이나 상태, 반복적인 습관이나 동작, 일반적인 사실 등을 나타낼 때 쓴다.
- 과거시제: 과거의 특정 시점에 일어난 일이나 과거의 상태를 나타낼 때 쓴다.
- 미래시제: 앞으로 일어날 일을 나타낼 때 쓴다.

¹ He **uses** a lot of gestures when he speaks.
² The ancient Greeks **tried** to improve their memories with brain training methods. 모의 응용
³ I **will go** to Italy to enjoy the delicious food.

### 상승 PLUS

시간이나 조건을 나타내는 부사절에서는 미래의 일이라도 현재시제를 쓴다.

If it **rains** tomorrow, I'll borrow your umbrella. (O)

If it **will rain** tomorrow, I'll borrow your umbrella. (X)

# ② 진행형

- 진행형(be동사+v-ing): 현재, 과거, 미래의 한 시점에 일어나고 있는 일을 나타낼 때 쓴다.
- 가까운 미래에 예정된 일을 나타낼 때는 현재진행형을 쓰기도 한다.

¹ Kevin **is looking** for an apartment closer to his university.
² Lewis **was eating** a pizza when Emily returned home.
³ In tomorrow's class, we **will be learning** about global warming.
⁴ I **am leaving** tonight to meet my friend in Germany. 수능 응용

### 상승 PLUS

상태·감정·소유·지각(인식)을 나타내는 동사(remain, resemble, like, love, have, know 등)는 보통 진행형으로 쓰지 않는다.

The shy student **remained** silent when the teacher called him. (O)

The shy student **was remaining** silent when the teacher called him. (X)

### ☑ CHECK UP

STEP 1  ( ) 안에서 어법상 알맞은 것을 고르시오.

1  The Earth's atmosphere ( is / was ) made up of a variety of gases.
2  If she ( comes / will come ) tomorrow, I'll call you right away.
3  We ( fly / will be flying ) over the Pacific Ocean at this time tomorrow.

STEP 2  다음 밑줄 친 부분을 어법에 맞게 고치시오.

1  After 45 years of separation, East and West Germany <u>are</u> reunited in 1990.
2  If you <u>will upload</u> the restaurant review on the website, you will get 10% off your next visit.
3  When Alicia was young, she <u>was resembling</u> her mother.

## ③ 현재완료

- 현재완료(have[has] v-ed): 과거의 일이 현재까지 영향을 미칠 때 쓴다.
  - 완료: 최근이나 지금 막 완료된 일을 나타낸다.
  - 계속: 과거부터 현재까지 계속되는 일을 나타낸다.
  - 경험: 과거부터 현재까지의 경험을 나타낸다.
  - 결과: 과거의 일이 현재까지 영향을 미치는 상태를 나타낸다.

> 1 James **has** already **decided** on his major in college. 〈완료〉
> 2 My wife and I **have enjoyed** getting your newspaper for years. 〈계속〉 수능 응용
> 3 Paul **has** never **eaten** Korean food before, but he wants to try it. 〈경험〉
> 4 The professor **has left** his office, so he is not here now. 〈결과〉

## ④ 과거시제 vs. 현재완료

- 과거시제: 과거에 이미 끝난 일을 나타낸다. 과거의 특정 시점을 나타내는 부사(구)와 함께 자주 쓰인다.
  - 과거시제와 함께 자주 쓰이는 부사(구)
    : last ~, ~ ago, yesterday, 〈in+연도〉, 〈when+절〉 등
- 현재완료: 과거의 일이 현재까지 영향을 미칠 때 쓴다.
  ▶ 현재완료와 함께 자주 쓰이는 부사(구)
  - 완료의 의미인 경우: already, just, yet 등
  - 계속의 의미인 경우: for ~, since ~ 등
  - 경험의 의미인 경우: ever, never, before, once, ~ times(횟수) 등

> 1 I **went** to the Seoul International Fireworks Festival yesterday.
> 2 It's already eight o'clock, but my friend **hasn't called** me yet.
> 3 For 25 years he **has been** a beloved and respected employee. 수능 응용

---

### ☑ CHECK UP

**STEP 1** ( ) 안에서 어법상 알맞은 것을 고르시오.

1 My grandparents ( visited / have visited ) Canada when I was eight.
2 Some classmates ( were / have been ) ill since last week.
3 A repairman ( fixed / has fixed ) the copy machine three days ago.

**STEP 2** 다음 밑줄 친 부분이 맞으면 T, 틀리면 F 표시하고 바르게 고치시오.

1 Korea <u>has hosted</u> the World Cup with Japan in 2002.
2 Kelly <u>worked</u> here for years, so she is now one of our best employees.
3 I <u>have lost</u> my cell phone, so I can't send a text message now.

## (5) 과거완료와 미래완료

- 과거완료(had v-ed): 과거의 어느 시점 이전에 완료되었거나 그 시점까지 영향을 미친 일을 나타낼 때 쓴다. 과거보다 더 이전에 있었던 일을 나타내기 위해 쓰기도 한다.
- 미래완료(will have v-ed): 미래의 어느 시점까지 계속되거나 미래의 어느 시점에 완료될 일을 나타낼 때 쓴다.

> 1 I **had** already **bought** the photo app before you <u>recommended</u> it. 〈완료〉
> 2 Alice **had lost** her ticket when she <u>arrived</u> at a concert hall. 〈결과〉
> 3 Before I <u>moved</u> to Seoul, I **had lived** in Hawaii for 10 years. 〈계속〉
> 4 Harry **will have worked** in this company for five years <u>next year</u>. 〈계속〉
> 5 My family **will have been** to Paris three times if we go there <u>next month</u>. 〈경험〉

## (6) 완료 진행형

- 완료 진행형: 현재완료 진행형은 과거에서 현재까지 계속 진행되고 있는 일을 나타낼 때 쓰며, 현재완료보다 동작이나 상황이 진행 중임을 강조한다. 과거완료 진행형과 미래완료 진행형의 쓰임도 같은데, 기간이나 특정 시점을 나타내는 말과 함께 쓰이는 경우가 많다.
  - 현재완료 진행형(have[has] been v-ing): (계속) ~하고 있는 중이다
  - 과거완료 진행형(had been v-ing): (계속) ~하고 있는 중이었다
  - 미래완료 진행형(will have been v-ing): (계속) ~하고 있는 중일 것이다

> 1 I **have been working** diligently so that my family can enjoy a comfortable lifestyle. 수능 응용
> 2 <u>By the time she arrived</u>, we **had been playing** soccer for an hour.
> 3 <u>In five minutes</u>, I **will have been waiting** 30 minutes for the train.

---

### ☑ CHECK UP

**STEP 1**  ( ) 안에서 어법상 알맞은 것을 고르시오.

1 The baseball game ( had already begun / have already begun ) when I arrived at the stadium.
2 We ( were driving / have been driving ) for hours, but we are still on the road.
3 Next month, I ( will learn / will have been learning ) English for three years.
4 They ( have been trying / had tried ) to solve difficult math problems since this morning.

**STEP 2**  다음 밑줄 친 부분을 어법에 맞게 고치시오.

1 After the house burned down, we found that the center of the fire <u>has been</u> in the kitchen. 모의 응용
2 By the end of this week, my brother <u>will collect</u> all the coupons.

**1** 〈보기〉에서 알맞은 말을 골라 문맥에 맞게 쓰시오. (한 번씩만 쓸 것)

> 〈보기〉   stay   be   eat   visit

(1) My friend and I _____ in a mountain cabin since last night.

(2) Jennifer _____ lunch with her best friend every Friday.

(3) We _____ our grandmother last year during winter vacation.

(4) I _____ asleep for several hours before a loud noise woke me up.

**2** 밑줄 친 부분을 어법에 맞게 고치시오.

(1) When Scarlet <u>will finish</u> her report, we will go to the movie.

(2) All of the books on the shelf <u>are belonging</u> to me.

(3) I <u>knew</u> him since we were in elementary school.

(4) Jacob <u>had been looking</u> for his car keys since yesterday.

**3** 우리말과 같은 뜻이 되도록 주어진 말을 이용하여 문장을 완성하시오.

(1) Emily는 남편과 함께 프랑스로 떠나서, 그녀는 지금 사무실에 없다. (leave)

→ Emily _____ _____ for France with her husband, so she is not in the office now.

(2) 너는 다음 달 이맘때쯤이면 새 아파트로 이사했을 것이다. (move)

→ You _____ _____ _____ to your new apartment by this time next month.

(3) 수영을 하러 가기 전에, 나는 저녁을 많이 먹었다. (eat)

→ Before I went swimming, I _____ _____ a big dinner.

**4**

deserted 버림받은
remote 외진, 외딴
supply 공급(품)
a handful of 소수의
overgrown 마구 자란
vine 포도나무; *덩굴 식물
striking 눈에 띄는, 두드러진
destination 목적지

(A), (B)의 각 네모 안에서 어법에 맞는 표현을 고르시오.

Houtouwan is a deserted village on the Chinese island of Shengshan. Once it (A) [ was having / had ] more than 2,000 fishermen in it. However, because the island is so remote, supplies and education were expensive. In the early 1900s, villagers (B) [ started / have started ] to move away. Most had left by 1994, and now only a handful of people remain. Today, the village has become overgrown with vines, and its striking appearance has made it a tourist destination.

(A) _____     (B) _____


**5**

fortunate 운 좋은
professionally 직업적으로
personally 개인적으로

밑줄 친 (A), (B)를 어법에 맞게 고치시오.

Getting the most from your life, including from your career, isn't as difficult as many people believe. I (A) <u>was</u> very fortunate so far in my life, both professionally and personally. My secret is to put the needs of others first, and I've found that the best way to do so is by listening to them. Although Ernest Hemingway once said, "When people talk, listen completely," his wise advice is often ignored. But if you (B) <u>will listen</u> to people, they will like you and help you get what you need.

(A) _____     (B) _____

**EXTRA Q.**

다음 중 윗글의 제목으로 가장 적절한 것을 고르시오.

① Listen Carefully First Before You Talk
② Improve Your Life by Listening to Others


**6**

meaningful 의미있는,
중요한
context 맥락
motivate 동기를 부여하다
experiment with ~을
실험하다
a variety of 다양한
boredom 지루함

(A), (B)의 빈칸에 주어진 동사를 알맞은 형태로 바꿔 쓰시오.

Storytelling (A) _____ (become) an important learning method in recent years. Studies show that stories with meaningful context can motivate young learners and encourage them to remember important details. For this reason, some educators have experimented with teaching a variety of subjects through storytelling, including science and mathematics, for many years. Using this method can decrease the boredom of young learners, while increasing their understanding. Because of these advantages, the number of teachers who use this method in their classes (B) _____ (be) likely to increase in the future.

(A) _____     (B) _____

## 주장·요지 추론

**유형 설명**
필자의 의견이나 주장이 무엇인지 파악하는 유형이다.

**유형 전략**
• 필자의 의견이나 주장은 글의 주제와 밀접하게 관련되므로 주제를 먼저 파악한다.
• 당위성이나 의무를 나타내는 조동사(should, have to, need to 등), 중요성이나 필요성을 나타내는 형용사(important, necessary, essential 등), 의견을 나타내는 어구(I think, I believe, in my opinion 등)가 쓰인 문장이 단서가 될 수 있다.
• 글의 흐름을 전환할 때 쓰이는 연결어(however, yet, but, though 등)나 결론·요약을 이끄는 어구(in short, in conclusion 등)가 쓰인 문장이 글의 요지일 가능성이 높다.

**수능 기출**

### 다음 글에서 필자가 주장하는 바로 가장 적절한 것은?

At the 2015 *Fortune* Most Powerful Women Summit, Ginni Rometty offered this advice: "When did you ever learn the most in your life? What experience? I guarantee you'll tell me it was a time you felt at risk." ⓐ To become a better leader, you have to step out of your comfort zone. You have to challenge the conventional ways of doing things and search for opportunities to innovate. Exercising leadership not only requires you to challenge the organizational status quo but also requires you to challenge your internal status quo. ⓑ You have to challenge yourself. You have to venture beyond the boundaries of your current experience and explore new territory. Those are the places where there are opportunities to improve, innovate, experiment, and grow. Growth is always at the edges, just outside the boundaries of where you are right now.

*status quo 현재 상태

① 지도자는 실현 가능한 목표를 설정해야 한다.
② 지도자는 새로운 제도를 적극적으로 도입해야 한다.
③ 지도자는 조직의 현재 상태를 철저히 분석해야 한다.
④ 지도자는 현재의 자신을 넘어서는 도전을 해야 한다.
⑤ 지도자는 기존의 방식과 새로운 방식을 조화시켜야 한다.

**유형 SOLUTION**

1 ⓐ를 통해 좋은 지도자가 되기 위해 무엇이 필요한지에 대해 이야기하는 글임을 알 수 있다.

2 당위를 나타내는 조동사 have to가 반복해서 등장하고 있으며, ⓑ에서 필자의 주장을 직접적으로 나타내고 있다.

---

summit (산의) 정상; *정상 회담  guarantee 장담하다  at risk 위험에 처한  comfort zone 쾌적대(안락한 느낌을 주는 범위)  challenge 이의를 제기하다, 도전하다  conventional 관습적인  innovate 혁신하다  organizational 조직(상)의  internal 내부의  venture (위험을 무릅쓰고) 가다  boundary 경계, 한계  territory 영토, 영역

# 1

다음 글의 요지로 가장 적절한 것은?

collaborative 공동의
multiple 많은; *다양한
accompany 동반하다
interfere with ~을 방해하다
appreciation 감상
combine 결합하다
witness 목격하다

Theater is a unique type of art because it requires a collaborative effort by a group of artists using multiple art forms. A painting hanging in an art museum, for example, is unlikely to be accompanied by music. This is because painters don't want anything to interfere with a viewer's appreciation of their visual art. Likewise, an orchestra performance is unlikely to include visual images. But in theater, plays use light, sound, stage design, physical movement and spoken words all together. They are combined to create a single artistic experience. If you see a well-performed play, you will witness a mixture of various artistic visions.

① 연극의 다양한 요소는 관객들의 집중을 방해한다.
② 시각 예술은 행위 예술보다 좀 더 많은 기술이 요구된다.
③ 연극은 여러 예술의 다양한 요소들이 결합된 합작품이다.
④ 하나의 예술 작품을 만들기 위해서는 다양한 지식이 필요하다.
⑤ 연극의 흥행 여부는 소재와 구현 방식의 독특함에 의해 결정된다.

# 2

다음 글에서 필자가 주장하는 바로 가장 적절한 것은?

obstacle 장애(물)
stop[prevent] A from
v-ing A가 ~하는 것을 막다
barrier 장벽
syndrome 증후군
prey 먹이

Obstacles often stop us from getting what we want. But sometimes these barriers are actually things that no longer exist. This is known as the Pike Syndrome. In an experiment, a pike was put in a tank with a smaller fish. However, a glass wall prevented the pike from eating it. Later, when the glass was removed, the pike didn't even try to catch its prey. Often, we act like the pike and fail to react to changes around us. Just because we were unable to do something in the past, it doesn't mean we can't do it today. If something is preventing you from reaching a goal, ask yourself if it is a real barrier or just the memory of an obstacle from your past.

*pike 강꼬치고기

① 과거에 성공했던 경험을 과신해서는 안 된다.
② 현실에 맞게 달성 가능한 목표를 정해야 한다.
③ 목표를 이루기 위해서는 끊임없이 노력해야 한다.
④ 과거의 실패에 얽매이지 말고 변화에 대응해야 한다.
⑤ 성공을 위해서는 눈에 보이지 않는 장벽을 뛰어넘어야 한다.

# 3

attitude 태도
spouse 배우자
impact 영향, 충격
maintenance 유지
significantly 상당히
actively 적극적으로
drop-out rate 중도 탈락
비율

**다음 글의 요지로 가장 적절한 것은?**

A number of studies have shown that the body weight and attitudes of a patient's spouse can have a major impact on the amount of weight lost and on success in weight maintenance. Black & Threlfall found that overweight patients with normal-weight partners lost significantly more weight than those with overweight partners. They also noted that success was greater in those patients whose partners had also lost weight even though they were not included in the program, suggesting that recommended changes were being actively supported by the spouse. Similarly, Pratt found that drop-out rates were reduced when the patient's spouse was included in a weight-control program.

① 적정 체중을 유지하는 것이 중요하다.
② 식단 개선을 통해 체중 조절이 가능하다.
③ 다양한 환자 관리 프로그램을 개발해야 한다.
④ 환자의 체중 감량에 있어서 배우자의 영향이 크다.
⑤ 단기간의 체중 감량은 환자에게 해로운 결과를 초래한다.

# 4

positional 위치와 관련된,
위치상의; *입장적인
bargaining 흥정; *협상
negotiation 협상
(v. negotiate)
trapped in ~에 빠진
skilled 능숙한, 노련한
take place (사건 등이) 일어
나다
lead to ~로 이어지다
potential 가능성
enemy 적

**다음 글의 요지로 가장 적절한 것은?**

Positional bargaining is a bad situation that sometimes occurs during negotiations. Two people simply say what they will and won't do, and they end up trapped in a terrible fight. While this is a common error among people who haven't negotiated before, it has been observed to be a problem even for the most skilled negotiators. The trouble with this situation is that no real negotiating takes place. Either one side has to accept what the other is offering, or they will continue to be trapped in a long, unpleasant battle. This can lead to anger and bad feelings that have the potential to destroy healthy relationships. Even people that have been friends for years might find themselves ending up as enemies.

① 협상은 문제를 해결하는 최선의 방법이다.
② 진정한 협상가는 상대방의 감정을 헤아릴 줄 안다.
③ 성공적인 협상은 자신의 입장을 분명하게 전달하는 것이다.
④ 좋은 관계를 유지하기 위해서는 상대방의 입장을 수용해야 한다.
⑤ 협상 시 자신의 입장만 고집하면 상대방과의 관계를 망칠 수 있다.

## 5

claim 주장하다
literary 문학의
temporarily 일시적으로
genre fiction 장르 소설
sci-fi 공상 과학 소설
summary 요약, 개요
stereotype 고정 관념
religion 종교

**다음 글의 요지로 가장 적절한 것은?**

The ability to imagine the thoughts and feelings of other people is known as "theory of mind." In 2013, researchers claimed that literary fiction temporarily improves this skill, while non-fiction and genre fiction such as sci-fi do not. They explained that literary fiction focuses more on the thoughts of characters than other forms of writing. Readers must therefore put themselves "inside" the heads of the characters. Another study came to a similar conclusion. Some participants read part of a novel about a Muslim woman, while others just read a summary of the same story. Afterwards, those who read the novel were less likely to make stereotypes about her based on her religion. It seems that reading literary fiction helps us understand other people.

① 독해력을 높이려면 다양한 장르의 글을 읽어야 한다.
② 공상 과학 소설을 읽는 것은 상상력을 풍부하게 해 준다.
③ 종교 관련 소설을 읽는 것이 종교에 대한 이해를 높여준다.
④ 문학 소설의 줄거리를 읽는 것은 독해력 향상에 도움이 되지 않는다.
⑤ 문학 소설을 읽는 것은 타인의 감정을 이해하는 능력을 향상시켜 준다.

## 6

모의고사 기출

tempting 솔깃한
progress 진전, 진척
outcome 결과
reinforce 강화하다
sustainable 지속 가능한

**다음 글에서 필자가 주장하는 바로 가장 적절한 것은?**

How do you encourage other people when they are changing their behavior? Suppose you see a friend who is on a diet and has been losing a lot of weight. It's tempting to tell her that she looks great and she must feel wonderful. It feels good for someone to hear positive comments, and this feedback will often be encouraging. However, if you end the discussion there, then the only feedback your friend is getting is about her progress toward an outcome. Instead, continue the discussion. Ask about what she is doing that has allowed her to be successful. What is she eating? Where is she working out? What are the lifestyle changes she has made? When the conversation focuses on the process of change rather than the outcome, it reinforces the value of creating a sustainable process.

① 상대방의 감정을 고려하여 조언해야 한다.
② 토론 중에는 지나치게 공격적인 질문을 삼가야 한다.
③ 효과적인 다이어트를 위해 구체적인 계획을 세워야 한다.
④ 지속적인 성장을 위해서는 단점보다 장점에 집중해야 한다.
⑤ 행동을 바꾸려는 사람과는 과정에 초점을 두어 대화해야 한다.

# 7

rewarding 보람 있는; *돈을 많이 버는
meanwhile 그 동안에; 한편
poverty 빈곤
regard A as B A를 B로 여기다
laziness 게으름
handicap 불리하게 만들다
disaster 재난
continuous 계속되는

**다음 글의 요지로 가장 적절한 것은?**

People tend to believe that the harder you work, the more successful you become. According to this rule, we should do our best to get good grades, a good education, and finally a rewarding job. Meanwhile, failure and poverty are regarded as the results of laziness and a lack of effort. But in fact, this rule differs from reality. Many people will be born and raised in poverty in places where few opportunities exist. Others will be handicapped by wars, natural disasters, or diseases that will prevent them from focusing on their future. That's why society needs to help these people get a fair chance at escaping from continuous poverty.

① 학문적 성공이 좋은 직업을 보장한다.
② 빈곤은 게으름과 노력 부족의 결과물이다.
③ 물질적인 풍요는 행복의 조건이 될 수 없다.
④ 성공에 대한 기회조차 갖지 못하는 사람들이 있다.
⑤ 열심히 일할수록 성공할 수 있는 확률이 높아진다.

# 8

고난도

analyze 분석하다
factor 요인
contribute to ~의 원인이 되다
presence 존재
rural 시골의
in a sense 어떤 의미에서는
probability 개연성 (있는 일)
install 설치하다
reflective 반사하는
be involved in ~에 관계되다

**다음 글의 요지로 가장 적절한 것은?**

Every year, hundreds of millions of birds die from crashing into windows. Attempts to decrease this number have mainly focused on tall buildings, but a recent study has shown that private homes are part of the problem. The researchers analyzed neighborhoods, yards, houses, and windows. They found that the factors that contributed the most to an increase in crashes were the presence of bird feeders, tall trees in the yard, and a rural location. In a sense, this is just a matter of probability, as all of these factors are likely to attract birds. However, the researchers suggest that home owners with bird-friendly yards avoid installing windows with a reflective coating, which are often involved in crashes.

① 조류 충돌 사고는 예방이 불가능하다.
② 주택 설계 시 친환경적 접근이 필요하다.
③ 조류를 위해 설치된 시설이 오히려 조류를 위협하고 있다.
④ 멸종위기에 처한 조류를 보호하기 위한 대책 마련이 시급하다.
⑤ 높은 빌딩뿐만 아니라 개인 주택도 조류 충돌 사고의 원인이다.

[1~7] 다음 문장 전체의 시제를 나타내는 부분을 찾아 밑줄을 긋고 문장을 해석하시오.

**1**   Theater is a unique type of art.

**2**   A glass wall prevented the pike from eating it.

**3**   They will continue to be trapped in a long, unpleasant battle.

**4**   In 2013, researchers claimed that literary fiction improves this skill.

**5**   Studies have shown that the attitudes of a patient's spouse can have a major impact on weight lost.

**6**   Literary fiction focuses more on the thoughts of characters than other forms of writing.

**7**   Partners had also lost weight even though they were not included in the program.

[8~10] 다음 문장에서 현재완료를 찾아 밑줄을 긋고 문장을 해석하시오.

**8**   Attempts to decrease this number have focused on tall buildings.

**9**   This is a common error among people who haven't negotiated before.

**10**   People that have been friends for years might find themselves ending up as enemies.

# UNIT 03

## 수동태 이해하기

**① 능동태 vs. 수동태**

- 능동태는 주어가 동작의 주체인 경우에 쓴다.
- 수동태는 주어가 동작의 영향을 받는 대상인 경우 〈be동사+v-ed〉 형태로 쓴다. 행위의 주체를 나타낼 경우에는 보통 〈by+목적격〉을 쓴다.

1 She always **buys** a cup of coffee in the morning.
2 Dogs **are affected** *by outside circumstances.* 수능 응용
3 The tall building's windows **are washed** once a month.

**상승 PLUS**

수동태로 쓰지 않는 동사들

- 자동사: appear, disappear, occur, take place, remain 등
  The fireworks festival **will take place** on October 15th. (O)
  The fireworks festival **will be taken place** on October 15th. (X)

- 상태를 나타내는 일부 타동사: have(~을 가지다), resemble(~와 닮다), fit(~에 맞다) 등
  The boy **has** a nice skateboard. (O)
  A nice skateboard **is had** by the boy. (X)

**② 동사구의 수동태**

- 동사구는 수동태로 쓰일 때 하나의 동사로 취급한다.
  - 수동태로 자주 쓰이는 주요 동사구
    - laugh at: ~을 비웃다
    - throw away: ~을 버리다
    - put off: ~을 연기하다[취소하다]
    - take care of: ~을 돌보다
    - use up: ~을 다 쓰다
    - carry on: ~을 실행하다[계속하다]
    - call off: ~을 취소하다
    - take advantage of: ~을 이용하다

1 If you wear these pants, you **will be laughed at** by everyone.
2 If oxygen and carbon dioxide **were used up**, all living things would die. 모의 응용
3 The soccer game **was called off** because of the weather.

**☑ CHECK UP**

**STEP 1**   ( ) 안에서 어법상 알맞은 것을 고르시오.

1 All the dishes ( washed / were washed ) by kitchen assistants.
2 The debate ( held / was held ) on Monday.
3 Brian and I ( study / are studied ) English together every Tuesday after school.

**STEP 2**   다음 밑줄 친 부분을 어법에 맞게 고치시오.

1 My feet <u>were carried</u> me up the stairs to the stage. 수능 응용
2 I <u>trapped</u> in the elevator for three hours with my dog.
3 The experiment <u>carried on</u> for five years by scientists.

**③ 4형식의 수동태**

- 4형식 문장은 간접목적어와 직접목적어 각각을 주어로 하는 수동태 문장을 만들 수 있다.
- 직접목적어가 주어로 쓰인 수동태의 경우, 간접목적어 앞에 전치사를 쓴다. 보통 전치사 to를 쓰지만, 동사 make, buy 등이 쓰인 경우에는 for를 쓴다.

> 1 All the voluntary helpers **were given** T-shirts by them.
>    (← They gave all the voluntary helpers T-shirts.)
> 2 This acting method **is taught** to high school students by a famous actress.
>    (← A famous actress teaches high school students this acting method.)
> 3 The cake **was made** for Jake by his grandmother.
>    (← Jake's grandmother made him the cake.)

**상승 PLUS**

4형식 동사 중 buy, make, cook, choose 등은 주로 직접목적어만 수동태의 주어로 쓴다.

This computer **was bought** for him. (O)

He **was bought** this computer. (X)

**④ 5형식의 수동태**

- 5형식 문장에서는 목적어가 수동태의 주어가 되며, 목적격 보어는 보통 그대로 쓴다.
- 능동태에서 지각동사의 목적격 보어로 쓰인 동사원형은 수동태에서 현재분사나 to부정사로 바뀐다.
- 사역동사 중에서 make만 수동태로 쓰이며, 능동태에서 목적격 보어로 쓰인 동사원형은 수동태에서 to부정사로 바뀐다.

> 1 This road **is called** "Death Road" because it is so dangerous.
> 2 The teacher **was made** angry by the student's lie.
> 3 Global sales of the products **are not expected** to drop off. 모의 응용
> 4 Birds **were heard** singing[to sing] by the campers in the morning.
>    (← The campers **heard** birds sing in the morning.)
> 5 I **was made** to learn violin by my mom when I was eight.
>    (← My mom **made** me learn violin when I was eight.)

**☑ CHECK UP**

**STEP 1**  ( ) 안에서 어법상 알맞은 것을 고르시오.

1  Unlike a river, a glacier cannot be seen ( move / to move ). 모의 응용
2  Everlasting love was promised ( for him / to him ) by his girlfriend.
3  The pretty doll was made ( to her / for her ).

**STEP 2**  다음 밑줄 친 부분을 어법에 맞게 고치시오.

1  The laptop was sent me by my grandparents.
2  The school was forced close because of heavy snow.

## ⑤ 진행형·완료형의 수동태

- 진행형 수동태(be동사+being v-ed): ~ 되고 있다, ~ 당하고 있다
- 완료형 수동태(have[has/had] been v-ed): ~ 되었다, ~ 되어 왔다, ~ 된 적이 있다

1 The website **is being updated** by the engineers.
2 The students **were being taught** how to read and write English.
3 These chairs **have** already **been sold** to another customer.
4 People's votes **had been influenced** by the appearance of the candidates. 수능응용

### 상승 PLUS

조동사가 있는 문장의 수동태는 〈조동사+be v-ed〉로 쓴다.

The winner **will be selected** by online voting. 모의응용

My dog **has to be taken** for a walk twice a day.

## ⑥ by 이외의 전치사를 쓰는 수동태 표현

- be crowded with: ~로 붐비다
- be covered with: ~로 뒤덮이다
- be disappointed with[in]: ~에 실망하다
- be interested in: ~에 관심이 있다
- be made from: ~로 만들어지다(재료의 성질이 변할 때)
- be made of: ~로 만들어지다(재료의 성질이 변하지 않을 때)
- be filled with: ~로 가득 차다
- be pleased with: ~로 기뻐하다
- be composed of: ~로 구성되다
- be known as[for]: ~로 알려져 있다[유명하다]

1 The coach **was disappointed with** the result of the championship game.
2 She **is interested in** natural cosmetic products.
3 The tribe **was known for** its unique food culture.

### ☑ CHECK UP

**STEP 1**   ( ) 안에서 어법상 알맞은 것을 고르시오.

1   You ( will bite / will be bitten ) by mosquitoes at the campsite this evening.
2   Most walls in the city are covered ( by / with ) graffiti.
3   For years, experts ( have encouraged / have been encouraged ) the nighttime separation of baby from parent. 수능응용

**STEP 2**   다음 밑줄 친 부분이 맞으면 T, 틀리면 F 표시하고 바르게 고치시오.

1   Nora has been chosen as the class leader by her classmates.
2   The kitchen smells good because some hot dogs are cooked on the grill now.
3   John and Mary are interested by taking piano lessons.

# GRAMMAR for Reading

**1** 〈보기〉에서 알맞은 말을 골라 문맥에 맞게 쓰시오. (한 번씩만 쓸 것)

| 〈보기〉 | throw away | take care of | disappear | carry on |
|---|---|---|---|---|

(1) My pet cat _____ by my sister last weekend.

(2) The family business will _____ by the son.

(3) The book just _____ from my desk while I was away.

(4) Sometimes plastic bottles _____ rather than recycled.

**2** 주어진 말을 이용하여 문장을 완성하시오.

(1) I was made _____ the dog by my mother. (wash)

(2) A car accident _____ late last night on the highway. (occur)

(3) The country _____ more than 7,000 islands. (compose)

(4) Christmas cards will _____ everyone in the family by Grandma. (send)

**3** 우리말과 같은 뜻이 되도록 주어진 말을 알맞게 배열하시오.

(1) 그 도둑은 몇몇의 경찰관들로부터 쫓기고 있었다.

(being, some, the thief, followed, police officers, by, was)

→ _____.

(2) 학생들은 책상에서 모든 것을 치우라는 말을 들었다.

(told, remove, the students, to, were, from their desks, everything)

→ _____.

(3) 이 도넛들은 맛있는 포도잼으로 가득 차 있다.

(these doughnuts, filled, delicious, are, with, grape jam)

→ _____.

# 4

be in line with ~와 일치
하다
simplify 단순화하다
relevant 관련 있는, 적절한
connection 관련성; *연결
(편)
maintain 유지하다
scale 규모

(A), (B)의 각 네모 안에서 어법에 맞는 표현을 고르시오.

If you look at most subway maps, you might notice that they are not in line with street maps. This is because subway maps are usually topological maps. These are maps that (A) have simplified / have been simplified so that only relevant information is kept. For subway maps, information about stations and their connection to each other is maintained. Other information, such as distance, scale, and true direction (B) ignores / is ignored . This makes topological maps useful to check connections and the number of stops quickly.

*topological map 위상(位相) 지도

(A) _____      (B) _____

# 5

situation ethics 상황 윤리
case-by-case 개별적인
flexible 융통성 있는
(↔ inflexible)
ethical 윤리적인
principle 원칙
serve 도움이 되다
good 선(善)

(A), (B)의 빈칸에 주어진 동사를 알맞은 형태로 바꿔 쓰시오.

Situation ethics explains that what is right or wrong depends upon the situation. It states that universal ethics don't exist and that situations must (A) _____ (take) on a case-by-case basis. Therefore, it encourages people to develop flexible beliefs that can guide their decisions rather than inflexible ones. Those who make situation ethics part of their lives possess a basic set of ethical rules. However, those principles can (B) _____ (give up) in situations where doing so would serve the greater good.

(A) _____      (B) _____

### EXTRA Q.

밑줄 친 those principles가 의미하는 바를 본문에서 찾아 쓰시오.

_____

# 6

coral 산호
expose 노출시키다
current 해류
accustomed to ~에
익숙한
damaging 해로운
decade 십년

밑줄 친 (A), (B)를 어법에 맞게 고치시오.

Sometimes the corals of Australia's Great Barrier Reef (A) expose to gentle currents of warmer water. This helps them survive rising temperatures because these "practice runs" allow the corals to gradually become accustomed to the change. Unfortunately, much higher water temperatures which (B) cause by climate change are likely to end these warm currents. This can have a damaging effect on corals, stressing them out and turning them white. As a result, the corals could be dead in a few decades.

(A) _____      (B) _____

## 글의 목적 · 심경 추론

**유형 설명**
글의 목적 문제는 필자가 글을 쓴 의도를 파악하는 유형으로 편지나 안내문과 같은 실용문이 제시되는 경우가 많다. 심경 추론 문제는 글에 나타난 상황에서 등장인물의 심정을 추론하는 유형으로 주로 수필이나 짧은 이야기 형식의 글이 제시된다.

**유형 전략**
- 목적 문제는 글을 쓴 사람이 누구인지, 누구를 대상으로 하는 글인지 파악한다.
- 심경 추론 문제는 등장인물이 처한 상황이나 제시된 사건의 흐름을 파악한다. 또한, 심경을 짐작할 수 있는 형용사나 부사에 주목하며 글을 읽는다.

**모의고사 기출**

**다음 글의 목적으로 가장 적절한 것은?**

ⓐ Dear Mrs. Coling,

My name is Susan Harris and I am writing on behalf of the students at Lockwood High School. Many students at the school have been working on a project about the youth unemployment problem in Lockwood. ⓑ You are invited to attend a special presentation that will be held at our school auditorium on April 16th. At the presentation, students will propose a variety of ideas for developing employment opportunities for the youth within the community. ⓒ As one of the famous figures in the community, we would be honored by your attendance. We look forward to seeing you there.

Sincerely,
Susan Harris

① 학생들이 준비한 발표회 참석을 부탁하려고
② 학생들을 위한 특별 강연을 해 준 것에 감사하려고
③ 청년 실업 문제의 해결 방안에 관한 강연을 의뢰하려고
④ 학생들의 발표회에 대한 재정적 지원을 요청하려고
⑤ 학생들의 프로젝트 심사 결과를 알리려고

**유형 SOLUTION**

1 ⓐ를 통해 Mrs. Coling에게 고등학교 학생들을 대신하여 Susan Harris가 쓴 편지임을 알 수 있다.

2 해당 학교에서 개최될 발표회에 초대되었으며(ⓑ) 참석에 대한 기대를 표현하고 있으므로(ⓒ), 발표회 참석을 부탁하려는 목적의 글임을 알 수 있다.

---

**on behalf of** ~을 대신[대표]하여  **work on** (일·연구 등에) 종사하다  **youth** 청년  **unemployment** 실업  **presentation** 발표회  **auditorium** 강당  **propose** 제안하다  **a variety of** 여러 가지의  **figure** (저명)인사  **honor** ~에게 영광[명예]을 주다  **look forward to v-ing** ~할 것을 기대하다

# 1

take a wrong turn 길을
잘못 들다
trail 자국, 자취; *산길
transform 변형시키다,
바꾸다
spot 발견하다, 찾다
secure 안심하는

**문제**
embarrassed 당황스러운
frightened 겁먹은
relieved 안도하는
frustrated 좌절감을 느끼는

**다음 글에 드러난 'I'의 심경 변화로 가장 적절한 것은?**

Every summer, my family went hiking in the woods. We always followed the same familiar path. But one year, while we weren't paying attention, we took a wrong turn and left the trail. Suddenly, the forest was transformed into a mysterious place. There were strange sounds and smells everywhere. I began to worry as the sky grew darker and darker. My parents decided to climb the nearest hill so we could see where we were. Luckily, they spotted a farm. We started walking quickly, trying to get there before the sun set. We reached the farm just before dark. I finally felt secure when we were greeted by a friendly farmer who offered us a ride back to town.

① excited → disappointed

② proud → worried

③ satisfied → embarrassed

④ frightened → relieved

⑤ frustrated → joyful

# 2

encouragement 격려
cancel 취소하다
membership 회원 (자격)
refund 환불(금)

**다음 글의 목적으로 가장 적절한 것은?**

I am a long-time member of BK Fitness. Over the years, I was given lots of help and encouragement by your staff. Thanks to them, I've reached several of my health goals. Unfortunately, I am moving to a new city next week and have just canceled my membership. However, I already paid for this month in full, and there are still three weeks remaining. Therefore, if a refund can be given for the rest of the month, please let me know. I apologize for ending my membership early, but I'm sure you understand my situation. Please let me know what needs to be done next. If necessary, you can contact me at 721-9912.

① 헬스장의 신규 회원을 모집하려고

② 헬스장 회원권 이용 기간을 연장하려고

③ 회원권 해지에 따른 환불 방법을 문의하려고

④ 이전한 헬스장의 위치와 전화번호를 안내하려고

⑤ 헬스 트레이너의 체계적인 건강 관리에 감사하려고

## 3

scold 야단치다
to make matters worse
설상가상으로
daydream 공상에 잠기다
announcement 발표, 알림
conference 학회
unexpectedly 뜻밖에,
갑자기
postpone 연기하다
blink 눈을 깜박이다

**문제**
amused 즐거워 하는

**다음 글에 드러난 'I'의 심경 변화로 가장 적절한 것은?**

Late for school, I knew I would be scolded by my teacher the moment I arrived. To make matters worse, there would be an exam that afternoon. Having spent the evening daydreaming instead of studying, I was completely unprepared. Suddenly I had an idea — I could skip school and spend my day relaxing by the lake. But I knew that was wrong, so I hurried to school. When I arrived, I saw that my classmates were gathered around a board to see announcements. Curious, I joined them. There, I saw a message informing us that the teacher had to attend a conference unexpectedly. Class was canceled, and the test was postponed. Blinking, I read the words twice to make sure they were true.

① excited → sad
② anxious → relieved
③ lonely → surprised
④ embarrassed → proud
⑤ confused → amused

## 4

under repair 수리 중인
water main 수도 본관
shut off 멈추다
resident 거주자
access 입장, 접근
beforehand 사전에
restore 회복시키다, 복구
하다
committed to ~에 전념
하는
affordable 감당할 수 있는,
(가격이) 알맞은
inconvenience 불편

**다음 글의 목적으로 가장 적절한 것은?**

On Friday, March 3, 2019, around 10:00 a.m., the fire hydrant at Main Street and 1st Avenue will be under repair. As a result, the neighborhood water main will be shut off for about 8 hours. Residents nearby might not have access to public water during this time, so please prepare for your water needs beforehand. During repairs, dirt might get into the pipes, so once service has been restored, we advise that you let the water run for several minutes before using it to drink, cook, or wash clothes. We are committed to providing safe and affordable water service to all our customers. We regret any inconvenience that may be caused. If you have any further questions, please contact our office at 352-555-1212.

*fire hydrant 소화전

① 소방 시설 확충의 필요성을 알리려고
② 공사로 발생하는 소음에 대해 항의하려고
③ 도로 침수로 인한 우회로 이용을 통지하려고
④ 수리 공사 내용을 안내하고 양해를 구하려고
⑤ 공공수도 수질 개선을 위한 해결책을 제시하려고

**5**

모의고사 기출

**다음 글에 드러난 'I'의 심경 변화로 가장 적절한 것은?**

admission 입원
surgery 수술
pray 기도하다 (*n.* prayer)
ongoing 계속하고 있는
in the midst of ~ 중에
chaos 혼돈
embrace 감싸다, 포용하다
override ~보다 우선하다;
*(~의 위로) 퍼지다
get ~ over with ~을 끝마치다

On December 6th, I arrived at University Hospital in Cleveland at 10:00 a.m. I went through the process of admissions. I grew anxious because the time for surgery was drawing closer. I was directed to the waiting area, where I remained until my name was called. I had a few hours of waiting time. I just kept praying. At some point in my ongoing prayer process, before my name was called, in the midst of the chaos, an unbelievable peace embraced me. All my fear disappeared! An unbelievable peace overrode my emotions. My physical body relaxed in the comfort provided, and I looked forward to getting the surgery over with and working hard at recovery.

① cheerful → sad

② worried → relieved

③ angry → ashamed

④ jealous → thankful

⑤ hopeful → disappointed

**6**

모의고사 기출

**다음 글의 목적으로 가장 적절한 것은?**

appreciation 감사
reconstruction 복원, 재건
headquarters 본사
distinguish 구별하다, 차이를 보이다
accelerate 가속화되다
accomplishment 업적, 성과
skilled 숙련된
craftsman 기능공
assemble 모으다, 집합시키다
dedication 헌신

On behalf of the Board of Directors and Officers of the Heyerdahl Corporation, I would like to express sincere appreciation and congratulations to Davis Construction Company for successfully completing the reconstruction of our headquarters building in Woodtown, which was destroyed by fire last year. Your company has distinguished itself as a leader in the construction industry by performing what appeared to be an almost impossible task. Working under difficult conditions and accelerated construction schedules, your company completed the building on June 1, as scheduled. This accomplishment is a result of the fine group of professional engineers and skilled craftsmen you assembled on site, and of the individual skill and dedication of your project manager, David Wallace.

① 이사회 정기 모임 개최를 안내하려고

② 화재 예방 신고의 중요성을 홍보하려고

③ 경험 많은 기술자 채용의 필요성을 설명하려고

④ 공사 현장에서 발생한 긴급한 상황을 보고하려고

⑤ 본사 건물 재건축을 계획대로 완공한 것을 감사하려고

다음 글에 드러난 'she'의 심경으로 가장 적절한 것은?

One day, a woman gathering vegetables in her garden pulled a carrot from the soil and noticed something shiny on it. She looked at it more closely and realized that it was her wedding ring. She screamed so loudly that several neighbors came running. It turned out that she had lost the ring ten years earlier. She had removed it while cooking dinner, but when she looked for it later, it was gone. She had always assumed it had been stolen. But seeing it on the carrot, she realized it must have gotten swept into a bin of kitchen waste. The next day, the waste was spread over the garden to help the plants grow. Years later, the ring somehow ended up on a growing carrot!

① frightened and fearful          ② surprised and joyful
③ annoyed and concerned          ④ comfortable and peaceful
⑤ embarrassed and nervous

turn out ~임이 드러나다
assume 추정하다
sweep 쓸다
somehow 왜 그런지,
아무튼
**문제**
concerned 걱정하는

---

고난도

**8**

다음 글에 드러난 'we'의 심경으로 가장 적절한 것은?

For years we had enjoyed a simple lifestyle in our isolated village. Our food was grown in our own garden, and our free time was spent in nature. But over time, our old neighbors began to sell their houses to newcomers, who used them as vacation homes. Noisy parties were being held at night, and during the day cars were being driven at high speeds up and down our once empty country roads. Even the village itself was changing. In the past we had known most of the shop owners, but their stores were being replaced by ski shops and expensive clothing stores. Eventually, we had to ask ourselves: Why are we still here? The answer was that we didn't know where else to go.

① calm and peaceful          ② unhappy and anxious
③ amazed and pleasant          ④ excited and nervous
⑤ determined and confident

simple 간단한; *소박한
isolated 외딴
newcomer 새로 온 사람
up and down 이리저리
**문제**
determined 단호한
confident 자신감 있는

# UNIT 03 REVIEW TEST
## *Grammar in the passage*

[1~7] 다음 문장에서 수동태를 나타내는 동사 부분을 찾아 밑줄을 긋고 문장을 해석하시오.

**1** Suddenly, the forest was transformed into a mysterious place.

**2** The neighborhood water main will be shut off for about 8 hours.

**3** Class was canceled, and the test was postponed.

**4** The next day, the waste was spread over the garden to help the plants grow.

**5** I was directed to the waiting area, where I remained until my name was called.

**6** I felt secure when we were greeted by a friendly farmer.

**7** You are invited to attend a special presentation that will be held on April 16th.

[8~10] 다음 문장에서 진행형 · 완료형 수동태를 나타내는 동사 부분을 찾아 밑줄을 긋고 문장을 해석하시오.

**8** She had always assumed it had been stolen.

**9** Noisy parties were being held, and cars were being driven on the roads.

**10** Once service has been restored, let the water run for several minutes.

# to부정사와 동명사

# ① to부정사의 역할

- to부정사(to-v)는 문장에서 명사, 형용사, 부사처럼 쓰인다.
  - 명사적 용법: 문장에서 주어, 보어, 목적어 역할을 한다.
  - 형용사적 용법: 명사 뒤에서 명사를 수식하는 역할을 한다.
  - 부사적 용법: 동사, 형용사, 부사, 문장 전체를 수식하는 역할을 한다. 이때 문맥에 따라 '~하기 위해(목적)', '~해서(감정의 원인)', '~하다니(판단의 근거)', '~해서 …하다(결과)' 등으로 해석한다.

<sup>1</sup> The purpose of the campaign is **to raise** money for the poor. 〈명사적 용법〉
<sup>2</sup> Our presentation is in ten minutes, so there's no time **to waste**. 〈형용사적 용법〉
<sup>3</sup> He opened the book **to check** the answer. 〈부사적 용법 – 목적〉
<sup>4</sup> I was happy **to help** you find your dog. 〈부사적 용법 – 감정의 원인〉

### 상승 PLUS

주어나 목적어로 쓰인 to부정사구가 길어질 경우, 보통 이를 대신해 가주어나 가목적어 it을 쓰고 to부정사구는 뒤로 보낸다.

**It** is dangerous **to walk** alone in the park after sunset.
가주어 / 진주어

All that noise makes **it** hard **to focus** on my homework.
가목적어 / 진목적어

# ② 동명사의 역할

- 동명사(v-ing)는 문장에서 주어, 보어, 목적어 역할을 한다.

<sup>1</sup> **Consuming** too many calories causes us to gain weight. 〈주어〉
<sup>2</sup> Her main job is **making** books for English learners. 〈보어〉
<sup>3</sup> I always enjoy **meeting** new people and **making** friends. 〈목적어〉
<sup>4</sup> Dogs appear to be good at **adapting** to new situations. 〈전치사의 목적어〉 모의 응용

### ☑ CHECK UP

**STEP 1** ( ) 안에서 어법상 알맞은 것을 고르시오.

**1** ( Walk / To walk ) on the moon would be an amazing experience.
**2** ( It / That ) is not easy to learn how to communicate effectively with others.
**3** The two men talked about ( to start / starting ) a small business together.
**4** My favorite part of our vacation was ( tasted / tasting ) all of the different local foods.

**STEP 2** ( ) 안에 주어진 말을 알맞은 형태로 바꿔 쓰시오.

**1** It was good _____(drink) hot tea when I had a cold. 수능 응용
**2** This all has to do with _____(find) clear solutions to communication problems. 모의 응용
**3** The poor, little boy grew up _____(be) a successful businessman.

**③ to부정사 vs. 동명사**

* 동사에 따라 to부정사나 동명사만을 목적어로 취하거나 둘 다를 목적어로 취하기도 한다.
    - to부정사를 목적어로 취하는 동사: want, hope, wish, expect, decide, refuse, promise, plan 등
    - 동명사를 목적어로 취하는 동사: avoid, enjoy, mind, finish, stop, delay, put off, give up 등
    - to부정사와 동명사 모두를 목적어로 취하는 동사: begin, start, hate, like, continue, prefer 등

> 1 Lisa planned **to volunteer** at an earthquake victims' shelter this weekend. 수능 응용
> 2 I enjoy **listening** to Mozart's symphonies when I feel stressed out.
> 3 Jessica began **coughing[to cough]** violently during class. 수능 응용

**상승 PLUS**

to부정사와 동명사 모두를 목적어로 취하지만 의미가 달라지는 동사

[ remember to-v: (미래에) ~할 것을 기억하다
[ remember v-ing: (과거에) ~한 것을 기억하다

[ forget to-v: (미래에) ~할 것을 잊다
[ forget v-ing: (과거에) ~한 것을 잊다

[ regret to-v: (미래·현재에) ~하게 되어 유감이다
[ regret v-ing: (과거에) ~한 것을 후회하다

[ try to-v: ~하려고 애쓰다
[ try v-ing: (시험삼아) ~해 보다

**④ to부정사와 동명사의 의미상 주어·부정형·수동형**

* to부정사와 동명사의 의미상 주어
    - to부정사의 의미상 주어: 보통 to부정사 앞에 〈for+목적격〉을 써서 나타낸다. 사람의 성격·태도를 나타내는 형용사와 함께 쓰인 경우에는 〈of+목적격〉을 써서 나타낸다.
    - 동명사의 의미상 주어: 동명사 앞에 목적격이나 소유격을 써서 나타낸다.
* to부정사와 동명사의 부정은 to나 동명사 바로 앞에 not이나 never를 쓴다.
* 수동의 의미를 나타낼 때는 수동형 to부정사(to be v-ed)와 수동형 동명사(being v-ed)를 쓴다.

> 1 It was easy for her **to choose** the correct answer.
> 2 I always enjoy his **singing** whenever he has a concert.
> 3 Not **accepting** criticism can be a serious mistake.
> 4 She doesn't like **being treated[to be treated]** like a child.

**☑ CHECK UP**

**STEP 1** ( ) 안에서 어법상 알맞은 것을 고르시오.

1 Dan didn't mind ( to try / trying ) foreign food, even if it looked unfamiliar.
2 ( Being yelled / Yelling ) at by your teacher is never a pleasant experience.
3 It is impossible ( him / for him ) to do two things at the same time.

**STEP 2** 다음 밑줄 친 부분을 어법에 맞게 고치시오.

1 The house needs to clean completely before the guests arrive.
2 My parents refused let me go backpacking through Europe by myself.
3 It's hard to not become emotional when hearing her story.

**5** **to부정사와 동명사의 관용 표현**

- to부정사가 쓰이는 관용 표현
  - too+형용사[부사]+to-v: 너무 ~해서 …할 수 없는
  - It takes+시간+to-v: ~하는 데 (시간)이 걸리다
  - be likely[unlikely] to-v: ~할 것 같다[같지 않다]
  - 형용사[부사]+enough to-v: ~하기에 충분히 …한[하게]
- 동명사가 쓰이는 관용 표현
  - feel like v-ing: ~하고 싶다
  - on[upon] v-ing: ~하자마자
  - be busy v-ing: ~하느라 바쁘다
  - be worth v-ing: ~할 가치가 있다
  - have trouble v-ing: ~하는 데 어려움을 겪다
  - spend+시간[돈]+v-ing: ~하는 데 (시간[돈])을 쓰다
  - keep[stop/prevent] ~ from v-ing: ~가 …하는 것을 막다

1 The new shoes are **too uncomfortable to go** jogging in.
2 **It** usually **took** five weeks **to receive** letters sent from Philadelphia. 수능응용
3 Anxious people **are** more **likely to fail**, even if they score higher on tests. 수능응용
4 Sarah is **smart enough to become** a college professor someday.
5 After eating the pie, I **felt like drinking** some milk.
6 He began to run **on seeing** that train coming.
7 Let me know if you **have trouble installing** the new program.
8 This program will **keep** your computer **from getting** a virus.

---

**상승 PLUS**

전치사 to와 함께 쓰이는 동명사의 관용 표현

- look forward to v-ing: ~할 것을 기대하다
- object to v-ing: ~하는 것을 반대하다
- be used to v-ing: ~하는 데 익숙하다
- contribute to v-ing: ~하는 데 기여하다

Your donation will **contribute to providing** scholarships to poor students.

---

**☑ CHECK UP**

**STEP 1** ( ) 안에서 어법상 알맞은 것을 고르시오.

1 It took a long time ( to find / finding ) a class for beginners like me. 수능응용
2 Americans are not used to ( sit / sitting ) on the floor.
3 The grammar class is very difficult, but it is worth ( to take / taking ).

**STEP 2** 다음 밑줄 친 부분이 맞으면 T, 틀리면 F 표시하고 바르게 고치시오.

1 I feel like staying home all day long.
2 They are looking forward to hear from the company.
3 A week is not long enough visiting all the museums in Paris.

**1**   주어진 말을 알맞은 형태로 바꿔 쓰시오.

(1)  I was busy _____(fix) the kitchen sink.

(2)  On _____(finish) the yoga class, I drank a whole bottle of water.

(3)  After a few years, the dog was too big _____(keep) in our apartment.

(4)  It is dangerous _____(give) out your personal data on the Internet.

**2**   밑줄 친 부분을 어법에 맞게 고치시오.

(1)  Instead of to explain his point of view to others, Edward kept silent.

(2)  Nancy doesn't like teasing by her classmates about her height.

(3)  People were sure of she still being alive.

(4)  I delay to do laundry until I have no clean clothes.

**3**   우리말과 같은 뜻이 되도록 주어진 말을 알맞게 배열하시오.

(1)  보도에 있는 얼음은 넘어지기 쉽게 한다.

   (makes, fall down, easy, to, it)

   → The ice on the sidewalk _____.

(2)  그는 매운 음식을 먹지 않으려고 노력한다.

   (spicy food, eat, not, tries, to)

   → He _____.

(3)  영양가 있는 음식을 섭취하는 것은 복잡한 과업을 수행하는 아이의 능력을 향상시킨다.

   (to, complex tasks, ability, perform, a child's)

   → Having nutritious food improves _____.

# 4

drowsy 졸리는
distract 산만하게 하다
lane 길, 도로, 차선
wander 돌아다니다, 헤매다
pavement 도로, 노면
rumble 웅웅거리는 소리
buzz 윙윙거리는 소리
steering wheel 핸들
steer 조종하다; *(특정 방향으로) 움직이다

( ) 안의 말을 알맞게 배열하시오.

It is common (drowsy or distracted drivers, to, for, out of their lane, wander). This can result in the driver's crashing into something. One way to prevent such incidents is to install rumble strips, or series of grooves in the pavement. Going over a rumble strip makes a low rumble or buzz and causes the steering wheel to vibrate. The driver is likely to wake up with enough time to steer back into the lane.

*rumble strip 도로 위의 요철  **groove 홈

→ _____

**EXTRA Q.**

윗글을 읽고, 다음 문장의 빈칸에 알맞은 말을 본문에서 찾아 쓰시오.

Rumble strips help drowsy or distracted drivers avoid _____ by waking them up.

# 5

space station 우주 정거장
filter out 걸러내다
chemical 화학 물질
absorb 흡수하다
release 풀어주다; *방출하다
take in ~을 섭취[흡수]하다
give off (냄새·열·빛 등을) 내다[발하다]

(A), (B)의 각 네모 안에서 어법에 맞는 표현을 고르시오.

One study by NASA to find a way to clean the air in space stations suggested a plant called Sansevieria is excellent for (A) to improve / improving air quality. It has the ability to filter out and remove harmful chemicals by absorbing them through its leaves. Furthermore, rather than releasing carbon dioxide at night like most plants, Sansevieria takes it in, and produces fresh air (B) to breathe / breathing by giving off oxygen.

*carbon dioxide 이산화탄소

(A) _____     (B) _____

# 6

access 접속하다; *이용하다
caring 배려하는
common sense 상식
financial 금융의, 재정의
reevaluate 재평가하다

밑줄 친 (A), (B)를 어법에 맞게 고치시오.

The "sharing economy" encourages businesses to take advantage of shared resources, allowing consumers to easily access whatever they need. (A) Share goods has long been a practice within social networks, but it has become a way of making money in certain countries. Some who support the sharing economy claim it is a sign that our society is becoming more caring. Others, however, say it's simple common sense: Difficult financial times are a good reason (B) reevaluating how we deal with our resources.

(A) _____     (B) _____

# 수능 유형 독해

## 지칭 추론

**유형 설명**
글에 제시된 5개의 선택지 중 지칭하는 대상이 나머지 넷과 다른 하나를 고르는 유형이다.

**유형 전략**
- 글의 중심 내용과 주요 등장인물 및 개념을 파악하면서 글을 읽는다.
- 대명사는 앞부분에서 언급된 명사를 대신하므로 앞에 나온 명사에 주목한다.
- 새로운 인물이나 개념이 등장하면 그 인물 및 개념을 지칭하는 대명사가 쓰여 앞서 쓰인 대명사와 가리키는 대상이 달라질 수 있으므로 이에 유의한다.

---

**밑줄 친 she[her]가 가리키는 대상이 나머지 넷과 다른 것은?**

ⓐ Carol was new to the United States. One of her friends called to invite ① her to lunch. She offered to pick her up on the corner of 34th Street and Fifth Avenue at 11:30 a.m. Carol arrived a little early and was standing on the corner waiting for her friend when ② she noticed a sign above her head. It said, "No Standing." Carol didn't know what to do. She moved away from the sign and started walking back and forth on the street. She was happy to see her friend arrive and couldn't wait to get into ③ her car. She excitedly explained that it was a bad idea to meet at that corner because people aren't allowed to stand there. ④ Her friend said, "What are you talking about? Of course you can stand there." "No," ⑤ she said, "the sign says 'No Standing'." Her friend burst into laughter. "That means we cannot park cars there, but we can stop to pick up passengers."

**유형 SOLUTION**

1 ⓐ를 통해 주요 등장인물은 Carol과 Carol의 친구이며, Carol의 친구가 Carol을 차로 데리러 온다는 내용임을 알 수 있다.

2 각각의 대명사 she, her가 쓰인 문장과 그 앞 문장을 주의 깊게 읽으며, 선택지마다 지칭하는 대상이 누구인지 표시한다.

---

move away from ~에서 떨어지다   back and forth 왔다 갔다   burst into laughter 웃음을 터뜨리다

# 1

밑줄 친 he[him]가 가리키는 대상이 나머지 넷과 **다른** 것은?

afford (~할) 여유가 되다
specialist 전문가, 전문의
call in (의사·경찰 등을) 부르다
examine 검사[진찰]하다
manage to-v 간신히[용케] ~하다
with difficulty 간신히

A boy was working hard to pay for his education. Hungry, he stopped at a café, but he could only afford a glass of milk. However, the café's owner brought him a ham sandwich as well. When the boy said he hadn't ordered it, the man told him it was free. Years later, the man became ill, and ① he was sent to the hospital. A specialist was called in to examine ② him. When the doctor entered the room, a look of surprise crossed his face. But ③ he got to work and managed, with much difficulty, to cure the man. Later, the doctor asked the hospital to give him the patient's bill before it was sent. When the patient received the bill, ④ he expected the worst. But upon opening it, ⑤ he was amazed to see the words "Paid in full with a ham sandwich."

# 2

밑줄 친 he가 가리키는 대상이 나머지 넷과 **다른** 것은?

composer 작곡가
admirer 찬미하는 사람, 팬
dedicate A to B A를 B에게 바치다[헌정하다]
copy 복사; *악보
appoint 임명하다
declare 선언[선포]하다
tear 찢다(tore-torn)
subtitle 자막; *부제

The famous composer Ludwig van Beethoven was once a great admirer of Napoleon. In fact, ① he had intended to dedicate his Third Symphony to the French leader; ② he went so far as to make a beautiful copy of the work with Napoleon's name written at the top. However, ③ he became angry when he heard that Napoleon had appointed himself emperor of France. Beethoven had believed that Napoleon was a supporter of the rights of the people. But he seemed more like a tyrant when ④ he declared that he was now the emperor. Angry, ⑤ he tore the title page of his symphony in half. He then made a new copy and renamed the symphony *Eroica*, meaning "heroic," with the subtitle "to celebrate the memory of a great man."

*tyrant 폭군, 독재자

# 3

밑줄 친 she[her]가 가리키는 대상이 나머지 넷과 <u>다른</u> 것은?

**despite** ~에도 불구하고
**feel down** 우울해하다
**promising** 유망한, 촉망되는
**persistence** 고집, 끈기
**gratitude** 고마움, 감사
**ensure** 반드시 ~하게 하다
**intently** 열심히

When Angela was young, she was always disappointed about her performance despite her efforts. Whenever she felt down, her mom encouraged her by saying that working hard and never giving up is more important. With her mother's encouragement, ① she remained positive and tried to do her best. Many years later, Angela was awarded a New Directions Fellowship, given to most promising young researchers. The award was for ② her research on the importance of passion and persistence. She wanted to share ③ her achievement with her mom and express her gratitude. Angela read her research paper to her mom. Her mom was over 80, and ④ she read a bit slower ensuring her mom understood clearly. Still, ⑤ she seemed to be listening intently, and when Angela was done, she nodded and then smiled. "It turns out you were right, mom." Angela said.

# 4

밑줄 친 he[his]가 가리키는 대상이 나머지 넷과 <u>다른</u> 것은?

**division** 분할, 분배; *나누기
**scold** 야단치다, 꾸짖다
**mathematically** 수학적으로 (*a.* mathematical)
**infinite** 무한한
**roar** 으르렁거리다; *폭소를 터뜨리다
**intriguing** 아주 흥미로운
**complex** 복잡한
**incredible** 믿기 어려운, 놀라운
**curiosity** 호기심
**expand** 확장시키다

One day a teacher was introducing division to a group of boys. He said that if three bananas were given to three boys, each boy would get one banana. One of the boys raised ① his hand and stood up. "Sir," ② he asked, "if zero bananas are given to zero people, will everyone still get a banana?" The class laughed. The teacher scolded the class for laughing. ③ He explained, "It might seem that each one should get a banana, but no! Mathematically, each would get an infinite number of bananas!" The class roared with laughter. The boy who asked the intriguing question was Indian mathematician Srinivasa Ramanujan. Even as a kid ④ he spent lots of time working on complex math problems, filling many notebooks. ⑤ His incredible curiosity and mathematical skill has contributed to developing and expanding some of the best research in modern mathematics.

## 5

tie 묶다; *동점을 이루다
inning (야구의) 회
base (야구의) 베이스[-루]
signal 신호를 보내다
hesitate 주저하다
steal a base 도루하다
catcher 포수

**밑줄 친 he가 가리키는 대상이 나머지 넷과 다른 것은?**

Two youth baseball teams were tied in the last inning. With a runner on first base and two outs, one of the coaches signaled for a boy on the bench to replace the runner. The boy hesitated because ① he knew how important the game was. But ② he got up and walked to first base with great difficulty. Seeing that ③ he had cerebral palsy, the crowd began to wonder what the coach was doing. Suddenly ④ he gave the sign to steal second base, and the boy began to run as fast as he could. The catcher, never expecting that ⑤ he would try to steal a base, wasn't paying attention to him. His throw was too late, and the crowd cheered wildly.

*cerebral palsy 뇌성 마비

## 6

모의고사 기출

carpenter 목수
retire 은퇴하다
leisurely 한가한, 여유로운
paycheck 급료
unfortunate 운이 없는;
*유감스러운
lifelong 평생 동안의

**밑줄 친 he[his]가 가리키는 대상이 나머지 넷과 다른 것은?**

An elderly carpenter was ready to retire. He told his boss of his plans to leave the house-building business to live a more leisurely life with ① his family. He would miss the paycheck each week, but he wanted to retire. The boss was sorry to see his good worker go and asked if ② he could build just one more house as a personal favor. The carpenter said yes, but over time it was easy to see that ③ his heart was not in his work. He used poor materials and didn't put much time or effort into his last work. It was an unfortunate way to end his lifelong career. When ④ he finished his work, his boss came to check out the house. Then ⑤ he handed the front-door key to the worker and said, "This is your house, my gift to you."

## 7

밑줄 친 she[her]가 가리키는 대상이 나머지 넷과 <u>다른</u> 것은?

neurosurgeon 신경외과
의사
operate 작동되다; *수술
하다
emergency 비상, 응급
snowstorm 눈보라
option 선택(권)
estimate 추정하다
surgery 수술
on call (비상시를 위해) 대기
중인

Dr. Evelyn Wrynk was the only neurosurgeon at Trinity Medical Center. She had just finished operating at a neighboring hospital when Maria, the head nurse at Trinity's neuro intensive care unit, called ① <u>her</u> with an emergency. Wrynk attempted to drive back, but a snowstorm had blocked the roads. Seeing no other option, ② <u>she</u> decided to walk the six miles in the snow. She estimated that it would take ③ <u>her</u> about five hours to get to Trinity. Hours later, she entered the hospital asking where the patient was. ④ <u>She</u> talked to the family and went straight to perform the surgery. Without the surgery, the patient would have most likely died. Maria said she had never seen anything like it. But Wrynk's actions didn't surprise ⑤ <u>her</u>. "She's on call about 330 days a year," Maria said. Wrynk simply said, "I was just doing my job."

*neuro intensive care unit 신경 집중 치료실

## 8

고난도

밑줄 친 It[it]이 가리키는 대상이 나머지 넷과 <u>다른</u> 것은?

antibody 항체
manufacture 제조하다,
생산하다
identify 확인하다, 식별하다
isolate 격리하다; *분리하다
inject 주사하다, 주입하다
efficiently 능률적으로,
효과적으로
manufacturer 제조자,
생산회사
extract 뽑다, 추출하다
purify 정화하다
dose (약의) 복용량, 투여량

The flu vaccine is a common way for us to avoid the flu. ① <u>It</u> causes antibodies, which protect against the viruses in the vaccine, to develop in the body. Though there are various ways to manufacture ② <u>it</u>, chicken eggs are involved in the most common method. The first step is to identify the flu virus that will be used. After this is isolated, ③ <u>it</u> is injected into hen's eggs, where it can grow efficiently. Then, manufacturers extract and purify it. Next, they test the vaccine to make sure that ④ <u>it</u> is safe and effective. Completing this process takes many months because millions of doses are needed. After final quality checks on the vaccine, ⑤ <u>it</u> is packaged and then shipped to clinics around the world.

[1~7] 다음 문장에서 to부정사 또는 동명사를 찾아 밑줄을 긋고 문장을 해석하시오.

**1** It was a bad idea to meet at that corner.

**2** The teacher scolded the class for laughing.

**3** The crowd began to wonder what the coach was doing.

**4** A boy was working hard to pay for his education.

**5** Completing this process takes many months.

**6** He told his boss of his plans to leave the house-building business to live a more leisurely life.

**7** Her mom encouraged her by saying that working hard is more important.

[8~10] 다음 문장에서 to부정사 또는 동명사가 쓰인 관용 표현을 찾아 밑줄을 긋고 문장을 해석하시오.

**8** He spent lots of time working on complex math problems.

**9** Upon opening it, he was amazed to see the words.

**10** It would take her about five hours to get to Trinity.

# UNIT 05

## 분사와 분사구문

## ① 현재분사 vs. 과거분사

- 분사는 형용사처럼 명사를 수식하거나, 주격 보어 및 목적격 보어의 역할을 한다.
  - 현재분사(v-ing): '~하는, 하고 있는'의 능동 또는 진행의 의미이다.
  - 과거분사(v-ed): '~된, ~당한'의 수동 또는 완료의 의미이다.

  ¹ The woman **standing** near the lamp is the host of the party. 〈명사 수식〉

  ² Many people like walking on **fallen** leaves in autumn. 〈명사 수식〉

  ³ We need to replace the window **broken** last week. 〈명사 수식〉

  ⁴ Kevin seemed **confused** when he was reading the directions. 〈주격 보어〉

  ⁵ The couple saw the suspect **entering** the building. 〈목적격 보어〉

## ② 감정을 일으키는 v-ing vs. 감정을 느끼는 v-ed

- 분사가 수식 또는 서술하는 대상이 '~한 감정을 유발하는'이라는 능동의 의미일 때는 현재분사를, '~한 감정을 느끼게 되는'이라는 수동의 의미일 때는 과거분사를 쓴다.
  - exciting(흥미진진한)–excited(흥분된)
  - shocking(충격적인)–shocked(충격받은)
  - surprising(놀라운)–surprised(놀란)
  - annoying(짜증스러운)–annoyed(짜증이 난)
  - boring(지루한)–bored(지루해하는)
  - interesting(흥미로운)–interested(흥미로워하는)
  - amazing(놀라운)–amazed(놀란)
  - terrifying(겁나게 하는)–terrified(겁이 난)

  ¹ Meeting new people is **interesting** to me.
  ² They are **interested** in working abroad.
  ³ It's **shocking** that she became a director at such a young age.
  ⁴ He was **shocked** when the store clerk asked him for $50. 모의 응용

---

### ☑ CHECK UP

**STEP 1** ( ) 안에서 어법상 알맞은 것을 고르시오.

1 The ( barking / barked ) dog annoys me every evening.
2 I stopped reading the ( boring / bored ) book and went outside.
3 When the man appeared in the dark room, I was really ( terrifying / terrified ).
4 I heard my name ( calling / called ) from the stage.

**STEP 2** ( ) 안에 주어진 말을 알맞은 형태로 바꿔 쓰시오.

1 The word "courage" comes from *cor*, a Latin word _____(mean) "heart." 수능 응용
2 Sometimes music is _____(damage) to a performance. 모의 응용
3 The house _____(paint) white and blue belongs to my grandparents.

**③ 분사구문의 의미**

- 분사구문은 〈접속사+주어+동사〉 형태의 부사절을 분사가 이끄는 부사구로 나타낸 구문이다.
- 분사구문은 때, 이유, 부대상황(동시동작/연속동작), 조건, 양보 등의 의미를 나타낸다.
- 분사구문의 부정은 분사 앞에 not이나 never를 쓴다.

> 1 **Driving along the beach**, she watched the sunset. 〈때〉
> (← While she drove along the beach, ... .)
> 2 **Getting no response**, the firefighters began smashing down the door. 〈이유〉 모의 응용
> (← Because they got no response, ... .)
> 3 **Shouting with joy**, Henry celebrated his success. 〈동시동작〉
> (← As he shouted with joy, ... .)
> 4 Thomas ran through the airport, **arriving at his gate just in time**. 〈연속동작〉
> (← ..., and he arrived at his gate just in time.)
> 5 **Not knowing where to go**, I just stood there by myself. 〈이유(부정)〉
> (← As I didn't know where to go, ... .)

**④ 분사구문의 시제와 태**

- 완료형 분사구문: 종속절(부사절)의 시제가 주절의 시제보다 앞선 경우 〈having v-ed〉 형태로 쓴다.
- 수동형 분사구문: 수동의 의미를 나타내는 분사구문에서 맨 앞의 being이나 having been은 생략 가능하므로 보통 과거분사로 시작한다.

> 1 **Having broken his arm**, Miguel couldn't play in the tournament.
> (← As he had broken his arm, ... .)
> 2 **(Being) Motivated by guilt**, people tend to make up for their mistakes. 수능 응용
> (← When they are motivated by guilt, ... .)
> 3 **(Having been) Bitten by a dog**, I hate dogs now.
> (← Because I was bitten by a dog, ... .)

**✔ CHECK UP**

**STEP 1**   (  ) 안에서 어법상 알맞은 것을 고르시오.

1 ( To open / Opening ) the door slowly, I looked into the room.
2 ( Not wanting / Wanting not ) my sister to be lonely, I went to visit her.
3 ( Locating / Located ) near the subway station, the office is easy to get to.

**STEP 2**   (  ) 안에 주어진 말을 알맞은 형태로 바꿔 쓰시오.

1 Recently, a serious disease hit Asia, _____ (cause) hundreds of deaths. 수능 응용
2 _____ (sleep) for two hours last night, I am really sleepy now.

**주어나 접속사가 남아 있는 분사구문**

- 분사구문의 의미상 주어가 주절의 주어와 다른 경우 분사 앞에 의미상 주어를 쓴다.
- 분사구문의 의미를 명확하게 하기 위해서 분사 앞에 접속사를 쓰기도 한다.

 ¹ **His wallet stolen**, Jeff didn't have any money for the bus.
 ² **While walking downtown**, I saw a man dancing on the sidewalk.

> **상승 PLUS**
>
> 분사구문의 주어가 막연한 일반인인 경우, 주어를 생략하고 하나의 숙어처럼 쓴다.
> - Generally[Strictly/Frankly] speaking: 일반적으로[엄격히/솔직히] 말하면
> - Speaking of: ~에 대해 말하자면
> - Judging from: ~로 판단하면
>
> **Generally speaking**, women live longer than men in most countries.

 **<with + (대)명사 + 분사>**

- 〈with + (대)명사 + 분사〉는 '~가 …하면서(능동)' 또는 '~가 …된 채로(수동)'의 의미를 나타낸다.
- (대)명사와 분사가 능동의 관계일 때는 현재분사를, 수동의 관계일 때는 과거분사를 쓴다.

 ¹ They ate the ice cream on the hot day **with it melting** in their hands.
 ² He was working in the yard **with his sleeves rolled** up.

> **상승 PLUS**
>
> 분사 대신 형용사(구)나 부사(구)가 쓰인 경우에도 분사구문처럼 해석한다.
>
> It is not polite to talk **with your mouth full**.
>
> "I know," the doctor said, **with tears in his eyes**. 수능응용

---

**☑ CHECK UP**

**STEP 1** ( ) 안에서 어법상 알맞은 것을 고르시오.

**1** All things ( considering / considered ), it is better to call a moving company. 수능응용
**2** He jogged down the path with his dog ( following / followed ) behind him.
**3** ( Judging / Judged ) from her clothes, she is interested in fashion.

**STEP 2** ( ) 안에 주어진 말을 알맞은 형태로 바꿔 쓰시오.

**1** They cleaned the floor with the windows _____ (close).
**2** The movie _____ (end) late at night, we had to take a taxi.
**3** After _____ (check) the weather, I decided to bring my umbrella.

# GRAMMAR for Reading

**1**  〈보기〉에서 알맞은 말을 골라 문맥에 맞게 쓰시오. (한 번씩만 쓸 것)

| 〈보기〉 | interest | surprise | relieve | write |
|---|---|---|---|---|

(1) It was really _____ that she won the contest.

(2) Novels _____ in Korean are becoming more popular.

(3) Everyone was _____ when the plane landed safely at the airport.

(4) I have a friend _____ in music and dancing.

**2**  밑줄 친 부분이 맞으면 T, 틀리면 F 표시하고 바르게 고치시오.

(1) Waking up suddenly, the baby began to cry loudly.

(2) When exercised in the gym, I usually listen to music.

(3) He finished the test with ten minutes leaving.

**3**  우리말과 같은 뜻이 되도록 주어진 말을 알맞게 배열하시오.

(1) 그 결과에 만족할 수가 없어서, 그녀는 다시 시도했다.

(satisfied, not, the results, with)

→ _____, she tried again.

(2) 대학을 졸업한 후에, Jane은 현재 직업을 찾고 있다.

(from, having, college, graduated)

→ _____, Jane is now looking for a job.

(3) 집에 먹을 것이 없어서, 우리는 외식하기로 결정했다.

(being, at home, no food, there)

→ _____, we decided to eat out.

## 4

cave 동굴
valley 계곡, 골짜기
date back ~까지 거슬러 올라가다
found 세우다

( ) 안의 말을 알맞게 배열하시오.

Setenil de las Bodegas is a Spanish town known for its homes in rock caves. The town is located in a deep, narrow valley, (some houses, with, built) into the rock walls of the valley itself. The town has existed since at least the 12th century, and possibly longer. There is evidence that similar societies in the area date back more than 25,000 years, and some researchers believe that Setenil de las Bodegas was founded even earlier.

→ _____

## 5

employ 고용하다
currently 현재, 지금
threaten 위협하다
decline 감소, 하락

(A), (B)의 각 네모 안에서 어법에 맞는 표현을 고르시오.

More than 100 million poor people are employed by the coffee production industry. Their jobs, however, are currently being (A) threatening / threatened by climate change. As it gets hotter in Central America, a leaf disease (B) calling / called coffee rust has been spreading. As a result, coffee production has dropped by about one-third in that region. Ethiopia, a country where 25% of the population depends on the coffee industry, is facing a similar decline in production due to climate change.

*coffee rust 커피 녹병

(A) _____    (B) _____

**EXTRA Q.**

윗글을 읽고, 다음 문장의 빈칸에 알맞은 말을 본문에서 찾아 쓰시오.

_____ _____ has led to a leaf disease that threatens the coffee production industry in Central America.

## 6

heart-shaped 하트 모양의
beverage (물 외의) 음료
cacao beans 카카오 콩
ingredient 재료, 성분
solid 단단한; *고체의

(A), (B)의 빈칸에 주어진 동사를 알맞은 형태로 바꿔 쓰시오.

On Valentine's Day, many people may show their love by giving someone a heart-shaped box of chocolates. Giving chocolate as a gift is an old tradition. The first chocolate was in the form of beverages made from cacao beans. The Maya and Aztecs gave these drinks to people (A) _____ (respect) by the community. Sometimes they also offered them to gods. (B) _____ (add) other ingredients, Europeans began making the solid chocolates used as gifts today.

(A) _____    (B) _____

# 수능 유형 독해

## 어휘 추론

**유형 설명**
어휘의 쓰임을 판단하여, 문맥에 맞는 낱말을 고르거나 문맥상 쓰임이 적절하지 않은 낱말을 고르는 유형이다.

**유형 전략**
- 먼저 글의 핵심 내용인 주제를 파악한다.
- 선택지가 포함된 문장의 앞뒤 문맥을 파악하여 어휘의 적절성을 판단한다.
- 문맥에 맞는 낱말을 고르는 유형의 경우, 선택한 어휘로 문장을 읽었을 때 글의 흐름이 자연스러운지 확인한다.
- 문맥상 쓰임이 적절하지 않은 낱말을 고르는 유형의 경우, 선택지로 철자가 비슷한 어휘나 반의어 등이 주로 제시되므로, 혼동하기 쉬운 어휘나 반의어 등을 함께 알아 둔다.

**모의고사 기출**

### (A), (B), (C)의 각 네모 안에서 문맥에 맞는 낱말로 가장 적절한 것은?

When we *don't* want to believe a certain claim, we ask ourselves, "*Must* I believe it?" Then we ⓐ search for contrary evidence, and if we find a single reason to (A) defend / doubt the claim, we can dismiss the claim. Psychologists now have numerous findings on ⓑ "motivated reasoning," showing the many tricks people use to reach the conclusions they want to reach. When subjects are told that an intelligence test gave them a low score, they choose to read articles (B) supporting / criticizing the validity of IQ tests. When people read a (fictitious) scientific study reporting heavy caffeine consumption is associated with an increased risk of breast cancer, women who are heavy coffee drinkers find (C) more / fewer errors in the study than do less caffeinated women.

*fictitious 가상의

|     | (A)     |        | (B)         |        | (C)    |
|-----|---------|--------|-------------|--------|--------|
| ①   | defend  | ······ | supporting  | ······ | more   |
| ②   | doubt   | ······ | supporting  | ······ | fewer  |
| ③   | doubt   | ······ | criticizing | ······ | more   |
| ④   | doubt   | ······ | criticizing | ······ | fewer  |
| ⑤   | defend  | ······ | criticizing | ······ | fewer  |

### 유형 SOLUTION

1 사람들이 자신이 원하는 결론에 도달하기 위해 정보를 선택적으로 취득한다는 '동기화된 추론(ⓑ)'에 관하여 서술하고 있다.

2 (A)는 글 전체의 주제를 설명하는 ⓐ, ⓑ를 통해 유추할 수 있다. (B)와 (C)는 모두 '동기화된 추론'에 대한 예시에 해당하므로 각 예시의 대상들이 자신이 원하는 결론에 부합하는 방식으로 행동함을 고려해 정답을 유추할 수 있다.

3 선택한 어휘들을 문장에 넣어 글의 흐름이 자연스러운지 확인한다.

---

contrary 정반대되는  defend 방어하다; 옹호하다  doubt 의심하다  dismiss 일축하다, 묵살하다  numerous 많은  reasoning 추리, 추론  intelligence 지능  criticize 비판하다  validity 타당성, 타당도  consumption 소비; *섭취  be associated with ~와 관련되다

**1**

vividly 생생하게
refer to 언급하다
fictional 허구적인
disaster 재난, 재앙
assassination 암살
politician 정치인
involve 수반하다; *관련시키다
traumatic 대단히 충격적인
arousal 각성; *환기
sharp 선명한, 뚜렷한

**(A), (B), (C)의 각 네모 안에서 문맥에 맞는 낱말로 가장 적절한 것은?**

When a one-time event is remembered vividly for a lifetime, it is referred to as a flashbulb memory. These memories are usually related to (A) | fictional / historical | events, such as a major disaster or the assassination of a politician. Many older Americans, for example, remember exactly what they were doing when they heard of President Kennedy's death. Few of them, however, have detailed memories of those days before or after the assassination. Flashbulb memories can also involve traumatic (B) | public / personal | events, such as the death of a family member. What makes these memories different from our everyday experiences? The answer is the level of (C) | emotional / informational | arousal that they cause. Discussing these events with others later on, we cause our memories of them to become even sharper.

*flashbulb memory 섬광 기억

|  | (A) |  | (B) |  | (C) |
|---|---|---|---|---|---|
| ① | fictional | ······ | public | ······ | emotional |
| ② | fictional | ······ | personal | ······ | informational |
| ③ | historical | ······ | public | ······ | informational |
| ④ | historical | ······ | personal | ······ | emotional |
| ⑤ | historical | ······ | personal | ······ | informational |

**2**

expedition 탐험(대)
Antarctica 남극 대륙
the Arctic 북극
trap 가두다
well-being (건강과) 행복
crew 승무원; *팀
secondary 이차적인, 부차적인
shortage 부족
dignity 품위, 존엄성
guard duty 보초 근무
sacrifice 희생
inspire 격려하다

**다음 글의 밑줄 친 부분 중, 문맥상 낱말의 쓰임이 적절하지 <u>않은</u> 것은?**

Ernest Shackleton led an expedition to Antarctica in 1914, while Vilhjalmur Stefansson led an expedition headed to the Arctic in 1913. In both cases, the expedition's ship became trapped in ice, but the two situations had very different ① <u>causes</u>. Stefansson's main goal was success, and he considered the well-being of his crew to be ② <u>secondary</u>. Without his support, his crew panicked and began to fight when facing food shortages. It ended in ③ <u>tragedy</u>, with many of the crew members dying. Shackleton, however, cared deeply about the ④ <u>dignity</u> of his crew. He gave away his gloves and volunteered to stay up all night on guard duty. His ⑤ <u>sacrifices</u> inspired his crew, and, as a result, they all survived.

**3**

lumber 목재
in favor of ~에 찬성하여
practice 관행; 관습
sustainable 지속 가능한
preserve 지키다
inherit 상속받다, 물려받다
(*n.* inheritance)

### (A), (B), (C)의 각 네모 안에서 문맥에 맞는 낱말로 가장 적절한 것은?

In Ontario, there is an old-growth forest near Temagami. Some people want to cut down the trees for lumber. Others want to keep it as it is: they believe it is (A) common / unique and must be protected for coming generations. Many people are somewhere in the middle, wanting some use and some protection. Most people are in favor of using our resources wisely. They prefer practices that make our resources (B) sustainable / unsustainable . That is, we should use our resources wisely now and we will still have more for the future. We are all responsible for looking after the environment. We can learn from First Nations' people who have long known the importance of (C) changing / preserving the environment for future generations. What you inherited and live with will become the inheritance of future generations.

*First Nations' people 캐나다 원주민

| | (A) | | (B) | | (C) |
|---|---|---|---|---|---|
| ① | common | ...... | unsustainable | ...... | preserving |
| ② | common | ...... | sustainable | ...... | changing |
| ③ | unique | ...... | unsustainable | ...... | preserving |
| ④ | unique | ...... | unsustainable | ...... | changing |
| ⑤ | unique | ...... | sustainable | ...... | preserving |

**4**

sphere 구; 구체
be composed of ~로
구성되다
framework 뼈대, 골조
stable 안정된, 안정적인
vulnerable 취약한
severe 극심한, 심각한
sturdiness 억셈, 견고함
enclose 두르다, 둘러싸다
exposure 노출, 드러냄
component 요소, 부품
appealing 매력적인, 흥미
로운

### 다음 글의 밑줄 친 부분 중, 문맥상 낱말의 쓰임이 적절하지 <u>않은</u> 것은?

A geodesic dome is a structure shaped like half of a sphere and composed of triangles. These linked shapes form a framework that is strong enough to ① support itself as triangles are stable shapes. The structure is also more ② efficient than an ordinary building. It is ③ vulnerable to severe weather, such as wind or heavy snow, thanks to its sturdiness. Also, it has less surface area than a traditional building, enclosing the same floor space with less building material. The smaller surface area also ④ reduces exposure to outside temperatures, making the building cheaper to cool and heat artificially. Using prefabricated components, people can construct a geodesic dome quickly without heavy construction equipment. These factors make geodesic domes ⑤ appealing for many kinds of construction.

*geodesic dome 측지선[지오데식] 돔(반구형 지붕) **prefabricated 조립식의

# 5

stationary 정지된
consist of ~로 구성되다
enclosure 동봉
encounter 만남
checkup 검진
proper 적절한

**(A), (B), (C)의 각 네모 안에서 문맥에 맞는 낱말로 가장 적절한 것은?**

"The Train of Hope" is the nickname of the Phelophepa Health Train, a (A) mobile / stationary hospital that has been providing health care in South Africa since 1994. It consists of 18 train cars and has helped nearly six million people, many of them living in poor rural areas. For some, a visit from the train is their first (B) enclosure / encounter with modern health services. The medical professionals on the train treat illnesses, provide health education, and encourage people to live a healthy lifestyle. Checkups are free, and any medicine required costs less than a dollar. Before moving on to the next stop, the train's staff contacts doctors at local hospitals to (C) ensure / estimate that patients with serious illnesses continue to receive the proper treatment.

|  | (A) |  | (B) |  | (C) |
|---|---|---|---|---|---|
| ① | mobile | ...... | enclosure | ...... | ensure |
| ② | mobile | ...... | encounter | ...... | ensure |
| ③ | mobile | ...... | enclosure | ...... | estimate |
| ④ | stationary | ...... | encounter | ...... | ensure |
| ⑤ | stationary | ...... | enclosure | ...... | estimate |

모의고사 기출

# 6

alarm call (동물의 경고성)
울부짖음; 경계 신호
predator 포식자
convey 전달하다
nature 특성, 천성
detect 발견하다, 감지하다
mature 성인이 된; 성인이
되다
stimulus 자극 (pl. stimuli)
trigger 유발하다
restrict 제한하다
prey 먹이, 사냥감
dash 돌진, 질주
cover 은신처

**(A), (B), (C)의 각 네모 안에서 문맥에 맞는 낱말로 가장 적절한 것은?**

Some species use alarm calls to share information about potential predators. Their alarm calls seem to convey very (A) specific / confusing information about the nature of the predator that has been detected as they become more mature. When a young vervet monkey spots a bird in the sky above it, it will give an alarm call. In this case a sort of "cough-cough" noise. At this stage, the call appears to be an innate possible-danger-above signal because it is given as a response to any large flying object, dangerous or otherwise. But as the monkey matures, the range of stimuli that will trigger the call (B) broadens / narrows . Eventually the use of this alarm call will be restricted to those situations when an eagle is spotted in the skies above. Upon hearing the call the members of the group will scan the sky to locate the (C) prey / threat and then make a dash for the cover provided by dense vegetation.

*innate 타고난, 선천적인  **vegetation 초목, 식물

|  | (A) |  | (B) |  | (C) |
|---|---|---|---|---|---|
| ① | specific | ...... | broadens | ...... | prey |
| ② | specific | ...... | narrows | ...... | threat |
| ③ | confusing | ...... | broadens | ...... | threat |
| ④ | specific | ...... | narrows | ...... | prey |
| ⑤ | confusing | ...... | narrows | ...... | prey |

**7**

at work 작용하는
accelerate 가속되다
illustrate 설명하다
lose ground 지다
restrain 억누르다
as for ~에 대해 말하자면
assist 돕다
resist 저항하다

(A), (B), (C)의 각 네모 안에서 문맥에 맞는 낱말로 가장 적절한 것은?

We can clearly see Newton's laws of motion at work in a tug-of-war. If both sides pull with equal power, the rope will not (A) accelerate / separate in either direction. This illustrates Newton's first law. However, if one side pulls harder, the rope begins to move. This leads to his second law. The side losing ground must increase its force. If it uses as much force as the other side, the rope will stop moving; if it (B) restrains / maintains a higher level of force, the rope will move in its direction. As for Newton's third law, you can feel the rope trying to move you. To prevent this, you dig your feet into the ground. The ground pushes back, helping you (C) assist / resist the rope's pull.

\*tug-of-war 줄다리기

| | (A) | | (B) | | (C) |
|---|---|---|---|---|---|
| ① | accelerate | …… | restrains | …… | assist |
| ② | accelerate | …… | maintains | …… | resist |
| ③ | separate | …… | restrains | …… | assist |
| ④ | accelerate | …… | maintains | …… | assist |
| ⑤ | separate | …… | restrains | …… | resist |

---

**8**

고난도

chemical 화학 물질
contaminate 오염시키다
compound 화합물
microbe 미생물
eliminate 제거하다
determine 알아내다
employ 고용하다; \*(기술·방법을) 쓰다
substance 물질
generate 만들어내다
guarantee 보장하다

(A), (B), (C)의 각 네모 안에서 문맥에 맞는 낱말로 가장 적절한 것은?

Surprisingly, the chemicals that allow fireflies to "light up" are used to identify (A) consumed / contaminated food. Firefly luciferase and luciferin can detect ATP, which is a compound found in all living creatures, including dangerous microbes such as salmonella. Adding these chemicals to food causes the ATP in microbes to (B) produce / eliminate light. The more ATP present, the brighter the light will be. This means that even the degree of contamination can be determined. In the 1960s, the food industry began employing this method, using sensitive instruments to measure the amount of produced light. Although the natural substances have now been replaced by artificial ones, this test is still widely used to (C) generate / guarantee food safety.

\*luciferase 발광효소  \*\*luciferin 발광소

| | (A) | | (B) | | (C) |
|---|---|---|---|---|---|
| ① | consumed | …… | produce | …… | generate |
| ② | contaminated | …… | eliminate | …… | guarantee |
| ③ | consumed | …… | eliminate | …… | generate |
| ④ | contaminated | …… | produce | …… | guarantee |
| ⑤ | contaminated | …… | produce | …… | generate |

[1~5] 다음 문장에서 현재분사나 과거분사를 찾아 밑줄을 긋고 문장을 해석하시오.

**1** Stefansson led an expedition headed to the Arctic in 1913.

**2** It is a structure shaped like half of a sphere and composed of triangles.

**3** They choose to read articles criticizing the validity of IQ tests.

**4** The side losing ground must increase its force.

**5** Few of them have detailed memories of those days.

[6~10] 다음 문장에서 분사구문을 찾아 밑줄을 긋고 문장을 해석하시오.

**6** The crew began to fight when facing food shortages.

**7** Many people are somewhere in the middle, wanting some use and some protection.

**8** It has less surface area, enclosing the same floor space with less building material.

**9** Before moving on to the next stop, the train's staff contacts doctors at local hospitals.

**10** The food industry began employing this method, using sensitive instruments to measure the amount of produced light.

# UNIT 06

## 주어와 동사의 수 일치

## 1 명사구 주어

- to부정사(구)나 동명사(구)가 주어로 쓰인 경우 단수 동사가 온다.

1 **To start a new semester** is both stressful and exciting.
2 **Playing sports with friends** is a good way to learn about teamwork.
3 **Trusting and empowering people** allows you to focus on your work. 수능 응용

### 상승 PLUS

to부정사나 동명사 뒤에 목적어나 수식어가 붙어 주어가 길어진 경우, 이를 하나의 덩어리로 보면 문장의 주어와 동사를 쉽게 구분할 수 있다.

**To see those dolphins** [living in an aquarium] makes me sad.

## 2 명사절 주어

- 접속사(that, whether), 의문사, 관계사 what 등이 이끄는 명사절이 주어로 쓰인 경우 단수 동사가 온다.

1 **That her injury is not serious** is a relief.
2 **Whether they will get married or not** is a big question.
3 **When we will leave on vacation** has not been decided yet.
4 **What I want for my birthday this year** is a new laptop.

### 상승 PLUS

주격 관계대명사절 안의 동사는 선행사의 수에 일치시킨다.

**The dog** [that is barking] belongs to my neighbor.

### ☑ CHECK UP

STEP 1  ( ) 안에서 어법상 알맞은 것을 고르시오.

1 Whether your answers are correct or not ( is / are ) not important in this class.
2 Identifying what we can do in the workplace ( serves / serve ) to improve our career. 수능 응용
3 Where the soccer teams will practice ( is / are ) being decided now.
4 We are looking for applicants who ( has / have ) experience in marketing.

STEP 2  다음 밑줄 친 부분이 맞으면 T, 틀리면 F 표시하고 바르게 고치시오.

1 That you are leaving soon make me sad. 모의 응용
2 What the organization is doing helps people who are in need. 수능 응용
3 Using cameras and video cameras are allowed everywhere except the area A. 모의 응용
4 To run through the mountains were an amazing experience.

**③ 주어 뒤에 수식어구나 삽입어구가 오는 경우**

- 주어가 형용사구, to부정사(구), 분사(구), 전치사구, 관계사절 등의 수식을 받거나 주어와 동사 사이에 삽입어구가 있는 경우, 주어와 수식어구 또는 삽입어구를 구분한 뒤 주어에 동사의 수를 일치시킨다.

> ¹ The box [full of chocolate and candy] was Dad's present for me.
>
> ² The books [to return] are on the table.
>
> ³ The paintings [hanging on the wall] are worth $1 million.
>
> ⁴ The cars [in the parking lot] need to be repainted.
>
> ⁵ Those [who give up too quickly] are those who never succeed. 수능 응용
>
> ⁶ Jason, [the captain of the team], wants me to come to the next game.

**④ 주어와 동사의 도치**

- 부정어(구)나 부사(구), 보어 등을 강조하기 위해 문장 맨 앞으로 보내면, 주어와 동사가 도치된다. 이때 동사 뒤에 있는 주어를 찾아 동사의 수를 일치시킨다.

> ¹ Rarely do I eat a meal without first washing my hands.
>
> ² Just down the street is **an Indian restaurant called Ganges**.
>
> ³ So successful was **his business** that he could build another factory.

---

**☑ CHECK UP**

**STEP 1**  ( ) 안에서 어법상 알맞은 것을 고르시오.

1  The scent of wildflowers ( fills / fill ) the air around us. 수능 응용

2  Not until last year ( was / were ) those boys admitted as students.

3  The hotels located along the coast ( offers / offer ) spectacular views.

**STEP 2**  다음 밑줄 친 부분이 맞으면 T, 틀리면 F 표시하고 바르게 고치시오.

1  The bowls on the kitchen counter is full of apples.

2  On the sofa lie small boxes wrapped in red paper.

3  The concert that I went to with my friends were a disappointment.

## ⑤ 상관접속사로 연결된 주어의 수 일치

- 주어에 다음 상관접속사가 쓰이면 B에 동사의 수를 일치시킨다.
  - not only A but (also) B(= B as well as A): A뿐만 아니라 B도
  - either A or B: A 또는 B 둘 중 하나
  - neither A nor B: A도 B도 둘 다 아닌
- 〈both A and B(A와 B 둘 다)〉 형태의 주어는 항상 복수 취급한다.

1 **Not only** Janet **but also** her sisters have curly hair.
2 The earth, **as well as** the other planets, circles the sun.
3 **Either** James **or** you are entirely wrong.
4 **Neither** an umbrella **nor** a raincoat was available in that store. 모의 응용
5 **Both** thick fog **and** heavy rain are expected tomorrow morning.

## ⑥ 수 일치 문제에 자주 나오는 표현

- each, every ~가 쓰인 명사구나 -thing, -body, -one으로 끝나는 명사는 항상 단수 취급한다.
- 〈most[half, some, all, the rest, 분수 등] of+명사〉는 of 뒤에 오는 명사에 동사의 수를 일치시킨다.
- 〈the number of+복수 명사(~의 수)〉는 단수 취급하고, 〈a number of+복수 명사(많은 ~)〉는 복수 취급한다.
- 〈the+형용사〉는 '~하는 사람[것]들'이라는 의미로 항상 복수 취급한다.

1 **Every** restaurant on this street sells grilled steak and seafood.
2 **Each** of these activities requires part of your working memory. 모의 응용
3 **The rest of** the cake was still on the kitchen table.
4 **A number of** stores are not open this Friday.
5 **The young** are more likely to be sensitive to fashion trends.

---

☑ **CHECK UP**

**STEP 1** ( ) 안에서 어법상 알맞은 것을 고르시오.

1 Most of the milk ( has / have ) been sold to the students in the cafeteria. 모의 응용
2 Not only the children but also their mom ( was / were ) tired.

**STEP 2** ( ) 안에 주어진 말을 알맞은 형태로 바꿔 쓰시오. (현재시제를 쓸 것)

1 All of the animals in this zoo _____(be) originally from Africa.
2 Either your sister or you _____(need) to take the computer to the repair shop.
3 The number of customers _____(be) increasing steadily.
4 Both studying and taking notes _____(help) me do well on tests.

# GRAMMAR for Reading

**1**  〈보기〉에서 알맞은 말을 골라 문맥에 맞게 쓰시오. (현재시제를 쓸 것)

| 〈보기〉 | know | be | affect | like |
|---|---|---|---|---|

(1) Both my boyfriend and I _____ to play mobile games.

(2) Making new friends _____ not easy for me.

(3) Neither my mother nor I _____ where my brother's cell phone is.

(4) What you wear _____ the way other people view you.

**2**  어법상 틀린 부분을 찾아 바르게 고치시오.

(1) The number of guests at the hotel increase during the summer months.

(2) He said everyone in the world are special.

(3) Whether we will eat Chinese food or Mexican food don't matter to me.

(4) The old man who own this building lives on the top floor.

**3**  우리말과 같은 뜻이 되도록 주어진 말을 이용하여 문장을 완성하시오.

(1) 그림 속에 함께 웃고 있는 몇 명의 예쁜 소녀들이 있었다. (beautiful girls, some, be)
→ In the picture _____ smiling together.

(2) 우리 팀의 절반은 시즌 중에 부상을 당했다. (half, our team, be injured)
→ _____ during the season.

(3) Jake의 형들뿐만 아니라 Jake도 축구 선수이다. (not only, but also, be)
→ _____ a football player.

**4**

prevention 예방
heart rate 심박수
breathing rate 호흡수
consumption 소비(량)
blood pressure 혈압
reduction 감소

(A), (B)의 각 네모 안에서 어법에 맞는 표현을 고르시오.

Laughter has many health benefits and can even play a role in the treatment and prevention of illnesses. The immediate effect of laughing is a positive, joyful feeling. This is quickly followed by an increase in your heart rate, breathing rate, and oxygen consumption. Next (A) come / comes a period during which your muscles relax, as your heart rate, breathing rate, and blood pressure begin to decrease. In the end, all of this (B) lead / leads to a significant reduction in stress.

(A) _____     (B) _____

**5**

smooth 매끈한
dimple 홈, 옴폭 들어간 곳
downward 아래 방향으로
(↔ upward)
principle 원칙, 원리

(A), (B), (C)의 빈칸에 주어진 동사를 알맞은 형태로 바꿔 쓰시오.

Many years ago, golfers realized that an old ball covered in dents (A) _____ (fly) farther than a smooth one. Since then, golf balls have been made with dimples. These balls can fly nearly twice as far as smooth ones. This is because the dimples reduce drag forces, which pull on balls and slow them down. Dimples also force the flow of air downward, which pushes the ball upward. These are the same principles that (B) _____ (allow) airplanes to fly. There are no rules about how many dimples a golf ball should have, but the most common number of dimples (C) _____ (be) 392.

*dent 움푹 들어간 곳  **drag force 항력(抗力)

(A) _____     (B) _____     (C) _____

**EXTRA Q.**

윗글을 읽고, 요약문의 빈칸에 알맞은 말을 본문에서 찾아 쓰시오.

Golf balls with _____ allow the balls to fly farther than _____ balls.

**6**

billion 10억
access 접근, 입장
purify 정화하다, 정제하다
carbon 탄소
enable ~할 수 있게 하다
incredibly 믿을 수 없을
정도로, 엄청나게

밑줄 친 (A), (B)를 어법에 맞게 고치시오.

Almost 1 billion people around the world (A) doesn't have easy access to safe drinking water. This leads to many illnesses and even death. Thankfully, South African researchers have found a solution: water-purifying tea bags. These special bags contain nano-structured fibers that act as a filter and special pieces of carbon that kill harmful bacteria. Placing these tea bags into the necks of water bottles (B) enable you to drink fresh water without falling ill. The bags are also bio-degradable and incredibly cheap to make.

*bio-degradable 미생물에 의해 친환경적으로 분해하는

(A) _____     (B) _____

# 수능 유형 독해

## 빈칸 추론

---

**모의고사 기출**

### 다음 빈칸에 들어갈 말로 가장 적절한 것은?

Perhaps the biggest mistake that most investors make when they first begin investing is getting into a panic over losses. This is a major obstacle to making a strong and long-lasting plan. We work hard for our money, and we want to see it grow and work hard for us. But what most beginning investors don't understand is that investing in the stock market is a risk, and that with risk, you sometimes take losses. ⓐ Although an investment may be falling in price, it doesn't mean you have to abandon it in a rush. ⓑ The point is, as investors, we should not focus on short-term losses, but rather on long-term growth. Therefore, be _____ when it comes to not only your stock portfolio but to personal investments as well.

\*stock 주식, 증권

① honest         ② patient
③ productive     ④ diligent
⑤ cooperative

**유형 SOLUTION**

1 투자액의 가치가 떨어지더라도 성급히 팔면 안 된다(ⓐ), 단기 손실보다는 장기 성장에 집중해야 한다(ⓑ) 등의 내용을 종합해 볼 때, 투자자는 인내심을 가져야 한다는 내용의 글임을 알 수 있다.

2 선택한 단어를 빈칸에 넣어 글의 흐름이 자연스러운지 확인한다.

---

investor 투자자   panic 극심한 공포, 공황 상태   obstacle 장애, 장애물   risk 위험 요소   abandon 버리다, 포기하다   in a rush 아주 바쁘게   short-term 단기적인 (↔ long-term)   문제 productive 생산하는; \*생산적인   diligent 근면한, 성실한   cooperative 협력하는

**1**

hybrid car 하이브리드[휘발
유·전기 병용] 차
engage in ~에 관여하다
costly 많은 돈이 드는
display 전시하다; *드러내다
status 신분; *지위
generous 너그러운
(n. generosity)
give away 거저 주다
**문제**
elevate 승진시키다; *높이다
reward 보상[보답]하다

다음 빈칸에 들어갈 말로 가장 적절한 것은?

Products that are considered green are generally preferred by consumers. However, many people who purchase these products are not actually concerned about the environment. In a survey, people who had purchased a hybrid car were asked why they chose their automobiles. "It's good for the earth" wasn't a top answer, but "It sends a message about me" was. This suggests that people sometimes engage in socially responsible behavior in order to _____. The "costly signaling theory" may explain this. It states that people often display their high status through generous acts. These acts show that they have so much time, money, or energy that they can give it away without any problems.

① show how smart they are    ② elevate their place in society
③ reward someone's generosity    ④ find new ways to save money
⑤ reduce the amount of pollution

**2**

repetitive 반복적인
motivate 동기를 부여하다
mathematician 수학자
sharpen 날카롭게 하다,
뾰족하게 하다
get[lead] nowhere 아무런
성과를 내지 못하다
inspiration 영감
worthwhile 가치 있는
labor 노동
**문제**
irregular 고르지 못한; 불규
칙적인

모의고사 기출

다음 빈칸에 들어갈 말로 가장 적절한 것은?

Since a great deal of day-to-day academic work is boring and repetitive, you need to be well motivated to keep doing it. A mathematician sharpens her pencils, works on a proof, tries a few approaches, gets nowhere, and finishes for the day. A writer sits down at his desk, produces a few hundred words, decides they are no good, throws them in the bin, and hopes for better inspiration tomorrow. To produce something worthwhile — if it ever happens — may require years of such _____ labor. The Nobel Prize-winning biologist Peter Medawar said that about four-fifths of his time in science was wasted, adding sadly that "nearly all scientific research leads nowhere." What kept all of these people going when things were going badly was their passion for their subject. Without such passion, they would have achieved nothing.

*proof (수학) 증명

① cooperative      ② productive
③ fruitless       ④ dangerous
⑤ irregular

## 3

다음 빈칸에 들어갈 말로 가장 적절한 것은?

behavioral science 행동
과학
conduct 실시하다
sharp 날카로운; *급격한
decrease 감소
take action 조치를 취하다
**문제**
pressure 압박, 압력
political 정치적인
persuasion 설득

A behavioral science experiment was conducted in California. Signs that asked people to use fans instead of air conditioners were placed on doors in a neighborhood. There were four types of signs. The first told people how much money they could save. The second contained an environmental message, and the third asked people to be good citizens. The experiment's results showed that none of these signs had any effect on people's behavior. But there was a fourth sign that simply said: "A survey showed that 77 percent of your neighbors use fans instead of air conditioners." Unlike the other signs, this one clearly got people's attention, causing a sharp decrease in energy use. This shows that in some situations, _____ is the best way to get people to take action.

① social pressure                    ② national pride
③ political persuasion               ④ simple science
⑤ an economic benefit

## 4

다음 빈칸에 들어갈 말로 가장 적절한 것은?

complicated 복잡한
mixture 혼합물
neuroscientist 신경과학자
relief 안도
approval 인정; 찬성
competitor 경쟁자
acceptable 받아들일 수
있는
**문제**
desire 욕구, 갈망
misfortune 불운, 불행
longing 갈망, 열망

*Schadenfreude* means "_____." What makes *schadenfreude* a complicated word is that it is a mixture of other feelings. Neuroscientists have found that jealousy, relief, and a need for approval from others are all involved. Imagine the following situation. A model student who gets perfect grades and is good-looking suddenly fails a test. As one of her classmates, you probably envy her, so you may be secretly happy to see her fail. Now imagine that you are also one of the best students in the class. Seeing a competitor facing difficulties is likely to give you a sense of relief that you're not the one who failed. You may even feel that your own performance is more acceptable, as your score seems better now that the best student has failed.

① a desire for all of one's competitors to fail
② a wish for everyone to share equally in success
③ a feeling of pleasure at the misfortunes of others
④ a sense that failure is a possible result for everyone
⑤ a longing to always receive praise from one's friends

## 5

**다음 빈칸에 들어갈 말로 가장 적절한 것은?**

self-portrait 자화상
composition 구성 요소
upper-class 상류 계급의
portrayal 묘사; 초상(화)
poverty 가난
metaphor 은유
despair 절망

**문제**
self-centered 자기 중심의
reveal 드러내다

Rembrandt, the famous 17th-century Dutch artist, is known for having painted more than 100 self-portraits. These paintings _____.
In his early works, he painted himself as a successful young artist. He used the same composition found in portraits of upper-class individuals at that time. For example, the painting *Rembrandt and Saskia* is a portrayal of him and his wife wearing expensive clothes and appearing full of happiness and pride. Later, however, the fact that he had become a sad and troubled man is clearly shown in his self-portraits. Depressed after the death of his wife, he even painted himself as a beggar. In his picture, poverty was used as a metaphor for his deep despair.

① hide the fact that he wasn't a happy man
② make people think that he was self-centered
③ are not as well regarded as his other artworks
④ reveal the changes in the way he saw himself
⑤ show how his painting style improved with time

## 6

모의고사 기출

**다음 빈칸에 들어갈 말로 가장 적절한 것은?**

acceleration 가속
migration 이주, 이동
contemporary 동시대의;
*현대적인
phenomenon 현상
coastal 해안의
induce 유도하다, 유발하다
emission 배출
alter 바꾸다
tsunami 쓰나미
settlement 정착(지)

**문제**
level 평평하게 하다
evenly 고르게
primitive 원시(사회)의
superstition 미신

The acceleration of human migration toward the shores is a contemporary phenomenon, but the knowledge and understanding of the potential risks regarding coastal living are not. Indeed, even at a time when human-induced greenhouse-gas emissions were not exponentially altering the climate, warming the oceans, and leading to rising seas, our ancestors knew how to better listen to and respect the many movements and warnings of the seas, thus _____. For instance, along Japan's coast, hundreds of so-called tsunami stones, some more than six centuries old, were put in place to warn people not to build homes below a certain point. Over the world, moon and tides, winds, rains and hurricanes were naturally guiding humans' settlement choice.

*exponentially 기하급수적으로

① ruining natural habitats
② leveling the ground evenly
③ forming primitive superstitions
④ blaming their ancestors
⑤ settling farther inland

**다음 빈칸에 들어갈 말로 가장 적절한 것은?**

A new spacecraft named Beresheet was launched into space with a huge amount of information, which aims _____. This archive of data, called the "Lunar Library," is stored on 25 extremely thin nickel discs. Important historical texts and a complete English copy of Wikipedia are included in the information. The discs have a special design that allows them to hold a lot of information in a tiny amount of space. Approximately 30 million pages of information are contained in the archive despite its extremely small size. Special technology that ensures the survival of the data for billions of years was used in their making. The archive is meant to remain on the moon long into the future, preserving a copy of humanity's collected knowledge.

① to monitor human activity on Earth
② to develop high-capacity data storage
③ to back up human knowledge and culture
④ to test the use of nickel discs in outer space
⑤ to gather information about the moon's movements

---

고난도

**다음 빈칸에 들어갈 말로 가장 적절한 것은?**

It is often believed that a person who has just experienced success has a greater chance of succeeding again on his or her following attempts. This, however, is not true. Usually applied to sports and gambling, this belief has become known as the "hot-hand fallacy." The primary reason for this mistaken belief is an inability to understand the concept of "statistical independence." This means that each event occurs without connection to any previous event. For example, imagine that a basketball player has made five shots in a row. Because each shot is an independent event, these successful attempts have no effect on the player's next shot. Therefore, the hot-hand fallacy _____.

*hot-hand fallacy 뜨거운 손 오류(도박사의 오류)

① shows that statistics can be misleading
② leads people to form incorrect assumptions
③ can measure an athlete's chances of success
④ can help us predict the outcome of an event
⑤ has helped us to better understand basketball

[1~10] 다음 문장의 동사를 찾아 밑줄을 긋고 문장을 해석하시오.

**1**   The biggest mistake that most investors make is getting into a panic over losses.

**2**   What kept all of these people going was their passion for their subject.

**3**   Products that are considered green are preferred by consumers.

**4**   Many people who purchase these products are not concerned about the environment.

**5**   A new spacecraft named Beresheet was launched into space.

**6**   About four-fifths of his time in science was wasted.

**7**   The acceleration of human migration toward the shores is a contemporary phenomenon.

**8**   Rembrandt, the famous 17th-century Dutch artist, is known for having painted self-portraits.

**9**   Seeing a competitor facing difficulties gives you a sense of relief.

**10**   A person who has just experienced success has a greater chance of succeeding again.

# UNIT 07

## 접속사와 비교 구문

# ① 부사절을 이끄는 접속사

- 부사절을 이끄는 접속사는 시간, 이유, 조건, 양보 등의 다양한 의미를 나타낸다.
  - 시간: when, while(~하는 동안), as(~할 때, ~하면서), since(~한 이후로), until[till], after, before 등
  - 이유: because, as(~ 때문에), since(~ 때문에) 등
  - 조건: if, unless(= if ~ not) 등
  - 양보·대조: although, though, even though, even if, while(~인 반면), whereas 등
  - 방법·방식: as(~하듯이, ~하는 대로)

1 Steve got hurt **when** he fell down the stairs last night. 〈시간〉
2 I don't know how to get there **since** I am new here. 〈이유〉
3 The object continues to move **unless** something stops it. 〈조건〉 수능 응용
4 **Although** the weather became worse, they didn't stop setting up their tent. 〈양보〉
5 Maria handled the task **as** I had asked. 〈방법·방식〉

### 상승 PLUS

부사절을 이끄는 접속사 표현

- so (that) ~: ~하기 위해, ~하도록
- so+형용사[부사]+that ~: 너무 …해서 ~하다
- 형용사[부사]+enough that ~: ~할 정도로 충분히 …하다
- no matter+의문사: ~ 하더라도

They took a taxi **so that** they could get there on time.

I was **so embarrassed that** I didn't know what to say.

The blender is **strong enough that** it can even grind meat.

**No matter what** you've done in the past, there will be a chance to start again.

### ☑ CHECK UP

**STEP 1**  ( ) 안에서 문맥상 알맞은 것을 고르시오.

1 ( If / Until ) you don't pass the test, you will need to take it again.
2 It shouldn't be used for decorating ( as / while ) it breaks easily. 모의 응용
3 Dan is ( so / very ) determined that no one can change his mind.
4 You can't take photos or record video ( if / unless ) you have permission.
5 ( When / While ) this smartphone is nice, it's too expensive.

**STEP 2**  〈보기〉에서 알맞은 말을 골라 빈칸에 쓰시오. (한 번씩만 쓸 것)

| 〈보기〉 | while | so that | although |
|---|---|---|---|

1 _____ I was confused, I tried to answer the question.
2 I drank a cup of coffee _____ I was waiting.
3 Be quiet _____ we can concentrate on studying. 모의 응용

## ② 명사절을 이끄는 접속사

- 명사절은 문장에서 주어, 목적어, 보어 역할을 한다.
  - that: '~라는 것'의 의미로 명사절이나 동격의 명사절을 이끈다. that절이 주어로 쓰이면 보통 가주어 it을 쓰고 진주어 that절은 문장 뒤로 보내어 〈It ~ that ...〉 구문으로 쓴다.
  - whether/if: '~인지 (아닌지)'의 의미로 명사절을 이끈다. 단, 주어나 보어로는 whether절이 주로 쓰이며 if절은 잘 쓰이지 않는다. 또한, if절은 전치사의 목적어로도 쓰이지 않는다.

---

¹ It was strange **that** he didn't show up today.
² I expected **that** he would be the winner of the contest.
³ The fact **that** John is from France surprised me.
⁴ **Whether** the plan will succeed is uncertain.
⁵ I don't know **if** they have ever met each other.

---

### 상승 PLUS

whether는 '~이든 (아니든)'이라는 의미로 부사절을 이끌 수도 있다.

**Whether** your judgment is correct or not, it will affect your response to the situation. 수능 응용

---

## ③ 기타 접속사 및 접속사 대용어구

- 접속사 역할을 하는 다양한 어구들
  - as soon as: ~하자마자
  - every time: ~할 때마다
  - in case: ~할 경우에 대비해서
  - the moment: ~하자마자, ~하는 바로 그 순간에
  - as long as: ~하는 한
  - by the time: ~할 때까지
  - now that: ~이므로, ~이기 때문에
  - once: 일단 ~하면
  - (the) next time: 다음에 ~할 때

---

¹ **Once** you taste it, you'll want to eat more.
² Please let me know in advance **the next time** you plan on visiting me.
³ The professor explained further **in case** his students hadn't understood him.
⁴ **Now that** you've explained the theory, I understand it well.

---

### ☑ CHECK UP

**STEP 1**  (   ) 안에서 어법상 알맞은 것을 고르시오.

1 ( That / Whether ) or not you go to the party doesn't matter to me.
2 It is impressive ( if / that ) you have achieved your dream.

**STEP 2**  〈보기〉에서 알맞은 말을 골라 빈칸에 쓰시오. (한 번씩만 쓸 것)

| 〈보기〉 | that | if | as soon as |
|---|---|---|---|

1 Carl asked his boss _____ he could take a day off on Friday.
2 Please call me _____ you come back to the office.
3 It makes me feel proud _____ you always trust me.

## ④ 비교 표현

- 형용사나 부사의 원급, 비교급, 최상급을 이용하여 비교 표현을 할 수 있다.
  - as+형용사[부사]의 원급+as ~: ~만큼 …한[하게]
  - 비교급+than ~: ~보다 더 …한[하게]
  - the+최상급(+in/of ~): (~ 중에서) 가장 …한[하게]
  - one of the+최상급+복수 명사: 가장 ~한 … 중에 하나

1 We cannot have **as much** of everything **as** we would like. 모의 응용
2 Playing football is **more exciting than** watching it.
3 Sean is **the most competent** employee **of** the three.

### 상승 PLUS

much, even, far, a lot 등은 비교급 앞에 쓰여 '훨씬'이라는 의미로 비교급을 강조한다.

The comedy show was **a lot** more fun than I expected. 모의 응용

## ⑤ 다양한 비교 표현

- 원급이나 비교급이 쓰이는 주요 표현
  - the+비교급 ~, the+비교급 …: ~하면 할수록 더 …하다
  - 비교급+and+비교급: 점점 더 ~한[하게]
  - no longer(= not ~ any longer): 더 이상 ~ 않다
  - as+원급+as possible[one can]: 가능한 한 ~한[하게]
  - 배수사+as+원급+as(= 배수사+비교급+than): ~보다 몇 배 …한[하게]
- 최상급의 의미를 나타내는 원급이나 비교급 표현
  - 부정 주어+as[so]+원급+as A: 어떤 ~도 A만큼 …하지 않다, A가 가장 …하다
  - 부정 주어+비교급+than A: 어떤 ~도 A보다 더 …하지 않다, A가 가장 …하다
  - 비교급+than any other+단수 명사(= 비교급+than anything else): 다른 어떤 ~보다 더 …한[하게]
  - 비교급+than all the (other)+복수 명사: 다른 모든 ~보다 더 …한[하게]

1 **The more shocking** a rumor is, **the faster** it spreads. 모의 응용
2 The travel industry is becoming **larger and larger** these days.
3 The company wants its sales to be **three times as high as** now.
4 **No worker** in the office is **as diligent as** the CEO.

### ☑ CHECK UP

**STEP 1**   ( ) 안에서 어법상 알맞은 것을 고르시오.

1 Linda's determination to succeed is ( strong / stronger ) than others think.
2 Some of the toy animals floated in the sea ( even / very ) longer. 수능 응용

**STEP 2**   다음 밑줄 친 부분을 어법에 맞게 고치시오.

1 The harder I tried to get perfect grades, <u>the most</u> mistakes I made.
2 The crowd at the school festival was <u>two</u> as big as we expected.

**1** 〈보기〉에서 ⓐ, ⓑ의 빈칸에 공통으로 들어갈 알맞은 말을 골라 쓰시오.

| 〈보기〉 | as | though | that | since |
|---|---|---|---|---|

(1) ⓐ Jenny usually drinks coffee _____ she watches the news.

ⓑ You should take your umbrella _____ it is going to rain soon.

(2) ⓐ The company has been growing _____ it was founded.

ⓑ I bought him a new hat _____ he lost his old one.

(3) ⓐ The novel was so exciting _____ I couldn't stop reading it.

ⓑ The prediction _____ Thomas would win didn't come true.

**2** 우리말과 같은 뜻이 되도록 주어진 말을 알맞게 배열하시오.

(1) 집값은 작년보다 두 배 더 비싸다. (as, twice, were, high, as, they)

→ House prices are _____ last year.

(2) 영화가 진행됨에 따라, 그것은 점점 더 재미있어졌다.

(more, interesting, and, got, more, it)

→ As the movie went on, _____.

(3) Julie는 오디션에 합격할 수 있도록 열심히 훈련했다.

(could, that, pass, she, the audition, so)

→ Julie trained hard _____.

**3** 우리말과 같은 뜻이 되도록 주어진 말을 이용하여 문장을 완성하시오.

(1) 나는 방에 들어가자마자, 뭔가 타는 냄새를 맡았다. (enter the room)

→ _____, I smelled something burning.

(2) 파리는 내가 지금까지 방문해 본 가장 아름다운 도시들 중 하나이다. (beautiful, city)

→ Paris is _____ I've ever visited.

(3) 우리 반의 누구도 Jeff만큼 친절하지 않다. (no one, as, kind)

→ _____ Jeff.

## 4

promote 홍보하다
snore 코를 골다
majority 다수
painful 아픈

( ) 안의 말을 알맞게 배열하시오.

Most people have a specific position they prefer to sleep in. For some of us, this position is lying on our stomachs. However, sleep experts disagree about whether or not this position is good. Although some promote it as an easy way to reduce snoring, the majority agree (is, think, that, it, harmful, more, than, you). One of the most serious negative effects is that it changes the position of your spine. This can eventually lead to painful neck problems.

*spine 척추

→ _____

 EXTRA Q.

다음 중 윗글의 제목으로 가장 적절한 것을 고르시오.

① The Best Position to Sleep in
② The Sleeping Position That Can Harm Your Health

## 5

baby tooth 젖니, 유치
fall out 떨어져 나가다, 헐거워지다
adult tooth 영구치
push out ~을 몰아내다, 밀어내다

(A), (B)의 각 네모 안에서 문맥에 맞는 표현을 고르시오.

(A) If / Although a baby's teeth start growing before the baby is born, they don't appear until the baby is about six months old. When a child turns five or six, these teeth start falling out. They fall out (B) because / though adult teeth grow in their place and push them out. When the child reaches 12 or 13 years of age, they will have lost all their baby teeth and grown a full set of adult teeth.

(A) _____     (B) _____

## 6

opposite 반대편의
handle 다루다

밑줄 친 (A), (B)를 어법에 맞게 고치시오.

If you can't hear well in a noisy situation, use your right ear. Each brain hemisphere has certain functions and is more closely connected to the opposite side of the body. The left hemisphere, which handles spoken language, is more closely connected to the right ear. Therefore, understanding words through the right ear is (A) easy than understanding words through the left. So the next time you can't hear, put your right ear forward. The (B) close your right ear is to a speaker, the better you will be able to hear.

*hemisphere (뇌의) 반구

(A) _____     (B) _____

## 주어진 문장의 위치·흐름과 무관한 문장

### 유형 설명
글의 논리적인 흐름을 파악하여, 주어진 문장이 들어가기에 적절한 위치를 찾거나 글의 흐름에 어울리지 않는 문장을 고르는 유형이다.

### 유형 전략
- 주어진 문장이 들어갈 곳을 찾는 유형은 주어진 문장을 먼저 읽고 그 내용과 성격을 파악한다. 이때, 본문의 다른 문장들과 연결고리가 되는 대명사, 지시어, 연결어 등에 주목한다. 그 다음으로 전체 글을 읽으면서 문장 간의 논리적인 관계를 따져보고, 글의 흐름이 갑자기 바뀌거나 논리적인 비약이 있는 곳이 있는지 살펴본다.
- 흐름과 무관한 문장을 고르는 유형은 글의 주제와 동떨어진 내용의 문장을 찾는다.
- 두 유형 모두 문제를 푼 후 글 전체를 다시 읽어 보면서 흐름이 자연스러운지 확인한다.

---

**모의고사 기출**

### 글의 흐름으로 보아, 주어진 문장이 들어가기에 가장 적절한 곳은?

> In behavior capture, however, you first have to wait until your dog performs the behavior you want him to.

The technique I use to train my puppy is called *behavior capture* which is ⓐ different from the common training method. ( ① ) Normally you first give an order and reward your puppy only when he follows it. ( ② ) ⓑ Simply watch your puppy's activities, waiting for a particular behavior to occur; when one happens, reward him. ( ③ ) For example, if you want to train him to lie down whenever you say, "Lie down," you just have to wait until he happens to do so. ( ④ ) Then, as soon as your puppy lies down, you give him the order, "Lie down," and give him a treat as a reward. ( ⑤ ) Once the puppy knows that there is a reward waiting, he treats the experience as a pleasant game.

### 유형 SOLUTION

**1** 주어진 문장과 첫 문장을 통해 강아지 훈련 기법인 '행동 포착'에 관한 내용임을 알 수 있다.

**2** 주어진 문장에 역접의 연결어 however가 나오므로, 주어진 문장의 내용과 반대되는 내용 뒤에 주어진 문장이 들어간다는 것을 유추할 수 있다.

**3** '행동 포착'은 다른 강아지 훈련 기법과 다르다고 한 ⓐ에 이어, 일반적인 훈련 상황에서는 명령을 한 후 강아지가 행동하면 보상을 준다는 내용이 그다음 문장까지 이어진다. 그런데 ⓑ에서는 강아지가 행동할 때까지 훈련자가 기다린 후 명령하고 보상을 준다는 상반된 내용이 나오므로, 글의 흐름이 바뀌는 ⓑ 앞에 주어진 문장이 들어가야 한다는 것을 알 수 있다.

**4** 선택한 문장을 유추한 위치에 넣고 글의 흐름을 확인한다.

---

capture 포획, 포착  reward 보상하다; 보상  treat 특별한 것[선물]; 대하다, 여기다  pleasant 쾌적한, 즐거운

# 1

individual, 각각의
hollow (속이) 빈
bounce 튀다, (빛·소리가) 산란하다
beam 빛줄기
emit (빛·열·가스·소리 등을) 내다, 내뿜다
whitish 약간 하얀

다음 글에서 전체 흐름과 관계 <u>없는</u> 문장은?

Although a polar bear's skin is black and individual hairs are hollow and clear, polar bears do not appear black. This is due to luminescence, which allows sunlight to get to the skin but causes the fur to look white. The process starts when sunlight hits the fur. ① Some of the light energy travels into the hair, and it gets trapped there. ② The energy bounces around inside the hollow part of the hair and divides into more beams that travel in different directions. ③ Light takes a straight path unless it is influenced by something. ④ Every time a beam of light touches a hair, the light is caught and reflected towards other hairs. ⑤ The process continues until the energy escapes the fur, emitting a whitish light, which makes the polar bear appear white.

*luminescence (빛의) 발광

# 2

sociologist 사회학자
point out ~을 지적[언급]하다
categorize 분류하다
competition 경쟁
lottery 복권, 도박
randomness 무작위
involve 포함하다
disorder 무질서
outcome 결과

글의 흐름으로 보아, 주어진 문장이 들어가기에 가장 적절한 곳은?

> The sociologist pointed out, however, that a single type of play could be placed in different types by different people.

A sociologist categorized play into four types. The first type, Agon, focuses on competition and includes games such as soccer and chess. The next is named Alea. This type of play, which includes card games and the lottery, depends on randomness to decide a winner. ( ① ) The third type, Mimicry, covers play that involves pretending, such as dressing up for Halloween. ( ② ) The last type is named Ilinx. ( ③ ) This is play that uses rapid movement to create a pleasurable state of disorder. ( ④ ) Examples include riding a roller coaster or simply spinning in circles. ( ⑤ ) With baseball, for example, one person might play it for the competition, while another might enjoy betting on the outcome.

85

**3**

embed 끼워 넣다
manufacture 제조하다
gallon 갤런 (액량 단위)
pound 파운드 (무게 단위)
wheat 밀
dairy product 유제품
beverage 음료, 마실 것
consume 소모하다
content 내용물; *함유량
vary 다르다, 차이가 있다

다음 글에서 전체 흐름과 관계 <u>없는</u> 문장은?

The water that is embedded in our food and manufactured products is called "virtual water." For example, about 265 gallons of water is needed to produce two pounds of wheat. ① So, the virtual water of these two pounds of wheat is 265 gallons. ② Virtual water is also present in dairy products, soups, beverages, and liquid medicines. ③ However, it is necessary to drink as much water as possible to stay healthy. ④ Every day, humans consume lots of virtual water and the content of virtual water varies according to products. ⑤ For instance, to produce two pounds of meat requires about 5 to 10 times as much water as to produce two pounds of vegetables.

*virtual water 공산품·농축산물의 제조·재배에 드는 물

**4**

herd (짐승의) 떼
predator 포식자
blend in with ~와 조화를 이루다
primary 주된
colorblind 색맹의
detect 감지하다
patch 부분; *작은 땅

글의 흐름으로 보아, 주어진 문장이 들어가기에 가장 적절한 곳은?

Zebra stripes are even more effective if zebras are gathered together in a herd.

A zebra's stripes are used as camouflage to help it avoid predators. The wavy lines of these stripes blend in with those of the tall grass that grows in the areas where the zebra lives. ( ① ) Although its stripes are black and white and the grass is yellow and green, the zebra can hide effectively. ( ② ) Because lions, which are the zebra's primary predator, are colorblind, they are unable to detect a zebra standing still in a patch of tall grass. ( ③ ) When individuals stand near one another, the patterns of their stripes blend together. ( ④ ) This confuses lions, which see one large object instead of a group of individual animals. ( ⑤ ) This makes it harder for them to catch their prey.

*camouflage 위장

# 5

**evolve** 발달하다
**companion** 동반자, 친구
**sense** 감지하다
**alert** (위험 등을) 알리다;
경계, 경보
**diabetic** 당뇨의
**blood sugar level** 혈당
수치

**다음 글에서 전체 흐름과 관계 <u>없는</u> 문장은?**

Dogs have lived with humans for a long time, and it is interesting to see how their roles have evolved. Once used as guards, they later became companions. These days they are serving even more valuable roles. ① Some dogs, for example, are trained to sense when people with epilepsy are going to have a seizure. ② Certain forms of brain damage can cause an epileptic seizure. ③ When people are alerted to this, they can get help or go to the hospital. ④ It is not fully understood how dogs sense this, but they may be able to smell changes in the chemical levels of the person's breath. ⑤ Other dogs, known as diabetic alert dogs, are trained to detect dangerously high or low blood sugar levels.

*epilepsy 간질  **seizure (병의) 발작

---

모의고사 기출

# 6

**complex** 복잡한
**electronic** 전자 장비와 관
련된
**vital** 필수적인
**widespread** 광범위한
**surroundings** 환경
**eliminate** 제거하다
**minimum** 최소, 최저

**글의 흐름으로 보아, 주어진 문장이 들어가기에 가장 적절한 곳은?**

> Yet libraries must still provide quietness for study and reading, because many of our students want a quiet study environment.

Acoustic concerns in school libraries are much more important and complex today than they were in the past. ( ① ) Years ago, before electronic resources were such a vital part of the library environment, we had only to deal with noise produced by people. ( ② ) Today, the widespread use of computers, printers, and other equipment has added machine noise. ( ③ ) People noise has also increased, because group work and instruction are essential parts of the learning process. ( ④ ) So, the modern school library is no longer the quiet zone it once was. ( ⑤ ) Considering this need for library surroundings, it is important to design spaces where unwanted noise can be eliminated or at least kept to a minimum.

*acoustic 소리의

## 7

damaging 손상을 주는
at risk 위험에 처한
bacterium 박테리아
(pl. bacteria)
infect 감염시키다
(n. infection)
raw 날것의, 익히지 않은
annually 매년
immune system 면역
체계
white blood cell 백혈구
be to blame 책임이 있다,
~ 탓이다

**다음 글에서 전체 흐름과 관계 없는 문장은?**

Although we are all aware of the damaging effects of climate change on the environment, new research shows that our personal health may also be at risk. According to a study, a type of bacterium called Vibrio is rapidly increasing in numbers because it prefers warm water. Vibrio is usually found in salty water near the coast. It infects people who eat raw seafood or swim with open cuts on their skin. ① Approximately 80,000 people in the U.S. get sick from Vibrio each year. ② This results in about 100 deaths annually. ③ The body's immune system fights infections with white blood cells. ④ The number of people suffering from a Vibrio-related illness has been higher in recent years in both the U.S. and northern Europe. ⑤ It is believed that rising temperatures in the Atlantic Ocean, which are caused by climate change, are to blame.

## 8

고난도

critic 비평가, 평론가
periodically 정기적으로
mechanic (자동차) 정비공
anonymously 익명으로
inspector 조사관

**다음 글에서 전체 흐름과 관계 없는 문장은?**

As restaurants are proud of the Michelin stars that they've received, you might think that the Michelins themselves were food critics. In fact, brothers Andre and Edouard Michelin, the men who created the *Michelin Guide*, owned a company that made tires. ① The original *Michelin Guide* promoted restaurants in the hope that it would encourage people to buy cars, and therefore tires, in order to visit them. ② Michelin encouraged people to check their tires periodically. ③ It was given away for free and also included lists of mechanics and gas stations. ④ As the guide's popularity grew, the brothers hired a team to anonymously visit restaurants as inspectors. ⑤ Today, a three-star Michelin review remains one of the highest honors a restaurant can receive.

[1~6] 다음 문장에서 접속사를 찾아 밑줄을 긋고 문장을 해석하시오.

**1**  Although a polar bear's skin is black, polar bears do not appear black.

**2**  One person might play baseball for the competition, while another might enjoy betting on the outcome.

**3**  When people are alerted to this, they can get help or go to the hospital.

**4**  If you want to train him to lie down, you have to wait until he happens to do so.

**5**  People noise has increased, because group work and instruction are essential parts of the learning process.

**6**  Once the puppy knows that there is a reward, he treats the experience as a pleasant game.

[7~10] 다음 문장에서 비교 표현을 찾아 밑줄을 긋고 문장을 해석하시오.

**7**  The modern school library is no longer the quiet zone.

**8**  It is necessary to drink as much water as possible to stay healthy.

**9**  Acoustic concerns in school libraries are much more important today than they were in the past.

**10**  A three-star Michelin review remains one of the highest honors a restaurant can receive.

# UNIT 08

## 관계대명사와 관계부사

## 1 관계대명사의 역할과 종류

- 관계대명사는 절을 이어주는 접속사이자 대명사의 역할을 하며, 관계대명사가 이끄는 절은 선행사를 수식한다.
- 관계대명사는 선행사와 관계대명사절 내 역할에 따라 그 종류가 달라진다.
  - 선행사가 사람인 경우: who 〈주격〉, who(m) 〈목적격〉, whose 〈소유격〉
  - 선행사가 사물이나 동물인 경우: which 〈주격·목적격〉, whose[of which] 〈소유격〉
- 관계대명사 that은 소유격을 제외한 모든 관계대명사를 대신해서 쓰일 수 있다.

1 Do you know the waiter **who[that]** is serving the food?
2 My mother is a person **who(m)[that]** I've always admired.
3 Doctors can revive patients **whose** hearts have stopped beating. 모의 응용
4 Daniel bought the jacket **which[that]** I wanted.

### 상승 PLUS

선행사가 사람과 사물[동물]의 혼합이거나 -thing으로 끝나는 경우, 선행사에 최상급이나 the only, the same, the very, all, every, little, few, no 등의 수식어가 포함된 경우, 관계대명사는 주로 that을 쓴다.

Some people are afraid to do anything **that** might make them fail. 모의 응용

Jacob is the only person **that** I can rely on all the time.

## 2 관계대명사 what

- 관계대명사 what은 선행사를 포함하며, the thing(s) that[which]으로 바꿔 쓸 수 있다. 문장에서 주어, 목적어, 보어 역할을 하는 명사절을 이끌며, '~하는 것'으로 해석한다.

1 **What** the company offers is free advice and free membership. 〈주어〉 모의 응용
2 You are free to choose **what** you want to do. 〈목적어〉 모의 응용
3 That is not **what** citizens really want from the government. 〈보어〉

---

### ☑ CHECK UP

**STEP 1**  ( ) 안에서 어법상 알맞은 것을 고르시오.

1 It's wonderful to have people ( which / who ) believe in you. 모의 응용
2 ( That / What ) he wanted for dinner was a bowl of hot soup.
3 I don't like movies ( whom / whose ) main characters end up being unhappy.

**STEP 2**  다음 밑줄 친 부분을 어법에 맞게 고치시오.

1 People whom lie get into trouble easily. 모의 응용
2 This laptop is that I received for winning the English speech contest.
3 I can't remember the person which I lent my umbrella to.

### ③ 관계대명사의 생략

* 목적격 관계대명사는 생략할 수 있다. 단, 관계대명사가 전치사의 목적어로 쓰여 〈전치사＋관계대명사〉의 형태일 경우에는 관계대명사를 생략할 수 없다.
* 〈주격 관계대명사＋be동사〉는 생략할 수 있다.

> 1 I wanted to buy the red bag (**that**) the woman just bought.
> 2 This is the land (**which**) the house will be built **on**.
>   = This is the land **on which** the house will be built.
> 3 On Halloween, I saw a dog (**that was**) wearing a cute costume.

상승 **PLUS**

관계대명사 that 앞에는 전치사를 쓸 수 없다.

This is the town (**that**) I was born in. (O)
This is the town **in that** I was born. (X)

### ④ 관계부사

* 관계부사는 절을 이어주는 접속사이자 부사의 역할을 하며, 관계부사가 이끄는 절은 선행사를 수식한다.
* 관계부사 when, where, why, how는 각각 시간, 장소·상황, 이유, 방법을 나타내는 선행사와 함께 쓰인다.
  단, 방법을 나타내는 선행사 the way와 관계부사 how는 함께 쓸 수 없다.

> 1 One day **when** it was raining hard, he wanted to visit his friend. `모의 응용`
> 2 Why don't you check out the place **where** you stayed last time?
> 3 The teacher explained the reason **why** the test was canceled.
> 4 He told us **how[the way]** people kept their food cold in the past.

상승 **PLUS**

관계부사의 선행사가 the time, the place, the reason일 경우, 관계부사나 선행사 둘 중 하나가 종종 생략되기도 한다. 또한, 관계부사 대신 that을 쓸 수도 있다.

This is the place (**where**) I found the ring. = This is (the place) **where** I found the ring.
Now is the time **that[when]** you should choose your major.

---

☑ **CHECK UP**

**STEP 1**  (   ) 안에서 어법상 알맞은 것을 고르시오.

1 Color can affect ( how / where ) we perceive weight. `모의 응용`
2 I don't know the reason ( why / how ) he didn't hand in his homework today.

**STEP 2**  다음 밑줄 친 부분을 생략할 수 있으면 O, 생략할 수 없으면 X 표시하시오.

1 Consumers reduce uncertainty by buying the same brand that they always buy. `모의 응용`
2 Kevin saw a play in which the main character was a kid.
3 I like how Anne manages and encourages her coworkers.

## 5 관계사의 계속적 용법

- 관계사는 선행사에 부가적인 설명을 덧붙이기 위해 계속적 용법으로도 쓰일 수 있는데, 이때 관계사 앞에 콤마(,)를 쓴다. 문맥에 따라 관계대명사는 〈접속사+대명사〉, 관계부사는 〈접속사+부사〉의 의미를 나타낸다.
- 관계대명사 that은 계속적 용법으로 쓰이지 않는다.
- 관계부사는 when과 where만 계속적 용법으로 쓰인다.
- 계속적 용법으로 쓰인 관계사는 생략할 수 없다.

¹ My computer was broken by Steve, **who** dropped it down the stairs.
² The doll holds a tiny key, **which** can open the box. 수능응용
³ I'm going to the U.S., **where** I will participate in an exchange program.

#### 상승 PLUS

계속적 용법으로 쓰인 관계대명사 which는 앞 절 전체를 선행사로 취할 수 있다.

Written language is formal, **which** makes reading difficult. 모의응용

## 6 복합관계사

- 관계사에 -ever가 붙은 복합관계사는 그 자체에 선행사를 포함하며, 명사절 또는 부사절을 이끄는 역할을 한다.
  - whoever[whomever]: ～하는 사람은 누구나[누구에게나] / 누가[누구를] ～하더라도
  - whichever: ～하는 어느 것이든지 / 어느 것을 ～하더라도
  - whatever: ～하는 것은 무엇이든지 / 무엇을 ～하더라도
  - whenever: ～할 때는 언제든지 / 언제 ～하더라도
  - wherever: ～하는 곳은 어디든지 / 어디에서[어디로] ～하더라도
  - however: 어떻게 ～하더라도 / 아무리 ～하더라도

¹ **Whichever** the man orders will satisfy him. 〈명사절〉
² **Whatever** you choose will be a good present for him. 〈명사절〉
³ You can feel free to ask me for help **whenever** you're in trouble. 〈부사절〉
⁴ **Wherever** you sing a song, there will be a stage for you. 〈부사절〉

#### ☑ CHECK UP

**STEP 1** ( ) 안에서 어법상 알맞은 것을 고르시오.

**1** This island was taken by the English, ( who / what ) returned it to the French. 모의응용
**2** She wants to visit the theme park, ( which / where ) she will take lots of pictures.
**3** ( However / Whatever ) comfortable it may be, there is no place like home.

**STEP 2** 다음 빈칸에 알맞은 관계사를 쓰시오.

**1** I was looking for the new dress, _____ I put in my closet yesterday.
**2** You can choose _____ you want to be your study partner.

# GRAMMAR for Reading

**1** 〈보기〉에서 알맞은 말을 골라 빈칸에 쓰시오. (한 번씩만 쓸 것)

| 〈보기〉 | what | why | when | where | which |
|---|---|---|---|---|---|

(1) Could you tell me the reason _____ you look so anxious?

(2) I miss the days _____ I hung out with my friends.

(3) The director won an Academy Award, _____ brought him fame.

(4) I walked into the hotel lobby, _____ a stranger was waiting for me.

(5) This is _____ I bought for Kate's birthday.

**2** 밑줄 친 부분을 어법에 맞게 고치시오.

(1) She pretended not to see me, <u>that</u> was really annoying.

(2) Yesterday I met a man <u>which</u> works at a travel agency.

(3) This is <u>the way how</u> Angela is able to stay in such great shape.

(4) <u>Whatever</u> hard the problem is, he can solve it.

**3** 우리말과 같은 뜻이 되도록 주어진 말을 알맞게 배열하시오.

(1) Maria는 장학금을 받을 수 있는 대학에 지원할 것이다.

(she, get a scholarship, that, can, from)

→ Maria will apply to a college _____.

(2) 나는 많은 독립영화들이 상영되는 영화관을 좋아한다.

(independent films, where, many, shown, are)

→ I like movie theaters _____.

(3) 그 여배우가 입는 것은 무엇이든지 젊은 여성들 사이에서 유행하게 된다.

(wears, whatever, the actress)

→ _____ becomes fashionable among young women.

# 4

keep a journal 일기를 쓰다
bother 신경 쓰이게 하다
perspective 관점, 견해
confident 자신감 있는
in control of ~을 관리하고 있는

( ) 안의 말을 알맞게 배열하시오.

Keeping a journal is simply the act of putting whatever thoughts you have into writing. It's similar to having a long conversation with yourself. You simply relax and write down what you are feeling and what is bothering you. Writing about negative feelings can help you get a better perspective on your life. Writing about positive things, on the other hand, can make you feel more confident and in control of (is, you, happening, around, what).

→ _____

# 5

psychology 심리학
analyze 분석하다
athlete 선수 (a. athletic)
psychologist 심리학자
anxiety 불안감

(A), (B), (C)의 각 네모 안에서 어법에 맞는 표현을 고르시오.

Sports psychology is a type of psychology (A) | whose / that | analyzes the effects of sports on athletes. It can also be used to improve athletic performance. Sports psychologists believe that people (B) | which / who | play sports professionally need healthy minds, not just healthy bodies. By reducing the anxiety athletes often experience before events, the psychologists can help them succeed. Sports psychologists also talk with athletes about everyday problems (C) | that / what | they face and give them advice on how to relax and focus.

(A) _____ (B) _____ (C) _____

**EXTRA Q.**

윗글을 읽고, 다음 문장의 빈칸에 알맞은 말을 본문에서 찾아 쓰시오.

Sports psychologists think athletes need not only _____ _____ but also _____ _____.

# 6

apology 사과
(v. apologize)
properly 제대로
incorrectly 부정확하게
belong ~에 속하다
appreciate 인정하다

밑줄 친 (A), (B)를 어법에 맞게 고치시오.

Although an apology that is given properly can be a powerful tool, people often apologize incorrectly. A common problem is that they talk about themselves. But the focus of a good apology should be the place (A) <u>when</u> it belongs — the other person. By concentrating on (B) <u>the way how</u> the other person feels, on how the other person was hurt, and on what the other person wants from you, you'll be able to give an apology that is both accepted and appreciated.

(A) _____ (B) _____

## 이어질 글의 순서

**유형 설명**
글의 첫 부분이 주어지고 그 다음에 이어질 글의 순서를 올바르게 배열하는 유형으로, 글의 흐름과 문단 간의 논리적인 관계를 파악할 수 있어야 한다.

**유형 전략**
- 먼저 주어진 글을 읽고 소재를 파악한 후, 어떤 내용이 이어서 전개될지 예측해 본다.
- 지시어와 대명사는 앞에 언급된 내용을 가리키므로, 글의 순서를 유추하는 데 중요한 단서가 된다. 연결어는 글의 흐름 및 전개 방식에 중요한 역할을 하므로, 이에 유의하여 글의 논리적인 관계를 따져본다.
- 배열한 순서대로 글을 읽어 보고 흐름이 자연스러운지 확인한다.

**수능 기출**

### 주어진 글 다음에 이어질 글의 순서로 가장 적절한 것은?

> Some people make few intentional changes in life. Sure, over time they may get fatter, gather lines, and go gray.

(A) They train for marathons, quit smoking, switch fields, write plays, take up the guitar, or learn to tango even if they never danced before in their lives. What is the difference between these two groups of people?

(B) ⓐ But they wear their hair the same way, buy the same brand of shoes, eat the same breakfast, and stick to routines for no reason other than the ease of a comfortable, predictable life. ⓑ Yet as both research and real life show, many others do make important changes.

(C) It's their perspective. People who change do not question whether change is possible or look for reasons they cannot change. They simply decide on a change they want and do what is necessary to accomplish it. Changing, which always stems from a firm decision, becomes job number one.

① (A) – (C) – (B)　　　　② (B) – (A) – (C)
③ (B) – (C) – (A)　　　　④ (C) – (A) – (B)
⑤ (C) – (B) – (A)

**유형 SOLUTION**

1 주어진 글을 통해, '인생에서의 변화'에 관한 글임을 유추할 수 있다.

2 (B)의 첫 문장은 변화하지 않는 사람들에 대한 구체적 설명이므로(ⓐ), 대명사 they는 주어진 글의 '변화하지 않는 사람들'을 가리킨다. 역접의 연결어 Yet으로 시작하는 (B)의 마지막 문장은 이와 대조적인 '변화하는 사람들'을 언급하므로(ⓑ), 이들의 예시를 보여주는 (A)가 이어져야 한다. (A)의 마지막 문장에 나온 두 유형의 사람들간의 차이점에 대한 질문에 (C)에서 관점의 차이로 답하며 설명하고 있으므로 (C)가 (A) 뒤에 와야 한다.

3 배열한 순서대로 글을 읽어 보고 흐름이 자연스러운지 확인한다.

---

intentional 의도적인　switch 바꾸다　take up ~을 배우다, 시작하다　stick to ~을 고수하다　routine (판에 박힌) 일상　for no reason other than ~라는 이유만으로　predictable 예측할 수 있는　perspective 관점, 시각　accomplish 완수하다, 성취하다　stem from ~에서 생겨나다　firm 딱딱한; *확고한

# 1

주어진 글 다음에 이어질 글의 순서로 가장 적절한 것은?

rejection 거절
tribe 부족
recall 기억해 내다
detect 발견하다, 감지하다
evolutionary 진화의
date back to (시기가)
~까지 거슬러 올라가다
kick out of ~에서 쫓아
내다

Any type of rejection hurts, often more than we expected it to. A scientific experiment suggests that our brains are made to feel this way.

(A) Therefore, the brain developed feelings of rejection, which served as a kind of warning sign. When early humans felt the pain of rejection, they knew they had to change their behavior. This increased their chances of remaining with the tribe and surviving.

(B) Test participants were asked to recall a recent rejection while lying in an MRI scanner. Surprisingly, activity was detected in the same part of the brain where physical pain is experienced.

(C) Evolutionary psychologists believe that this dates back to a time when humans lived in small, nomadic tribes. If they were kicked out of their group, these early humans faced an increased chance of death.

\*nomadic 유목의

① (A) – (C) – (B)      ② (B) – (A) – (C)      ③ (B) – (C) – (A)
④ (C) – (A) – (B)      ⑤ (C) – (B) – (A)

# 2

주어진 글 다음에 이어질 글의 순서로 가장 적절한 것은?

formation 형성; \*(특정한)
대형
migrating bird 철새
goose 거위 (pl. geese)
efficiency 효율
expend (에너지 등을) 쏟다
lead 선두
essential 필수적인
conserve 아끼다
altitude 고도
resistance 저항(력)

One common formation of migrating birds is the V-shape, which is most commonly used by geese. This pattern increases flight efficiency, allowing birds to expend less energy.

(A) Every bird that is behind another experiences this reduction, but the lead bird does not. Therefore, when it gets tired, it moves to the back, with another bird taking its place.

(B) This is essential for birds that fly long distances. One reason this formation helps them conserve energy is that each bird flies at a slightly different altitude.

(C) This difference allows each to benefit from the upwash of air from the wings of the bird in front of it. This reduces the amount of resistance that the bird experiences.

\*upwash 상풍류(올려흐름)

① (A) – (C) – (B)      ② (B) – (A) – (C)      ③ (B) – (C) – (A)
④ (C) – (A) – (B)      ⑤ (C) – (B) – (A)

**3**

rub 문지르다
thunderstorm 뇌우
charged 전기가 통하는
charge 전하
friction 마찰
static electricity 정전기
atmosphere 대기
cling to ~에 매달리다

주어진 글 다음에 이어질 글의 순서로 가장 적절한 것은?

Use a plastic pen and rub it on your hair about ten times and then hold the pen close to small pieces of tissue paper or chalk dust.

(A) During a thunderstorm, clouds may become charged as they rub against each other. The lightning that we often see during a storm is caused by a large flow of electrical charges between charged clouds and the earth.

(B) This kind of electricity is produced by friction, and the pen becomes electrically charged. Static electricity is also found in the atmosphere.

(C) You will find that the bits of paper or chalk dust cling to the pen. What you have done there is to create a form of electricity called static electricity.

① (A) – (C) – (B)　　　② (B) – (A) – (C)　　　③ (B) – (C) – (A)

④ (C) – (A) – (B)　　　⑤ (C) – (B) – (A)

**4**

dominant 지배적인
manufacturer 제조사
meet 충족시키다
contract 계약
underpay 저임금을 주다
facility 시설, 기관
unrepaired 수리하지 않은
wage 임금

주어진 글 다음에 이어질 글의 순서로 가장 적절한 것은?

A product's brand has become so important to consumers these days that it has caused a change in the supply chain. Brands have moved into the dominant position rather than manufacturers.

(A) These brands explain to the manufacturers exactly what product they need. They also require them to make large quantities of the product in a short amount of time. If a manufacturer is unable to meet these demands, it will simply be replaced by another.

(B) The reason why manufacturers do this is that they fear they can't keep their contracts with powerful brands unless they cut costs. Therefore, they just underpay their workers and leave old facilities unrepaired.

(C) Unfortunately, this relationship harms many factory workers. If a group of workers demands better working conditions and higher wages, the manufacturers move their factories to countries where costs are lower.

① (A) – (C) – (B)　　　② (B) – (A) – (C)　　　③ (B) – (C) – (A)

④ (C) – (A) – (B)　　　⑤ (C) – (B) – (A)

## 5

주어진 글 다음에 이어질 글의 순서로 가장 적절한 것은?

solid 단단한; *(색이) 고른, 완전한
from a distance 멀리서
accessible 접근 가능한
host 주최하다
milky 우유로 만든; *희뿌연

Lake Hillier in Australia is a lake whose water looks solid pink from a distance.

(A) Even in a bottle, the water remains pink. Whatever the cause is, the color doesn't mean the lake is dangerous. But the lake is only accessible to researchers, so it is impossible for tourists to visit it.

(B) Some say it is because of salt. The other lakes have salty water, which hosts pink bacteria and algae. These turn the water pink. But these lakes change color according to the temperature, unlike Lake Hillier, which keeps its color all year.

(C) Come closer, and you will see that the lake is a milky pink. Scientists can explain the colors of nearby Pink Lake and Senegal's Lake Retba but not Lake Hillier's color.

*algae 조류(물속에 사는 하등 식물의 한 무리)

① (A) – (C) – (B)　　　② (B) – (A) – (C)　　　③ (B) – (C) – (A)
④ (C) – (A) – (B)　　　⑤ (C) – (B) – (A)

---

모의고사 기출

## 6

주어진 글 다음에 이어질 글의 순서로 가장 적절한 것은?

invest 투자하다
precious 귀중한
politics 정치
majority 대다수
pub 술집
human race 인류
room 여지
to a certain extent 어느 정도까지
free will 자유 의지

One of the most essential decisions any of us can make is how we invest our time.

(A) During this period, people worked for more than eighty hours a week in factories. But there were some who spent their few precious free hours reading books or getting involved in politics instead of following the majority into the pubs.

(B) Of course, how we invest time is not our decision alone to make. Many factors determine what we should do either because we are members of the human race, or because we belong to a certain culture and society.

(C) Nevertheless, there is room for personal choice, and control over time is to a certain extent in our hands. Even in the most oppressive decades of the Industrial Revolution, people didn't give up their free will when it came to time.

*oppressive 억압적인

① (A) – (C) – (B)　　　② (B) – (A) – (C)　　　③ (B) – (C) – (A)
④ (C) – (A) – (B)　　　⑤ (C) – (B) – (A)

# 7

rivalry 경쟁(의식)
overheated 지나치게 더운;
*과열된
regional 지방[지역]의
unite 연합하다, 통합시키다
empire 제국
fiercely 사납게, 맹렬하게
independent 독립적인
(n. independence)
long for ~을 열망하다

**주어진 글 다음에 이어질 글의 순서로 가장 적절한 것은?**

The rivalry between two Spanish soccer teams, FC Barcelona and Real Madrid, is enjoyed by fans around the world. But their rivalry dates back further than you might think.

(A) These feelings led to a soccer match between FC Barcelona from Catalonia and FC Madrid from Castilla. Later, "Real," a title that means "royal," was given to FC Madrid, which made the Catalonians very angry.

(B) Today, the competition between FC Barcelona and Real Madrid continues, and each game is an overheated battle filled with emotion. It is about more than who wins or loses — it is a matter of regional pride.

(C) It goes back to 1469, when many lands were united by Castilla to form the Spanish Empire. However, the fiercely independent people of Catalonia disliked the empire and longed for independence.

① (A) – (C) – (B)　　　② (B) – (A) – (C)　　　③ (B) – (C) – (A)
④ (C) – (A) – (B)　　　⑤ (C) – (B) – (A)

---

고난도

# 8

laborer 노동자
textile 직물, 섬유
protest 항의하다
machinery 기계(류)
imaginary 가상의
movement 움직임; *(조직
적으로 벌이는) 운동
punishable 처벌할 수 있는
arrest 체포하다
strategy 계획, 전략
break into 몰래 잠입하다

**주어진 글 다음에 이어질 글의 순서로 가장 적절한 것은?**

The Luddites were laborers who worked in the English textile industry. They protested when labor-saving machinery began to be used during the Industrial Revolution.

(A) Fearful that they would lose their jobs to machines, they sent threatening letters to their employers. These letters were signed by "General Ludd," who was the imaginary leader of their movement.

(B) The British government reacted strongly to protect the factories. They made the crime of industrial sabotage punishable by death and arrested many of the Luddite leaders, which quickly ended the movement.

(C) Their strategy failed, however. As a result, they started breaking into factories and destroying the new machines that had been installed. They destroyed hundreds of machines in just three weeks, and soon their movement spread.

*sabotage 사보타주(항의성 파괴 행위)

① (A) – (C) – (B)　　　② (B) – (A) – (C)　　　③ (B) – (C) – (A)
④ (C) – (A) – (B)　　　⑤ (C) – (B) – (A)

[1~6] 다음 문장에서 관계대명사와 선행사를 찾아 밑줄을 긋고 문장을 해석하시오.

**1**  The Luddites were laborers who worked in the English textile industry.

**2**  The lightning that we often see during a storm is caused by a large flow of electrical charges.

**3**  Every bird that is behind another experiences this reduction.

**4**  Changing, which always stems from a firm decision, becomes job number one.

**5**  One common formation of migrating birds is the V-shape, which is most commonly used by geese.

**6**  Lake Hillier is a lake whose water looks solid pink from a distance.

[7~9] 다음 문장에서 관계부사와 선행사를 찾아 밑줄을 긋고 문장을 해석하시오.

**7**  This dates back to a time when humans lived in small tribes.

**8**  The manufacturers move their factories to countries where costs are lower.

**9**  The reason why manufacturers do this is that they fear they can't keep their contracts.

# UNIT 09

# 조동사와 가정법

# ① 조동사

- 조동사는 동사에 가능, 허가, 추측, 의무 등의 의미를 더하는 말로, 뒤에는 반드시 동사원형이 온다.
  - 가능·능력: can
  - 미래·의지: will
  - 허가: can, may
  - 추측: may, might, must, cannot
  - 과거의 습관·상태: used to, would
  - 의무·충고: must, should, ought to, have to, need to, had better
- 조동사를 포함하는 관용 표현
  - would like to-v: ~하고 싶다
  - would rather A (than B): (B하느니) 차라리 A하고 싶다
  - may[might] well: ~하는 것도 당연하다
  - may[might] as well: ~하는 편이 낫다
  - cannot help v-ing(= cannot but+동사원형): ~하지 않을 수 없다

  ¹ Drones **may** be useful for collecting scientific data. 모의 응용
  ² You **should** book a flight as soon as possible to get a lower price.
  ³ They asked if the participants **would like to** be tested for the disease. 모의 응용

> **상승 PLUS**
>
> suggest, propose, demand, insist, recommend 등 제안, 요구, 주장, 명령 등을 나타내는 동사의 목적어로 쓰인 that절이 당위성을 나타낼 때 that절의 동사는 《(should) 동사원형》으로 쓴다.
>
> She **suggested** that we (**should**) **drink** lots of water when we exercise.

# ② <조동사 + have v-ed>

- 《조동사+have v-ed》는 과거의 일에 대한 후회, 가능성, 추측의 의미를 나타낸다.
  - should have v-ed: ~했어야 했다
  - may[might] have v-ed: ~했을지도 모른다
  - must have v-ed: ~했음이 틀림없다
  - cannot have v-ed: ~했을 리가 없다
  - would have v-ed: ~했을 것이다
  - could have v-ed: ~했을 수도 있다

  ¹ I **should have paid** more attention to him when he fixed my computer.
  ² Mom **may have left** a note for us on the kitchen table.
  ³ He **must have been** busy working last weekend.

> **☑ CHECK UP**
>
> **STEP 1**  ( ) 안에서 문맥상 알맞은 것을 고르시오.
>
> **1** Such a clever boy ( must / cannot ) have said such a foolish thing.
> **2** The doctor recommended that she ( stay / stays ) home.
> **3** You ( may well / may as well ) be disappointed with the unexpected results.
>
> **STEP 2**  다음 밑줄 친 부분이 맞으면 T, 틀리면 F 표시하고 바르게 고치시오.
>
> **1** I cannot help telling him the truth.
> **2** You must open your ideas to the criticism of others. 수능 응용
> **3** We should come earlier. We were too late.

**③** **가정법 과거 vs. 가정법 과거완료**

- 가정법 과거: 〈If+주어+동사의 과거형, 주어+조동사의 과거형+동사원형〉
  - '만약 ~라면, …할 텐데'의 의미로 현재 사실과 반대되는 일이나 실현 가능성이 희박한 일을 가정할 때 쓴다.
- 가정법 과거완료: 〈If+주어+had v-ed, 주어+조동사의 과거형+have v-ed〉
  - '만약 ~했더라면, …했을 텐데'의 의미로 과거 사실과 반대되는 일이나 과거에 실현되지 못한 일을 가정할 때 쓴다.

> 1 **If** I **were** a baby, I **could sleep** as much as I wanted.
> 2 **If** you **lived** near here, I **would see** you more often.
> 3 **If** I **had explained** the situation, you **would have forgiven** me.
> 4 **If** he **had spoken** louder, I **might have heard** what he said.

**상승 PLUS**

혼합 가정법 〈If+주어+had v-ed, 주어+조동사의 과거형+동사원형〉은 '(과거에) 만약 ~했더라면, (지금) …할 텐데'의 의미로, 과거에 실현되지 못한 일이 현재까지 영향을 미칠 때 쓴다.

**If** Anne **hadn't gotten** injured, she **would dance** in tonight's performance.

**④** **<I wish+가정법> vs. <as if+가정법>**

- 〈I wish+가정법〉은 현재나 과거의 소망을 표현한다.
  - I wish+가정법 과거: '~라면 좋을 텐데'의 의미로 현재의 일에 대한 유감이나 실현 불가능한 소망을 나타낸다.
  - I wish+가정법 과거완료: '~했더라면 좋을 텐데'의 의미로 과거의 일에 대한 유감이나 이루지 못한 소망을 나타낸다.
- 〈as if+가정법〉은 현재나 과거의 사실에 대한 가정이나 상상을 나타낸다.
  - as if+가정법 과거: '마치 ~인 것처럼'이라는 의미로 현재 사실과 반대되는 내용을 가정할 때 쓴다.
  - as if+가정법 과거완료: '마치 ~였던 것처럼'이라는 의미로 과거 사실과 반대되는 내용을 가정할 때 쓴다.

> 1 **I wish** I **had** a new smartphone.
> 2 **I wish** I **had received** useful advice from people. 모의 응용
> 3 You should play every game **as if** it **were** the World Cup final.
> 4 Matthew looked **as if** he **had run** ten miles through the rain.

---

**☑ CHECK UP**

**STEP 1** ( ) 안에서 어법상 알맞은 것을 고르시오.

1 If you had bought the ticket online, it ( saved / would have saved ) some time. 수능 응용
2 He heard a loud sound, but he acted as if he ( heard / had heard ) nothing.
3 I wish I ( read / had read ) many books before I became a high school student.

**STEP 2** ( ) 안에 주어진 말을 알맞은 형태로 바꿔 쓰시오.

1 I _____(will do) everything all over again if it were possible.
2 Ellen talks as if she _____(know) Mr. Bradley well, but she doesn't know him.
3 If Sam _____(pass) the exam two years ago, he would be a doctor now.

## ⑤ 기타 가정법 구문

- 가정법 문장에서 if절의 동사가 were나(가정법 과거) 조동사가 had일 때(가정법 과거완료), if를 생략하고 주어와 (조)동사가 도치될 수 있다.
- 가정·조건의 의미가 함축된 명사(구) 주어, 부사(구), 부정사(구), 분사구문 등이 if절을 대신할 수 있다.
- if절 없이 가정법의 주절만으로도 가정법 문장을 나타낼 수 있다.
- 〈Without ~〉이나 〈But for ~〉는 〈If it were not for ~((현재) ~이 없다면)〉와 〈If it had not been for ~((과거에) ~이 없었더라면)〉로 바꿔 쓸 수 있다.

1. **Were the story** true, everyone <u>would be</u> happy.
   (→ If the story were true, ... .)
2. **Had they listened** to me, they <u>would not have made</u> this mistake.
   (→ If they had listened to me, ... .)
3. **A great leader** <u>would respect</u> the opinions of his followers.
   (→ If he were a great leader, he would respect ... .)
4. **Given enough time**, he <u>would have made</u> less mistakes.
   (→ If he had been given enough time, ... .)
5. **Without** making a reservation, we <u>couldn't have experienced</u> this food.
   (→ If we had not made a reservation, ... .)

---

### ☑ CHECK UP

**STEP 1**  ( ) 안에서 어법상 알맞은 것을 고르시오.

1. ( Had I known / I had known ) that the food was expensive, I wouldn't have come here.
2. If it had not been for your help, I would ( fail / have failed ) the test again.
3. ( It were / Were it ) cooler, I would exercise outside.

**STEP 2**  다음 밑줄 친 부분이 맞으면 T, 틀리면 F 표시하고 바르게 고치시오.

1. <u>Were I</u> you, I would say hello to them.
2. <u>I had learned</u> Chinese, I would have known what it meant.

**1** 다음 빈칸에 공통으로 들어갈 알맞은 말을 쓰시오.

(1) I _____ rather go swimming than go jogging tonight.

I _____ like to visit my grandparents this weekend.

(2) It's raining pretty hard, so we _____ as well go back home.

I _____ give you a call tonight if I need help with the homework.

(3) She _____ help worrying about what she will do in the future.

I _____ take a vacation until this project is finished.

**2** 우리말과 같은 뜻이 되도록 밑줄 친 부분을 바르게 고치시오.

(1) 내가 1년간 세계 여행을 할 수 있다면 좋을 텐데.

→ I wish I <u>can travel</u> around the world for a year.

(2) Greg는 악단이 연주를 시작하기 전에 파티에서 떠났을 리가 없다.

→ Greg <u>cannot leave</u> the party before the band started playing.

(3) 현명한 사람이라면 그 상황에서 도움을 요청했겠지만 그는 그러지 않았다.

→ A wise person <u>would ask</u> for help in that situation, but he didn't.

**3** 우리말과 같은 뜻이 되도록 주어진 말을 이용하여 문장을 완성하시오.

(1) Dave는 우리의 계획을 잊은 것이 틀림없다. (forget)

→ Dave _____ _____ _____ our plan.

(2) 비가 오지 않는다면, 우리는 밖에서 체육 수업을 할 수 있을 텐데. (have)

→ If it weren't raining, we _____ _____ P.E. class outside.

(3) 내가 그 버스를 탔더라면, 나는 제시간에 학교에 도착했을 것이다. (take)

→ _____ _____ _____ the bus, I would have arrived at school on time.

**4**

(A), (B)의 각 네모 안에서 문맥에 맞는 표현을 고르시오.

A team of researchers looked into why people enjoy listening to music. They found that the reason (A) must / used to be related to our brain's reaction: when we listen to music, our brain releases a chemical that activates its pleasure centers. They also found that if we listen to music, our blood pressure will drop. That's because music (B) can / cannot make the brain produce a certain type of calcium that lowers blood pressure. In tests on rats, it only took 30 minutes of Mozart to bring their high blood pressure down to the normal range.

\*pleasure center 쾌락 중추

(A) _____     (B) _____

**5**

(    ) 안의 말을 알맞게 배열하시오.

Microbeads are tiny pieces of plastic that are found in many beauty products and other products, such as detergent. Unfortunately, fish and other ocean creatures can confuse them for food. Eating them causes serious problems and may affect growth. Therefore, the UK government banned the use of microbeads in cosmetics in 2018. Environmental groups, however, are not satisfied. They say (the government, if, serious, had been) about protecting the ocean, it would have banned microbeads from all products, not just cosmetics.

→ _____

**6**

밑줄 친 (A), (B)를 어법에 맞게 고치시오.

When people explain social behavior, they often make a mistake called the "fundamental attribution error." People usually attribute their own negative actions to external factors outside of their control. However, they have a tendency to attribute the mistakes of others to internal factors, such as intelligence or personality. For example, a person failing a test might (A) <u>explained</u> that the test was unfair. But if a classmate were to fail, that same person (B) <u>will be</u> likely to attribute it to something internal, such as being lazy or not studying enough.

(A) _____     (B) _____

# 수능 유형 독해

## 요약문 완성

**유형 설명**
제시된 글을 읽고, 그 내용을 요약한 문장의 빈칸에 들어갈 알맞은 말을 찾는 유형이다.

**유형 전략**
• 요약문과 선택지를 먼저 읽고, 무엇에 관한 글인지 파악한다.
• 요약문의 빈칸에 들어갈 말은 글의 핵심어인 경우가 많으므로, 글을 읽으며 반복적으로 사용되는 핵심어구를 파악한다. 이때 본문에 쓰인 어휘가 그대로 요약문에 사용되기보다는 유사한 표현으로 제시되는 경우가 많으므로 이에 유의한다.

**모의고사 기출**

다음 글의 내용을 한 문장으로 요약하고자 한다. 빈칸 (A), (B)에 들어갈 말로 가장 적절한 것은?

ⓐ We must be careful when looking at proverbs as expressing aspects of a certain worldview or mentality of a people. That is, no fixed conclusions about a so-called "national character" should be drawn. There are so many popular proverbs from classical, Biblical, and medieval times current in various cultures that it would be foolish to think of them as showing some imagined national character. ⓑ Nevertheless, the frequent use of certain proverbs in a particular culture could be used together with other social and cultural indicators to form some common concepts. Thus, if the Germans really do use the proverb, "*Morgenstunde* hat Gold im Munde" (*The morning hour has gold in its mouth*) with high frequency, then it does mirror at least to some degree the German attitude towards getting up early.

⇩

Although proverbs can not directly _____(A)_____ national character, the frequent use of certain proverbs is likely to form _____(B)_____ concepts of a nation.

| (A) | (B) | (A) | (B) |
|---|---|---|---|
| ① reflect | …… ideal | ② reflect | …… general |
| ③ include | …… creative | ④ evaluate | …… specific |
| ⑤ evaluate | …… typical | | |

### 유형 SOLUTION

1 요약문과 선택지의 내용을 통해 '속담을 통해 형성될 수 있는 한 국가에 대한 인식'에 관한 글임을 알 수 있다.

2 ⓐ에서는 속담으로 인해 어떤 국가에 대한 특정한 인식을 가져서는 안 된다고 한 후, ⓑ에서는 특정 국가에서 자주 쓰이는 속담으로 그 국가에 대한 개념을 어느 정도 파악할 수 있다고 말하고 있다.

3 본문에 쓰인 expressing, indicator, form common concepts, mirror 등의 어휘를 고려하여 선택한 말을 넣어 요약문의 내용을 확인한다.

---

proverb 속담  aspect 측면  worldview 세계관  mentality 심리  fixed 고정된, 확고한  classical 고전적인; *고대의  Biblical 성서의
medieval 중세의  indicator 지표  mirror 잘 보여주다, 반영하다  <u>문제</u> ideal 이상적인  evaluate 평가하다  typical 전형적인

# 1

embarrassing 난처한, 창피한
perspective 관점, 시각
overestimate 과대평가하다
demonstrate 입증하다
approximately 거의
self-awareness 자기 인식
inability 무능, 할 수 없음

**문제**
imitate 모방하다
sincerely 진심으로
accurately 정확하게

Have you ever slipped and fallen in school? It may have been very embarrassing. Even though you probably think people are still laughing about it, chances are that nobody else even remembers. This can be explained by the spotlight effect. It is our tendency to see things only from our own perspective and to overestimate how closely others are paying attention to us. To demonstrate it, researchers had students wear a T-shirt with an embarrassing image on it. They then asked students to estimate how many classmates would remember the shirt later. The average number they guessed was approximately twice as large as the actual number of students who remembered it. The researchers believe this might be caused by extreme self-awareness and the inability to view ourselves from the perspective of others.

⇩

| Researchers found that people _____(A)_____ us _____(B)_____ than we think. |
| --- |

| | (A) | | (B) | | (A) | | (B) |
| --- | --- | --- | --- | --- | --- | --- | --- |
| ① | follow | …… | less carefully | ② | imitate | …… | more sincerely |
| ③ | observe | …… | less closely | ④ | admire | …… | more strongly |
| ⑤ | resemble | …… | more accurately | | | | |

# 2

likelihood (어떤 일이 있을) 가능성
monitor 관찰하다
indicate 나타내다
seek to-v ~하려고 (시도) 하다
consumption 소비; *섭취

**문제**
desire 원하다, 갈망하다

If you were trying to lose weight, what would you do? Two common methods are exercising regularly and avoiding sweets. Unfortunately, exercising can increase the likelihood that you'll want dessert. In a study, volunteers held a joystick while looking at images of everyday items and desserts. The researchers monitored the hand movements of the volunteers, as pulling the joystick toward their bodies indicated positive feelings. Afterwards, half the volunteers exercised, while the other half did memory puzzles. Then both groups repeated the joystick activity. The results showed that the volunteers who exercised were more attracted to the pictures of desserts than the others. This may occur because the body seeks to replace lost energy through the consumption of calories.

⇩

| Research shows that people who exercise _____(A)_____ dessert more than those who do _____(B)_____ activities. |
| --- |

| | (A) | | (B) | | (A) | | (B) |
| --- | --- | --- | --- | --- | --- | --- | --- |
| ① | imagine | …… | enjoyable | ② | desire | …… | mental |
| ③ | refuse | …… | familiar | ④ | cook | …… | physical |
| ⑤ | avoid | …… | difficult | | | | |

**3**

by chance 우연히
arise 생기다, 발생하다
examination 조사
legend 전설
gravity 중력
extraordinary 기이한, 놀라운, 보기 드문 (↔ ordinary)
unintelligent 영리하지 못한

**문제**
innovative 획기적인
by accident 우연히
cooperation 협력

다음 글의 내용을 한 문장으로 요약하고자 한다. 빈칸 (A), (B)에 들어갈 말로 가장 적절한 것은?

Great ideas do not come by chance. They may sometimes seem to arise suddenly, but upon closer examination, they require much more than luck. Take Isaac Newton, for example. According to legend, he was sitting under an apple tree when, "by chance," an apple fell to the ground. This caused him to think, and eventually he discovered the basic laws of gravity. But apples always fall to the ground. If the apple had shot up into the sky instead, it would have been an extraordinary event, one that even an unintelligent observer would have wondered about. But the falling apple was an ordinary event. It was Newton's mind that was special, and he had made it that way through years of diligent studying and scientific training.

⇩

Although innovative ideas may sometimes seem to _____(A)_____, they cannot be created without _____(B)_____.

|  | (A) | | (B) |
|---|---|---|---|
| ① | be common | ······ | great luck |
| ② | occur by accident | ······ | hard work |
| ③ | offer solutions | ······ | detailed research |
| ④ | disappear quickly | ······ | emotional curiosity |
| ⑤ | require cooperation | ······ | financial support |

**4**

다음 글의 내용을 한 문장으로 요약하고자 한다. 빈칸 (A), (B)에 들어갈 말로 가장 적절한 것은?

assume 추정하다
perception 지각, 인식
(v. perceive)
show up 나타나다
toss 던지다
evolve 발달하다; *진화하다
go after ~을 추구하다,
뒤쫓다

문제
motivate 동기를 부여하다
pursue 추구하다
novel 새로운, 신기한

We often assume we see our physical surroundings as they actually are. But new research suggests that how we see the world depends on what we want from it. When a group of psychologists asked people to estimate how far away a bottle of water was, those who were thirsty guessed it was closer than nonthirsty people did. This difference in perception showed up in a physical challenge, too. When people were told to toss a beanbag at a $25 gift card, and that the closest would win it, people threw their beanbags nine inches short on average. But when the gift card's value was $0, people threw their beanbags past the card by an inch. As the brain evolved, people who saw distances to goals as shorter might have gone after what they wanted more often. This error in perception was actually an advantage, leading people to get what they needed.

*beanbag 콩 주머니

⇩

| |
| --- |
| _____(A)_____ objects are perceived as physically _____(B)_____ to people than they really are, which might have motivated people to pursue them. |

| | (A) | | (B) |
| --- | --- | --- | --- |
| ① | Desired | ...... | nearer |
| ② | Familiar | ...... | farther |
| ③ | Novel | ...... | bigger |
| ④ | Familiar | ...... | heavier |
| ⑤ | Desired | ...... | lighter |

# 5

다음 글의 내용을 한 문장으로 요약하고자 한다. 빈칸 (A), (B)에 들어갈 말로 가장 적절한 것은?

We cannot predict the outcomes of sporting contests, which vary from week to week. This heterogeneity is a feature of sport. It is the uncertainty of the result and the quality of the contest that consumers find attractive. For the sport marketer, this is problematic, as the quality of the contest cannot be guaranteed, no promises can be made in relations to the result and no assurances can be given in respect of the performance of star players. Unlike consumer products, sport cannot and does not display consistency as a key feature of marketing strategies. The sport marketer therefore must avoid marketing strategies based solely on winning, and must instead focus on developing product extensions such as the facility, parking, merchandise, souvenirs, food and beverages rather than on the core product (that is, the game itself).

*heterogeneity 이질성(異質性)

⇩

Sport has the essential nature of being _____(A)_____, which requires that its marketing strategies _____(B)_____ products and services more than just the sports match.

| | (A) | | (B) |
|---|---|---|---|
| ① | unreliable | ······ | feature |
| ② | unreliable | ······ | exclude |
| ③ | risky | ······ | ignore |
| ④ | consistent | ······ | involve |
| ⑤ | consistent | ······ | promote |

[1~8] 다음 문장에서 조동사 또는 〈조동사+have v-ed〉를 찾아 밑줄을 긋고 문장을 해석하시오.

**1** Certain proverbs in a particular culture could be used together with other cultural indicators.

**2** No fixed conclusions about a "national character" should be drawn.

**3** It may have been very embarrassing.

**4** The sport marketer must avoid marketing strategies based solely on winning.

**5** The researchers believe this might be caused by extreme self-awareness.

**6** Great ideas may sometimes seem to arise suddenly.

**7** People who saw distances to goals as shorter might have gone after what they wanted.

**8** Exercising can increase the likelihood that you will want dessert.

[9~10] 다음 가정법 문장을 해석하시오.

**9** If you were trying to lose weight, what would you do?

**10** If the apple had shot up into the sky, it would have been an extraordinary event.

# UNIT 10

## 기타 구문

## ① 병렬 구조

- 등위접속사 또는 상관접속사에 연결된 어구는 문법 형태와 구조가 대등해야 한다.
  - 등위접속사: and, but, or 등
  - 상관접속사: both A and B, not A but B, either A or B, neither A nor B, not only A but (also) B 등
- 비교 구문에서 비교되는 대상은 문법 형태와 구조가 대등해야 한다.

1 **My mother** and **my sister** went shopping at the mall.
2 DNA not only **identifies people** but also **reveals how they are related**. 수능 응용
3 **Gaining weight** is usually much easier than **losing it**.
4 **The traffic in Busan** is not as heavy as **that in Seoul**.

## ② 강조 표현

- 〈It is[was] ~ that ...〉: '…하는 것은 바로 ~이다[였다]'라는 의미로, 강조하고 싶은 말을 It is[was]와 that 사이에 둔다. 강조되는 대상이 사람일 때는 that 대신 who를 쓰기도 한다.
- 〈do[does/did]+동사원형〉: 일반동사의 의미를 강조하며, '정말로 ~하다'라고 해석한다.

1 **It is** the microdust **that** causes me to have a sore throat.
2 **It was** a famous actor **that[who]** we met downtown yesterday.
3 I **do** hope you can come to the Christmas party this year.
4 This restaurant **does** have the most delicious food. 모의 응용

---

### ☑ CHECK UP

**STEP 1** ( ) 안에서 어법상 알맞은 것을 고르시오.

1 You can open the doors by pressing the button or ( slide / sliding ) them. 수능 응용
2 I made my bed, organized my things, and ( dusted / dusting ) the furniture. 모의 응용
3 It was for my friend Jeremy ( what / that ) I bought that new guitar.
4 Unlike dragons, dinosaurs ( do / did ) exist at one time. 모의 응용

**STEP 2** 다음 밑줄 친 부분이 맞으면 T, 틀리면 F 표시하고 바르게 고치시오.

1 I visited him not to complain but offer him advice.
2 I enjoy working with others more than do things by myself.
3 It is the presence of enemy that gives justification to war. 수능 응용

## ③ 도치 구문

- 강조하고자 하는 어구가 문장 맨 앞에 오면, 주어와 (조)동사의 순서가 바뀐다.
  - 부정어 강조: not, no, never, few, little, hardly, rarely 등의 부정어가 문장 맨 앞에 오면, 주어와 (조)동사의 순서가 바뀐다. 이때, 동사가 일반동사이면 〈부정어(구)+do[does/did]/조동사+주어+동사원형〉의 어순이 된다.
  - 부사어 강조: 장소나 방향을 나타내는 부사(구)가 문장 맨 앞에 오면, 주어와 동사의 순서가 바뀐다.
  - 보어 강조: 보어가 문장 맨 앞에 오면, 주어와 (조)동사의 순서가 바뀐다.

> 1 **Not only** could they see little, but they were also tired. 〈부정어 강조〉 수능 응용
> 2 **Down the street** marched the band, moving to the beat of the music. 〈부사구 강조〉
> 3 **So exciting** was the musical that I watched it again. 〈보어 강조〉

**상승 PLUS**

〈so[neither/nor]+동사+주어〉는 앞서 언급된 내용에 대해 '~ 또한 그렇다[그렇지 않다]'의 의미를 나타낸다.

- 앞에 나온 동사가 일반동사일 때: 〈so[neither/nor]+do[does/did]+주어〉
- 앞에 나온 동사가 be동사/조동사일 때: 〈so[neither/nor]+be동사/조동사+주어〉

He supports the local candidate in the election, and **so** do I.

I am not perfect, but **neither** is anybody else.

## ④ 삽입 어구와 동격 어구

- 삽입: 설명을 덧붙이거나 의미를 보충하기 위해 문장 중간에 어구가 삽입되기도 한다. 〈주어+think/believe/guess/know 등〉은 문장 중간에 자주 삽입된다.
- 동격: 앞에서 언급된 (대)명사를 달리 말하거나 그 의미를 부연 설명하기 위해 콤마(,), of, or, 접속사 that 등을 사용하여 다른 명사 상당어구나 절을 뒤에 둔다. 동격의 that절을 이끄는 명사에는 fact, idea, opinion, thought, news 등이 있다.

> 1 The test, **to be honest**, was easier than I had expected it to be. 〈삽입〉
> 2 My friend, **the tallest person in this class,** is good at playing basketball. 〈동격〉
> 3 The fact **that he had suspected the old man** made him feel guilty. 〈동격〉 모의 응용

**☑ CHECK UP**

**STEP 1**  ( ) 안에서 어법상 알맞은 것을 고르시오.

1 Under the stamp ( a note was / was a note ) from the bank. 모의 응용
2 Rarely ( a computer is / is a computer ) more sensitive than a person. 수능 응용
3 Haley doesn't like studying foreign languages, and neither ( I do / do I ).

**STEP 2**  다음 밑줄 친 부분을 어법에 맞게 고치시오.

1 Never again <u>the soldier was</u> to meet his wife.
2 On the kitchen table <u>all kinds of delicious cakes were</u>.
3 The thought <u>which</u> he was right suddenly occurred to me.

## ⑤ 어순에 유의해야 하는 구문

- 문장에서 주어, 목적어, 보어 역할을 하는 간접의문문은 〈의문사＋주어＋동사〉의 어순이 된다. 단, 간접의문문 안에서 의문사가 주어로 쓰일 경우에는 〈의문사＋동사〉의 어순이 된다.
- 〈타동사＋부사〉 형태의 동사구에서 목적어가 명사인 경우에는 목적어는 부사의 앞, 뒤 모두에 올 수 있지만, 목적어가 대명사인 경우에는 목적어는 반드시 부사 앞에 온다.
- -body, -one, -thing으로 끝나는 부정대명사는 형용사(구)가 뒤에서 수식한다.
- enough가 부사로 쓰일 때는 형용사나 부사 뒤에서 수식한다.

> 1 It pleased me to think about **how** my dream would come true. 수능 응용
> 2 Would you mind **picking** me **up** on your way to work? (→ picking up me (X))
> 3 I'm looking for **something** interesting to watch on TV. (→ interesting something (X))
> 4 I am mature **enough** to travel by myself. (→ enough mature (X))

## ⑥ 부정의 뜻을 나타내는 표현

- hardly, rarely, seldom 등은 부정의 의미를 포함하는 부사로 '좀처럼 ~ 않다'의 의미를 나타낸다.
- 〈not, never 등 부정어＋all/both/every/always/necessarily 등〉은 '전부[둘 다/모두/항상/반드시] ~하는 것은 아니다'라는 의미로 부분 부정을 나타낸다.

> 1 I **rarely** eat pizza without drinking cola.
> 2 **Not all** authors trusted that viewers would understand their plays. 수능 응용
> 3 High-budget films do**n't always** meet the audience's expectations.

---

### ☑ CHECK UP

**STEP 1** ( ) 안에서 어법상 알맞은 것을 고르시오.

1 If you've finished your writing, please ( turn in it / turn it in ) to me.
2 I haven't decided ( where I will stay / where will I stay ) during the trip.
3 We need ( someone creative / creative someone ) to come up with new ideas.

**STEP 2** 다음 밑줄 친 부분을 어법에 맞게 고치시오.

1 The best way to focus on your goals is to write down them. 수능 응용
2 They didn't know who the cake ate.
3 They were enough brave to tell the truth to the public.

# GRAMMAR for Reading

**1** 우리말과 같은 뜻이 되도록 주어진 말을 이용하여 문장을 완성하시오.

(1) 그 화가는 우리에게 이메일을 보내지도 전화를 하지도 않았다. (call)

→ The painter has neither emailed _____ us.

(2) 나는 내 소설이 많은 사람들에게 사랑받을 것이라고 생각하지 못했다. (think)

→ Little _____ that my novel would be loved by many people.

(3) 내가 감기가 낫도록 도와준 것은 바로 그 야채 수프였다. (it, the vegetable soup)

→ _____ helped me get over my cold.


**2** 밑줄 친 부분이 맞으면 T, 틀리면 F 표시하고 바르게 고치시오.

(1) I just want to order <u>delicious something</u>.

(2) <u>How do the workers feel</u> about their work is reflected in their performance.

(3) The news <u>that</u> the company went bankrupt shocked me.

(4) By eating healthy food and <u>exercise</u>, you can stay in good shape.


**3** 우리말과 같은 뜻이 되도록 주어진 말을 알맞게 배열하시오.

(1) 이 호텔의 모든 객실이 바다 전망을 가진 것은 아니다.

(every, in, this hotel, room, not)

→ _____ has a view of the sea.

(2) 그녀는 그의 생명을 구했을 뿐만 아니라, 우리에게 CPR이 얼마나 중요한지도 상기시켰다.

(his life, did, not, only, she, save)

→ _____, but she also reminded us of how
important CPR is.

(3) 저는 이 방에 히터가 있는 줄 몰랐어요. 그것을 켜 주시겠어요? (on, could, turn, you, it)

→ I didn't know there was a heater in this room. _____?

**4**

at one time or another
가끔
highs and lows 기복

( ) 안의 말을 알맞게 배열하시오.

At one time or another, everyone has to deal with both emotional highs and emotional lows. Unfortunately, we generally consider our emotions to be mysterious and beyond our understanding. However, emotions are a natural product of the human mind. Like everything else, (that, is, it, the law of cause and effect) they follow. So don't be confused by your emotions. If you accept them as a natural part of life, you will be more comfortable with them.

→ _____

**5**

volcano 화산
massive 거대한
erupt 분출[폭발]하다
seek out ~을 찾아내다
hatch 부화하다
extra 추가의
unusually 대단히, 몹시

주어진 우리말과 같은 뜻이 되도록 빈칸을 채워 문장을 완성하시오.

Volcanoes can be very dangerous, causing massive damage when they erupt. <u>하지만 모든 생명체가 그것들을 두려워하는 것은 아니다.</u> In fact, one species of bird, the maleo, depends on them for its survival. It seeks out volcanic areas when making a nest and uses their heat to help hatch its eggs. The maleo needs this extra help because its eggs are unusually large, meaning the female maleo is unable to keep them warm on her own.

→ However, _____ _____ creatures fear them.

**EXTRA Q.**

윗글을 읽고, 요약문의 빈칸에 알맞은 말을 본문에서 찾아 쓰시오.

The maleo uses the _____ of volcanoes to help keep its eggs warm.

**6**

weakening 약화
vein 정맥
gravity 중력
circulatory 혈액 순환의
inflate 부풀다
vacuum 진공
expand 확장하다

밑줄 친 (A), (B)를 어법에 맞게 고치시오.

It is the weakening of leg veins (A) <u>what</u> is one of the biggest problems for astronauts. Because blood flows differently in zero gravity and the circulatory system doesn't have to work hard, the veins become thin and weak. NASA studied baby giraffes to see how they deal with this. They are able to stand as soon as they are born because their leg veins rapidly inflate. With this in mind, NASA created tubes that fit around astronauts' legs and (B) <u>uses</u> vacuum pressure to expand their veins. As a result, astronauts can keep their veins strong and healthy.

(A) _____     (B) _____

## 내용 일치 · 도표 일치

**수능 기출**

Protogenes에 관한 다음 글의 내용과 일치하지 <u>않는</u> 것은?

Known for his devotion to each of his paintings, ⓐ Protogenes was an ancient Greek painter and a rival of Apelles. He was born in Caunus, on the coast of Caria, but ⓑ lived most of his life in Rhodes. Little else is known of him. But there are some accounts of his paintings. The *Ialysus* and the *Satyr* were the most well-known among his works. ⓒ Protogenes spent approximately seven years painting the *Ialysus*, a depiction of a local hero of a town in Rhodes. After remaining in Rhodes for at least 200 years, it was carried off to Rome. There later it was destroyed by fire. Protogenes worked on the *Satyr* during Demetrius Poliorcetes' attack on Rhodes from 305 to 304 B.C. Interestingly, ⓓ the garden in which he painted the *Satyr* was in the middle of the enemy's camp. ⓔ Protogenes is said to have been about seventy years of age when the *Satyr* was completed.

① 고대 그리스 화가였다.
② 일생의 대부분을 Rhodes에서 지냈다.
③ *Ialysus*를 그리는 데 대략 7년을 보냈다.
④ 적진과 멀리 떨어진 곳에서 *Satyr*를 그렸다.
⑤ *Satyr*를 완성했을 때는 약 70세였다고 전해진다.

**유형 SOLUTION**

1 선택지를 먼저 읽어 보고 확인해야 하는 정보를 파악한다.

2 선택지의 내용을 글의 내용과 대조하여 일치 여부를 판단한다.
   ⓐ 고대 그리스 화가였다. (①번 일치)
   ⓑ Rhodes에서 일생 대부분을 보냈다. (②번 일치)
   ⓒ 'Ialysus'를 그리는 데 약 7년이 걸렸다. (③번 일치)
   ⓓ 'Satyr'를 그린 정원은 적의 막사 한가운데 있었다. (④번 불일치)
   ⓔ 'Satyr'를 완성했을 때는 약 70세였다고 한다. (⑤번 일치)

---

**devotion** 헌신, 몰두   **account** 계좌; *설명, 기술   **depiction** 묘사, 서술   **camp** 야영지; *(군인들의) 막사

# 1

cucamelon에 관한 다음 글의 내용과 일치하지 <u>않는</u> 것은?

sour (맛이) 신, 시큼한
cucumber 오이
native 태어난 곳의; *토종의
resemble 닮다, 유사하다
emerge 나오다
replant 옮겨 심다
ripe 익은; 숙성한

The cucamelon is an unusual fruit that tastes like a sour cucumber. Native to Mexico and Central America, it is also called a Mexican sour gherkin or a mouse melon. It resembles a tiny watermelon. It can be purchased at farmer's markets, but many people plant it in gardens because it is easy to grow. It is best to start growing it indoors in April and May. It can take three or four weeks for the young plants to emerge from the soil. Once they are big enough, replant them in your garden. When the cucamelon fruit is about the size of a grape, it is ripe enough to be picked. There are many different ways to eat it, but the best way is to put it directly in your mouth.

*gherkin 오이 피클

① 멕시코와 중앙아메리카가 원산지이다.
② 작은 수박처럼 생겼다.
③ 4월과 5월에 실내에서 재배를 시작한다.
④ 옮겨 심기를 하면 안 된다.
⑤ 포도 정도의 크기가 되면 충분히 익은 것이다.

# 2

Naked mole rats에 관한 다음 글의 내용과 일치하는 것은?

mole 두더지
breed 새끼를 낳다
individual 개체
surface 표면
oxygen 산소

Naked mole rats are small rodents found in East Africa. They are extremely ugly animals, with large teeth, no fur, and pink skin. They are only about 150 millimeters in length, and there is no difference in size between males and females. Despite their name, they are neither moles nor rats, and their social behavior more closely resembles that of ants or bees. They live and breed underground in large groups of up to 300 individuals, with soldiers, workers and a queen. Rarely do they come up to the surface of the earth, so their eyes are very small. Mole rats also seem to feel little pain, and they can live in places with very little oxygen.

*rodent 설치류

① 털과 피부 모두 분홍색을 띤다.
② 수컷이 암컷보다 크다.
③ 개미와 비슷한 사회적 행동을 보인다.
④ 땅속에 사는 무리와 지상에 사는 무리로 나뉜다.
⑤ 산소가 희박한 환경에서는 살 수 없다.

**3**

다음 도표의 내용과 일치하지 <u>않는</u> 것은?

consult 상담하다
percentage 비율

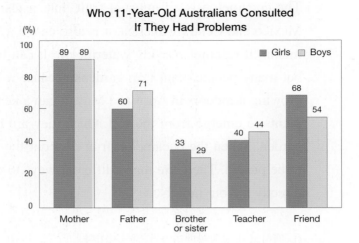

Who 11-Year-Old Australians Consulted
If They Had Problems

The above graph shows who Australian girls and boys aged eleven consulted if they had problems. ① Mothers were the most consulted source if girls and boys had problems. ② For boys, fathers were the second most consulted source, followed by friends. ③ The percentage of girls who consulted teachers was 20 percentage points higher than that of girls who consulted fathers. ④ The percentage of boys who consulted teachers was higher than that of girls who consulted teachers by 4 percentage points. ⑤ More girls went to their friends than to their brothers or sisters if they had problems.

**4**

Jaime Lerner에 관한 다음 글의 내용과 일치하지 <u>않는</u> 것은?

architect 건축가
urban planner 도시 설계가
elect 선출하다
mayor 시장
serve 근무하다
come up with (계획 등을)
생각해 내다
numerous 많은
turn ~ into ... ~을 …로
바꾸다
transit 교통 체계
resident 거주자, 주민
inexpensive 비싸지 않은
preservation 보존
low-income 저소득의

Jaime Lerner, a well-known architect and urban planner, was born in Curitiba, Brazil in 1937 and was elected mayor of the city in 1971. He was re-elected twice, serving as mayor for eight additional years. During his time as mayor, he came up with numerous low-cost projects that turned Curitiba into a model community. It was the city's efficient public transit system that had the biggest impact on the residents' quality of life. Now copied in more than 100 countries around the world, it is efficient, comfortable, and inexpensive. Lerner also installed waste management, recycling, and green space preservation programs. What's more, he seldom ignored the needs of the city's poor and built low-income housing near the city center.

① 건축가이자 도시 설계가로 유명하다.
② 시장으로 8년을 재직했다.
③ 효과적인 대중교통 시스템을 고안했다.
④ 녹지 보호 프로그램을 만들었다.
⑤ 도시 중심가 근처에 저소득층을 위한 주택을 건축했다.

## 5

coral 산호
aggressive 공격적인
continuously 계속해서,
끊임없이
ammonia 암모니아
uninhabited 사람이 살지
않는
strategic 전략적인
layer 층
fertilizer 비료
colonize 식민지화하다
strand 오도 가도 못하게
하다

Clipperton Island에 관한 다음 글의 내용과 일치하는 것은?

Clipperton Island, located 1,000 kilometers off the Mexican coast, isn't a very appealing place. It is covered in sharp coral and aggressive crabs. It rains hard and continuously there from May to October, and the island smells of ammonia during the dry season. Therefore, it's not surprising that the island is uninhabited. In the past, however, France, the U.S., Britain, and Mexico all fought for the island. They did so not only because of its strategic position but also for its surface layer of guano, valuable seabird waste that was sold as fertilizer. Attempts to colonize Clipperton Island were made from 1858 to 1917, but all failed. When a group of Mexican settlers finally succeeded, they were soon forgotten and left stranded.

*guano 구아노(바닷새의 배설물)

① 동식물을 찾아보기 힘들다.
② 5월부터 10월까지 암모니아 냄새가 많이 난다.
③ 표층이 바닷새의 배설물로 형성되어 있었다.
④ 섬에 대한 영토권 분쟁이 현재까지 계속되고 있다.
⑤ 이 섬의 정착민들은 멕시코 정부로부터 지원을 받았다.

## 6

모의고사 기출

choir 합창단
one's voice breaks (변성
기로) 목소리가 변하다
appointment 직위, 직책
religious 종교의
institution 기관
pupil 학생, 제자
priest 사제
organist 오르간 연주자
household 가정
have yet to-v 아직 ~하지
않았다
identify 확인하다, 찾다

Tomas Luis de Victoria에 관한 다음 글의 내용과 일치하지 <u>않는</u> 것은?

Tomas Luis de Victoria, the greatest Spanish composer of the sixteenth century, was born in Avila and as a boy sang in the church choir. When his voice broke, he went to Rome to study and he remained in that city for about 20 years, holding appointments at various churches and religious institutions. In Rome, he met Palestrina, a famous Italian composer, and may even have been his pupil. In the 1580s, after becoming a priest, he returned to Spain and spent the rest of his life peacefully in Madrid as a composer and organist to members of the royal household. He died in 1611, but his tomb has yet to be identified.

① 소년 시절 교회 합창단에서 노래했다.
② 로마에서 약 20년 동안 머물렀다.
③ 이탈리아 작곡가인 Palestrina를 만났다.
④ 스페인으로 돌아온 후 사제가 되었다.
⑤ 무덤은 아직 확인되지 않았다.

# 7

count 셈; *수치
portion size 1인분 제공량
sides 곁들임 요리, 반찬
increase 증가하다; 증가
category 범주

다음 도표의 내용과 일치하지 <u>않는</u> 것은?

**Fast Food Calorie Count and Portion Sizes in 1986 and 2016**

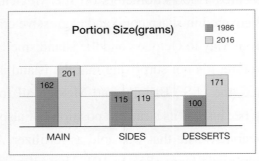

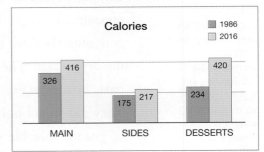

The graph above shows how the calorie count and the portion size of the average American fast food meal have changed between 1986 and 2016. ① All parts of the meal increased in both portion size and calorie count, with desserts showing the greatest increase. ② The main dish, the largest in portion size of the three categories, had an increase of 39 grams with 90 extra calories. ③ Portion sizes of sides only increased by 4 grams in 30 years but increased by 42 calories. ④ The portion size of desserts went up by 71 grams while the calorie count increased more than twice. ⑤ A total meal in 1986 had 735 calories while 2016 meals had 1,053 calories.

# 8

고난도

Dutch 네덜란드의
middle class 중산층
treatment 처리
renowned 유명한
moderate 보통의, 중간의
fame 명성
relatively 비교적
output 산출량
estimate 추정하다
appreciation 감탄, 진가의
이해[인정]

Johannes Vermeer에 관한 다음 글의 내용과 일치하지 <u>않는</u> 것은?

Johannes Vermeer was a 17th-century Dutch artist known for painting scenes from the daily life of the middle class. He painted slowly and with great attention to detail, favoring bright colors such as blue and yellow. However, it is his skilled treatment and use of light that is most renowned. Although Vermeer gained moderate fame during his lifetime, he was later forgotten for nearly two centuries. One reason for this may be that he painted a relatively small number of paintings. His total artistic output is estimated at 45 paintings. It wasn't until the 19th century that his work was rediscovered. Since that time, appreciation of his genius has grown, and he is now considered one of the greatest Dutch painters of his time.

① 중산층의 일상생활 장면을 그렸다.
② 빛을 사용하는 능력으로 유명하다.
③ 살아 있을 때는 대중들로부터 외면당했다.
④ 다른 화가들에 비해 상대적으로 작품 수가 적었다.
⑤ 19세기가 되어서야 그의 작품이 재발견되었다.

[1~3] 다음 문장에서 병렬 구조를 이루는 어구를 찾아 밑줄을 긋고 문장을 해석하시오.

**1**   They fought not only because of its strategic position but also for its surface layer of guano.

**2**   He returned to Spain and spent the rest of his life in Madrid.

**3**   All parts of the meal increased in both portion size and calorie count.

[4~7] 다음 문장에서 강조하는 부분이나 동격 어구를 찾아 밑줄을 긋고 문장을 해석하시오.

**4**   It is his skilled treatment and use of light that is most renowned.

**5**   Jaime Lerner, a well-known architect and urban planner, was born in Brazil.

**6**   It was the city's efficient public transit system that had the biggest impact on the residents' lives.

**7**   Tomas Luis de Victoria, the greatest Spanish composer of the sixteenth century, was born in Avila.

[8~10] 다음 문장의 어순에 유의하여 해석하시오.

**8**   It is ripe enough to be picked.

**9**   Rarely do they come up to the surface of the earth.

**10**   Once they are big enough, replant them in your garden.

MEMO

지은이

**NE능률 영어교육연구소**

NE능률 영어교육연구소는 혁신적이며 효율적인 영어 교재를 개발하고
영어 학습의 질을 한 단계 높이고자 노력하는 NE능률의 연구조직입니다.


# The 상승 〈문법독해편〉

| | |
|---|---|
| 펴 낸 이 | 주민홍 |
| 펴 낸 곳 | 서울특별시 마포구 월드컵북로 396(상암동) 누리꿈스퀘어 비즈니스타워 10층 |
| | ㈜NE능률 (우편번호 03925) |
| 펴 낸 날 | 2024년 1월 5일 개정판 제1쇄 발행 |
| | 2024년 3월 15일 제2쇄 |
| 전    화 | 02 2014 7114 |
| 팩    스 | 02 3142 0356 |
| 홈 페 이 지 | www.neungyule.com |
| 등 록 번 호 | 제1-68호 |
| I S B N | 979-11-253-4297-7 |
| 정    가 | 15,000원 |

**NE** 능률

**고객센터**

교재 내용 문의 : contact.nebooks.co.kr (별도의 가입 절차 없이 작성 가능)
제품 구매, 교환, 불량, 반품 문의 : 02-2014-7114
☎ 전화문의는 본사 업무시간 중에만 가능합니다.

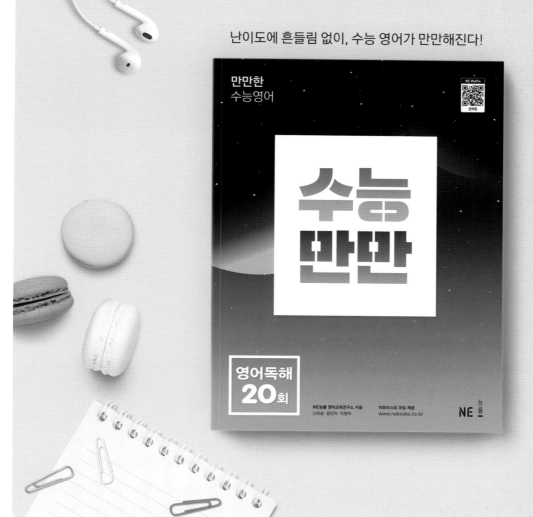

# NE능률 교재 MAP

아래 교재 MAP을 참고하여 본인의 현재 혹은 목표 수준에 따라 교재를 선택하세요.
NE능률 교재들과 함께 영어실력을 쑥쑥~ 올려보세요!
MP3 등 교재 부가 학습 서비스 및 자세한 교재 정보는 www.nebooks.co.kr 에서 확인하세요.

| 초1-2 | 초3 | 초3-4 | 초4-5 | 초5-6 |
|---|---|---|---|---|

| 초6-예비중 | 중1 | 중1-2 | 중2-3 | 중3 |
|---|---|---|---|---|
| | | | 첫 번째 수능 영어 기초편 | 첫 번째 수능 영어 유형편 |
| | | | | 첫 번째 수능 영어 실전편 |

| 예비고-고1 | 고1 | 고1-2 | 고2-3, 수능 실전 | 수능, 학평 기출 |
|---|---|---|---|---|
| 기강잡고 독해 잡는 필수 문법 | 빠바 기초세우기 | 빠바 구문독해 | 빠바 유형독해 | 다빈출코드 영어영역 고1독해 |
| 기강잡고 기초 잡는 유형 독해 | 능률기본영어 | The 상승 어법어휘+유형편 | 빠바 종합실전편 | 다빈출코드 영어영역 고2독해 |
| The 상승 직독직해편 | The 상승 문법독해편 | The 상승 구문편 | The 상승 수능유형편 | 다빈출코드 영어영역 듣기 |
| 올클 수능 어법 start | 수능만만 기본 영어듣기 20회 | 맞수 수능듣기 실전편 | 수능만만 어법어휘 228제 | 다빈출코드 영어영역 어법·어휘 |
| 얇고 빠른 미니 모의고사 | 수능만만 기본 영어듣기 35+5회 | 맞수 수능문법어법 실전편 | 수능만만 영어듣기 20회 | |
| 10+2회 입문 | 수능만만 기본 문법·어법·어휘 150제 | 맞수 구문독해 실전편 | 수능만만 영어듣기 35회 | |
| | 수능만만 기본 영어독해 10+1회 | 맞수 수능유형 실전편 | 수능만만 영어독해 20회 | |
| | 맞수 수능듣기 기본편 | 맞수 빈칸추론 | 특급 듣기 실전 모의고사 | |
| | 맞수 수능문법어법 기본편 | 특급 독해 유형별 모의고사 | 특급 빈칸추론 | |
| | 맞수 구문독해 기본편 | 수능유형 PICK 독해 실력 | 특급 어법 | |
| | 맞수 수능유형 기본편 | 수능 구문 빅데이터 수능빈출편 | 특급 수능·EBS 기출 VOCA | |
| | 수능유형 PICK 독해 기본 | 얇고 빠른 미니 모의고사 | 올클 수능 어법 완성 | |
| | 수능유형 PICK 듣기 기본 | 10+2회 실전 | 능률 EBS 수능특강 변형 문제 | |
| | 수능 구문 빅데이터 기본편 | | 영어(상), (하) | |
| | 얇고 빠른 미니 모의고사 | | 능률 EBS 수능특강 변형 문제 | |
| | 10+2회 기본 | | 영어독해연습(상), (하) | |

| 수능 이상/ 토플 80-89· 텝스 600-699점 | 수능 이상/ 토플 90-99· 텝스 700-799점 | 수능 이상/ 토플 100· 텝스 800점 이상 | | |
|---|---|---|---|---|

# The 상승

## 독해 기본기에서
## 수능 실전 대비까지 The 상승

**문법독해편**

# 정답 및 해설

**NE** 능률

# The 상승

독해 기본기에서
수능 실전 대비까지 The 상승

**문법독해편**

## 정답 및 해설

# UNIT 01
# 동사와 문장 성분

## ① 목적어의 유무에 따른 자동사 vs. 타동사      p.7
1 그들은 대개 아침 9시쯤 사무실에 도착한다.
2 만약 네가 더 많은 정보가 필요하다면, 내게 언제든 전화해도 된다.
3 영어과 교수들은 그들이 가장 좋아하는 문학 작품들에 대해 토론했다.

## ② 목적어 두 개와 함께 쓰는 동사      p.7
1 Jim은 어린 아이들에게 영어를 가르친다.
2 내 친구가 나에게 콘서트 티켓을 사줬다.

#### 상승 PLUS
Jim은 영어를 어린 아이들에게 가르친다.
내 친구가 콘서트 티켓을 나에게 사줬다.

### ☑ CHECK UP      p.7

STEP 1   1 marry   2 complain about   3 her

STEP 2   1 waiting → waiting for
        2 resembles with → resembles
        3 to Bill a text message
        → Bill a text message[a text message to Bill]

#### STEP 1

1 Caroline은 그를 매우 사랑했기 때문에 그와 결혼하기로 결심했다.
▶marry는 타동사이므로 뒤에 전치사가 필요 없다.

2 사람들은 그 식당의 서비스에 대해 불평한다.
▶자동사 complain은 목적어를 취할 때 전치사 about이 필요하다.

3 그녀의 부모님이 그녀에게 선물로 소설책 시리즈를 주셨다.
▶〈수여동사＋간접목적어＋직접목적어〉의 4형식으로 쓰인 문장이다.

#### STEP 2

1 우리는 시드니 행 항공편의 안내방송을 기다리고 있었다.
▶자동사 wait는 목적어를 취할 때 전치사 for가 필요하다.

2 많은 사람들은 John이 그 배우를 닮았다고 생각한다.
▶resemble은 타동사이므로 뒤에 전치사가 필요 없다.

3 그들은 Bill에게 문자메시지를 보냈다.
▶〈수여동사＋간접목적어＋직접목적어〉의 4형식이나 〈수여동사＋직접목적어＋전치사＋간접목적어〉의 3형식으로 써야 한다.

## ③ 주격 보어와 함께 쓰는 동사      p.8
1 많은 동물들이 털 때문에 추운 날씨에 따뜻하게 지낸다.
2 Tom이 자라서, 그는 유명한 배우가 되었다.
3 그녀가 나이를 먹으면서 그 티셔츠가 그녀에게 더 딱 붙게 되었다.

## ④ 목적격 보어와 함께 쓰는 동사      p.8
1 설탕을 너무 많이 먹는 것은 네 치아를 약하고 썩게 만들 수도 있다.
2 선생님은 학생들이 시험을 끝낸 후에만 나가도록 허락했다.
3 나의 부모님은 내가 미래에 무엇을 할지 결정하게 해 주셨다.
4 공원을 걸으면서, 나는 어떤 사람이 "저 도둑 잡아라!"라고 외치는 것을 들었다.
5 수사관은 다이아몬드들이 땅에 묻혀 있는 것을 발견했다.

### ☑ CHECK UP      p.8

STEP 1   1 eat   2 to have   3 embarrassed

STEP 2   1 significant   2 healthy   3 to apologize

#### STEP 1

1 그 여자는 그녀의 딸이 매일 아침 과일을 먹게 했다.
▶사역동사 made는 목적격 보어로 동사원형을 취한다.

2 생굴은 그가 일주일간 복통을 앓게 했다.
▶caused는 목적격 보어로 to부정사를 취하는 동사이다.

3 그의 사생활에 대한 사람들의 질문에 그는 당황스러웠다.
▶was에 연결된 주격 보어 자리이므로 형용사가 와야 한다.

#### STEP 2

1 네가 겪는 어려움과 도전은 중요해 보인다.
▶seem에 연결된 주격 보어 자리이므로 부사가 아니라 형용사가 와야 한다.

2 균형 잡힌 식단과 규칙적인 운동은 네가 건강하게 할 것이다.
▶keep의 목적격 보어 자리이므로 부사가 아니라 형용사가 와야한다.

3 그녀는 나에게 여자친구에게 가능한 한 빨리 사과하라고 조언했다.
▶advised는 목적격 보어로 분사가 아니라 to부정사를 취한다.

## ⑤ 문장의 동사 찾기      p.9
1 과학자들이 기대하는 것은 그들이 실험 결과를 어떻게 보는지를 바꾼다.
2 연기 냄새를 맡았을 때 나는 케이크가 타고 있는 것을 알았다.
3 멋진 모자를 저렴한 가격에 파는 가게는 우리 집 근처에 있다.
4 열린 마음을 가진 내 친구들은 내 상황을 이해할 것이다.

#### 상승 PLUS

스페인어와 영어 둘 다 배우는 것이 올해 내 목표이다.
복습을 많이 하는 것은 기말고사에서 네 점수를 향상시킬 수 있다.
콘서트장 앞에서 줄을 서서 기다리고 있는 사람들은 신나 보였다.

1월 20일까지 이메일로 보내진 등록 서류만 받아들여질 것이다.

**STEP 1**   1 moved    2 planted    3 is    4 added up

**STEP 2**   1 turned    2 respect

**STEP 1**

1 자동차들을 운반하는 열차는 선로를 따라 천천히 달렸다.
▶ 주어인 A train과 연결된 문장의 동사가 와야 한다. transporting cars는 주어를 수식하는 현재분사구이다.

2 나의 조부모님이 심은 나무는 20년이 지나서도 여전히 서 있다.
▶ 주어인 The tree와 연결된 문장의 동사는 is standing이다. 따라서 주어를 수식하는 분사 형태가 와야 한다.

3 친구들과 해외여행을 하는 것은 혼자 여행하는 것보다 더 신난다.
▶ 주어인 Traveling abroad with friends와 연결된 문장의 동사가 와야 한다.

4 그는 총비용을 계산하기 위해 각 품목의 가격을 더했다.
▶ 주어인 He에 연결된 문장의 동사가 와야 한다.

**STEP 2**

1 그가 예견한 모든 것들이 결국 틀린 것으로 밝혀졌다.
▶ 주어인 Everything에 연결된 문장의 동사가 와야 한다. he predicted는 주어를 수식하는 목적격 관계대명사절이다.

2 사람들은 용감하게 진실을 옹호하는 사람들을 존경한다.
▶ 주어인 People에 연결된 문장의 동사가 와야 한다. who ... the truth는 those를 수식하는 주격 관계대명사절이다.

# GRAMMAR for Reading    pp.10~11

1  (1) answer  (2) wait for  (3) reach  (4) resemble

2  (1) F, is[was]  (2) T  (3) F, delicious
   (4) F, thrown

3  (1) his friends get ready for the party
   (2) my husband set the table for dinner
   (3) bought me a nice scarf

4  allows the rocks to float

5  (A) known  (B) reacted  🖋EXTRA Q. T

6  (A) related  (B) vivid

**1**

(1) 그 교수는 학생들이 물었던 모든 질문에 대답하셨니?

▶ answer는 타동사이므로 목적어 앞에 전치사가 필요 없다.

(2) 너는 지하철을 타기 전에 다른 사람들이 내리도록 기다려야 한다.
▶ 자동사 wait는 목적어를 취하려면 목적어 앞에 전치사 for가 필요하다.

(3) 우리가 지금 택시를 탄다면 공항에 제시간에 도착할 수 있다.
▶ reach는 타동사이므로 목적어 앞에 전치사가 필요 없다.

(4) 내 두 형제 모두 우리 아버지를 닮았다.
▶ resemble은 타동사이므로 목적어 앞에 전치사가 필요 없다.

**2**

(1) 그녀가 우리 클럽에 가입하도록 설득하는 것은 쉽지 않(았)다.
▶ 주어인 To persuade ... club과 연결된 동사가 와야 하므로 is[was]를 써야 한다.

(2) 당신이 그들을 믿는다는 것을 그들이 알게 해야 한다.
▶ 사역동사 let의 목적격 보어로 동사원형이 쓰였다.

(3) 그녀가 나에게 준 한국 전통 음식은 맛있는 냄새가 났다.
▶ smelled는 주격 보어를 취하는 동사로, 보어로는 부사가 아니라 형용사가 와야 한다.

(4) 내가 집에 왔을 때, 나는 내 옷들이 바닥에 내팽개쳐진 것을 발견했다.
▶ found의 목적어인 my clothes가 '내팽개쳐진' 것이므로 수동의 의미인 과거분사가 와야 한다.

**3**

(1) 〈watch(지각동사)+목적어+목적격 보어(동사원형)〉 구문이 쓰인 문장이다.

(2) 〈have(사역동사)+목적어+목적격 보어(동사원형)〉 구문이 쓰인 문장이다.

(3) 〈buy(수여동사)+간접목적어+직접목적어〉 구문이 쓰인 문장이다.

**4**

**해석** 캘리포니아에 스스로 움직이는 것처럼 보이는 큰 바위들이 있다. 그 바위들은 바짝 마른 호수에서 발견된다. 무게가 700파운드까지 나가며 600피트 길이의 자취를 남긴다. 비록 그것들이 신기하게도 사막을 가로질러 이동하는 것처럼 보이지만, 한 지질학자는 자신이 이유를 찾아냈다고 생각한다. 그는 그 바위들이 겨울에 얼음으로 덮이게 된다고 믿는다. 말라버린 호수가 질척거리게 될 때, 얼음은 그 바위들이 진흙 위에서 떠다니도록 하는데, 여기에서 바위들은 강한 바람에 의해 움직여진다.

**문제풀이** 〈allow+목적어+목적격 보어(to-v)〉 구문으로 allows the rocks to float의 어순으로 써야 한다.

**구문분석**

[1행] In California, there are <u>some large rocks</u> [**that** *appear* {to move on their own}].
[ ]는 some large rocks를 수식하는 주격 관계대명사절이다. appear는 '~인 것 같다'라는 의미이며 보어로 to부정사구인 { }가 쓰였다.

[2행] They **weigh** up to 700 pounds <u>and</u> **leave** trails

600 feet long.
동사 weigh와 leave가 and로 병렬 연결되었다.

**5**

**해석** 연구에 따르면 ACC라고 알려진 뇌의 한 부분이 타인의 희소식에 반응하는 것 같다. 그러나 그것(ACC)이 반응하는 방식은 우리의 감정이입 수준에 따라 각기 다르다. 연구에서 참가자의 감정이입 수준을 측정한 후, 연구원들이 그들의 뇌를 정밀 촬영했다. 감정이입이 높은 사람들의 ACC는 다른 사람에게 좋은 소식이 있을 때만 반응했다. 하지만 감정이입이 낮은 사람들의 ACC는 자신에게 불행한 소식이 있을 것이라는 예견에도 반응했다.

**문제풀이** (A) that절의 주어는 a part of the brain이고, 동사는 seems이다. 따라서 주어와 동사 사이에 있는 부분은 주어를 뒤에서 수식하는 분사구이며, 뇌의 일부가 '알려진' 것이므로 수동의 의미인 과거분사 known을 써야 한다.
(B) 주어인 the ACCs ... empathy와 연결된 동사가 와야 하므로 reacted를 써야 한다.

**구문분석**

[2행] However, the way [**in which** it reacts] *varies* according to our empathy levels.
[ ]는 문장의 주어인 the way를 수식하는 관계대명사절이며, 문장의 동사는 varies이다.

**EXTRA Q.** ACC가 반응하는 방식은 개인의 감정이입 수준에 따라 달라진다.

**6**

**해석** 왜 사람들은 그들이 자라며 함께 했던 노래를 선호하는가? 음악을 듣는 것은 누구에게나 뇌 활동을 촉발할 것이지만, 그것은 어린 사람들에게 훨씬 더 강력하다. 12살부터 22살까지, 활발한 신경의 발달이 일어나는데, 음악과 관련된 기억은 오랫동안 지속된다. 성장 호르몬은 기억과 음악에 대한 우리의 감정들을 서로 연결되게 한다. 심지어 그러한 기억의 중요성이 사라져도, 우리의 뇌는 음악과 관련된 감정을 생생하게 간직한다.

**문제풀이** (A) 주어는 memory이고 동사는 lasts이다. 따라서 주어와 동사 사이에 있는 부분은 주어를 뒤에서 수식하는 분사구이며, '음악과 관련된 (기억)'이라는 의미이므로 수동의 의미인 과거분사 related를 써야 한다.
(B) 동사 keep의 목적격 보어 자리이므로 부사가 아닌 형용사 vivid가 와야 한다.

**구문분석**

[1행] Why do people prefer songs [(**which**[**that**]) they grew up with]?
[ ]는 songs를 수식하는 목적격 관계대명사절이다.

[4행] Growth hormones **make** memories and our emotions of music **connected** to each other.
make의 목적격 보어로 수동의 의미인 과거분사 connected가 왔다.

모의고사 기출 ①

1 ⑤  2 ⑤  3 ①  4 ③  5 ②  6 ⑤  7 ④  8 ①

**모의고사 기출 ①**

**해석** 교실 안의 소음은 의사소통 양식과 주의를 기울이는 능력에 부정적인 영향을 미친다. 그러므로 소음에 대한 지속적인 노출이 아이들의 학업 성취, 특히 읽기와 읽기 학습에 미치는 소음의 부정적인 영향 면에서 관계가 있다는 것은 놀랍지 않다. 몇몇 연구자들은 유치원 교실이 소음 수준을 낮추도록 바뀌었을 때 아이들이 서로에게 더 자주 말을 걸고 더 완전한 문장으로 말했으며 아이들의 읽기 전 시험 성적이 향상되었다는 것을 발견했다. 나이가 더 많은 아이들을 대상으로 한 연구는 비슷한 결과를 보여준다. 읽기와 수학 시험에서 시끄러운 학교나 교실의 초등학생과 고등학생은 더 조용한 환경의 학생들보다 일관되게 성취가 낮다.

**문제풀이** 교실 안의 소음이 학생들의 읽기 능력과 학습 등 학업 성취에 부정적인 영향을 미친다는 내용의 글이므로, 주제로는 ① '소음이 학업 성취에 미치는 영향'이 가장 적절하다.

**오답풀이** ② 교실 디자인의 새로운 경향
③ 시끄러운 교실을 통제하는 방법
④ 다양한 종류의 읽기 활동
⑤ 쓰기 실력을 향상하는 데 있어서의 읽기의 역할

**구문분석**

[1행] Noise [in the classroom] **has** negative effects on communication patterns and the ability {to pay attention}.
[ ]는 주어 Noise를 수식하는 전치사구이며, 동사는 has이다.
{ }는 the ability를 수식하는 형용사적 용법의 to부정사구이다.

[2행] Thus, **it** is not surprising [**that** constant exposure to noise is related to children's academic achievement, particularly in *its* negative effects on reading and learning to read].
it은 가주어이고 [ ]가 진주어이다. its는 noise's를 가리킨다.

**1** ⑤

**해석** 많은 사람들이 전기 자동차는 휘발유를 필요로 하거나 대기로 유해 가스를 배출하지 않기 때문에 완벽하게 친환경적인 것으로 생각한다. 그러나 이 차들은 주행하기 위해 전기를 필요로 한다. 그러면 이 전기는 어디에서 생산되는가? 많은 곳에서 전기는 석탄을 태움으로써 만들어진다. 이런 경우에, 전기 자동차는 결국 거의 일반 자동차만큼 많은 온실가스를 만들게 된다. 게다가 땅속 깊이 매장되어 있는 특수한 금속이 전기차를 만드는 데 필요하다. 그 자재를 채굴하는 과정이 환경에 해로울 수 있다. 명백하게, 친환경적으로 되는 것에 있어서는, 보이는 것만큼 늘 간단하지는 않다.

**문제풀이** 전기 자동차가 친환경적이라고 생각하기 쉽지만 실제로는 전기를 생산하고 자동차를 제조하는 과정에서 환경에 해로운 영향을 줄 수 있다는 내용의 글이므로, 제목으로는 ⑤ '전기 자동차가 환경에 도움이 되는가 아니면 해가 되는가?'가 가장 적절하다.

**오답풀이** ① 친환경은 진정으로 무엇을 의미하는가?
② 최고의 전기 자동차 종류 고르기
③ 휘발유: 환경에 대한 위험
④ 가장 흔한 전기의 원천

**구문분석**

[4행] When this is the case, electric cars end up creating nearly **as much** greenhouse gas **as** normal cars.
「as+원급(형용사)+as ~」는 '~만큼 …한'이라는 뜻이다.

[8행] Clearly, when it comes to **being** eco-friendly, … .
being은 전치사 to의 목적어로 쓰인 동명사이다.

## 2 ⑤

**해석** Surui는 아마존 부족이다. 그들은 오랫동안 벌목꾼들과 광부들로부터 그들의 열대우림 거주지를 보호해왔다. 전통적인 방법으로는 그 싸움에서 이길 수 없어서, 그들은 무기를 내려놓고 인터넷으로 방향을 돌렸다. 이 혁신적인 접근법에 대한 대부분의 공적은 그들의 지도자에게 돌아가는데, 그는 대학에 다닐 때 컴퓨터를 사용하는 법을 배웠다. 미국에 있는 구글의 본사를 방문한 후에 그는 구글 어스 (Google Earth)를 사용하기 시작했다. 그는 자신들의 마을과 사냥 지역, 그리고 성지를 표시하면서 부족의 땅의 지도를 만들었다. 그리고 나서 그는 벌목과 광산 회사들이 활동해 왔던 지역들을 표시했다. 이것은 세계가 Surui와 다른 열대우림 부족들이 직면한 난관을 보게 했을 뿐만 아니라 지역 정부가 불법적인 벌목과 채광 작업의 위치를 찾아내는 것도 도왔다.

**문제풀이** Surui 부족이 벌목업자와 광산업자의 위협에 맞서기 위해 인터넷을 이용했다는 내용의 글이므로, 주제로는 ⑤ '열대우림의 한 부족이 그들의 땅을 구하기 위해 어떻게 인터넷을 이용했는가'가 가장 적절하다.

**오답풀이** ① 아마존 부족 구성원들을 위한 온라인상의 일자리 창출
② 아마존의 지도를 제작하기 위한 인터넷 사용
③ 구글의 지도 제작 프로젝트가 직면한 문제점들
④ 불법적인 회사들이 열대우림을 훼손하는 방법들

**구문분석**

[6행] He mapped out the tribe's land, [**marking** their villages, hunting areas, and holy sites].
[ ]는 부대상황을 나타내는 분사구문이다.

[8행] This **not only** *let* the world see the challenges …
**but also** *helped* the local government locate … .
「not only A but also B」는 'A뿐만 아니라 B도'라는 의미로, 동사 let과 helped를 병렬 연결하고 있다. let과 helped의 목적격보어로 각각 동사원형 see와 locate가 쓰였다.

## 3 ①

**해석** 오늘날 많은 농부들은 논밭에 물을 대기 위해 여전히 오래된 방법을 사용하는데, 그것은 땅에 있는 고랑을 통해 물이 흐르게 함으로써 논밭을 물에 잠기게 하는 것이다. 유감스럽게도 이 물 중 많은 양이 낭비된다. 게다가 그것은 때때로 살충제에서 나온 화학 물질을 상수도로 흘러보낸다. 이런 이유들 때문에, 특히 세계의 물 부족 문제가 커지면서, 더 나은 시스템이 필요하다. 한 가지 가능성 있는 대안인 일명 점적관개는 1950년대에 이스라엘에서 개발되었다. 이 방법으로, 농부들은 물을 곧바로 식물의 뿌리로 보내기 위해 논밭의 지표면 아래에 설치된 관을 사용한다. 이 시스템은 생산되는 작물의 수를 90%까지 증대시키면서 사용되는 물의 양은 70%까지 감소시킬 수 있다.

**문제풀이** 논밭을 물에 잠기게 하는 오래된 관개 방식의 단점을 언급한 후, 이에 대한 대안인 점적관개와 그 이점을 설명하는 글이므로 제목으로는 ① '작물에 물을 대는 더 나은 방법'이 가장 적절하다.

**오답풀이** ② 과거 농업 기술 부활시키기
③ 왜 화학 살충제는 해로운가
④ 농부들은 어떻게 농작물 수확량을 증대시키는가
⑤ 점적관개의 장단점

**구문분석**

[6행] …, farmers use tubes [**installed** beneath the surface of the fields] to *deliver* water directly *to* the plants' roots.
[ ]는 tubes를 수식하는 과거분사구이고, 「deliver A to B」는 'A를 B로 전달하다'라는 뜻이다.

[8행] … the amount of water **used** by 70% [*while increasing* the number of crops **produced** by up to 90%].
used와 produced는 각각 앞에 있는 명사 water와 crops를 수식하는 과거분사이다. [ ]는 부대상황을 나타내는 분사구문으로 의미를 명확히 하기 위해 접속사(while)를 생략하지 않았다.

## 4 ③

**해석** 극심한 스트레스 요인과 직면할 때 당신은 즉각 반응하며 반격할지도 모른다. 이것은 당신의 조상들이 야생동물로부터 공격을 받았을 때는 도움이 되었지만 오늘날에는 당신이 물리적으로 공격받지 않는 한 그다지 도움이 되지 않는다. 기술은 성급한 반응으로 상황을 악화시키는 것을 훨씬 더 쉽게 만든다. 나는, 특히 이메일에서, 상황을 악화시키기만 하는 거친 어조로 사람들에게 너무 성급하게 반응한 것에 대해 죄책감을 느꼈던 것을 알고 있다. 어떤 일이 당신의 심장을 빨리 뛰게 하면 할수록, 말을 한마디 하거나 타자로 치기 전에 한 걸음 뒤로 물러서는 것이 더욱더 중요하다. 이것은 당신에게 상황을 충분히 생각하고 좀 더 건강한 방식으로 상대방을 대하는 방법을 찾을 시간을 줄 것이다.

**문제풀이** 스트레스를 불러 일으키는 상황에서 즉각적으로 반응하면 오히려 상황을 악화시키므로, 생각할 시간을 가진 후 반응하는 것이 중요하다는 내용의 글이다. 따라서 주제로는 ③ '반응하는 데 있어 시간을 갖는 것의 중요성'이 가장 적절하다.

**오답풀이** ① 인간의 폭력적 행동의 근원

② 소셜 미디어 기술의 이점

④ 건강과 심장 박동 간의 관계

⑤ 감정적 반응을 통제하는 데 있어서의 어려움

**구문분석**

> [3행] Technology **makes** *it* much **easier** [*to worsen* a situation with a quick response].
> 「make+목적어+목적격 보어(형용사)」는 '~를 …하게 만들다'라는 뜻이다. it은 가목적어이며 to부정사구인 [ ]가 진목적어이다. much는 비교급을 수식하는 부사로 '훨씬'이라는 의미이다.

> [6행] **The more** something *causes* your heart *to race*, **the more important** it is to step back before speaking or typing a single word.
> 「the+비교급 ~, the+비교급 …」은 '~하면 할수록 더욱 …하다'라는 의미이다. 「cause+목적어+to-v」는 '~가 …하게 하다'는 의미이다.

## 5 ②

**해석** 우리가 불행할 때, 다른 모든 사람은 우리보다 더 나은 삶을 사는 것 같다. 우리 주변의 모든 사람들이 우리보다 더 만족하고 있는 것 같다. 가장 좋아하는 소셜 네트워킹 사이트에 접속할 때면 우리는 다른 사람들의 경험과 성취를 의식하지 않을 수 없다. 우리 자신의 삶과 화면에서 보는 것을 비교할 때 우리는 불행하다고 느끼기 시작한다. 그러나 실제로 다른 사람들은 보이는 것만큼 행복하지 않을지도 모른다. 이것은 사람들이 가능한 가장 좋게 자신의 삶을 나타내려고 하기 때문일지도 모른다. 우리는 또한 다른 사람들의 부정적인 감정을 과소평가하는 반면, 긍정적인 감정은 과대평가하는 경향이 있다. 이것은 우리를 속여서 다른 사람들이 우리보다 더 행복하고 더 만족스러우며, 우리는 문제가 있는 유일한 사람이라고 생각하게 한다.

**문제풀이** 다른 사람들이 우리보다 더 행복하다고 생각하기 쉬운 이유를 설명하는 글로, 제목으로는 ② '사람들이 당신이 생각하는 만큼 행복하지 않은 이유'가 가장 적절하다.

**오답풀이** ① 관계를 향상시키는 비법

③ 소셜 네트워킹: 다른 사람을 이해하는 방법

④ 소셜 네트워킹을 사용해서 자신을 홍보하는 방법

⑤ 자신의 문제 공유하기: 기분을 나아지게 할 수 있는 방법

**구문분석**

> [1행] When we are unhappy, everyone else **seems** [to have a better life than we do].
> seems는 '~인 것처럼 보이다, ~인 것 같다'라는 뜻으로 보어로 to부정사구인 [ ]가 왔다.

> [2행] [**Logging** on to our favorite social networking sites], we *can't help noticing* … .
> [ ]는 시간을 나타내는 분사구문이다. 「can't help v-ing」는 '~하지 않을 수 없다'의 의미이다.

> [4행] When we **compare** our own lives *to* [*what* we see on the screen], we begin to feel bad.

「compare A to B」는 'A와 B를 비교하다'라는 뜻이다. [ ]는 관계대명사 what이 이끄는 명사절로 전치사 to의 목적어로 쓰였다.

## 6 ⑤

**해석** 우리는 어떻게 우리 아이들이 광범위한 정보를 기억하도록 가르칠 수 있을까? 내가 여러분에게 모든 사람은 반복에 의한 암기를 통해 많은 양의 정보를 저장하고, 통제하고, 기억하도록 만들어진 두뇌를 가진 잠재적인 천재라는 것을 증명하겠다. 여러분이 가장 많이 쇼핑을 하는 식료품점을 상상해 보라. 내가 여러분에게 달걀이 어디 있는지 말해 달라고 한다면, 그렇게 할 수 있겠는가? 당연히 여러분은 할 수 있을 것이다. 보통의 식료품점에는 만 개가 넘는 품목을 취급하지만, 여러분은 그 물건 대부분을 어디에서 찾을지 금방 말할 수 있다. 왜 그럴까? 그 가게는 범주별로 정리되어 있으며, 여러분은 그 가게에서 반복적으로 쇼핑을 했다. 다시 말해서, 여러분은 그 정리된 물건을 계속 봤고, 범주에 의한 배열은 여러분이 그 가게의 배치를 기억하기 쉽게 해 준다. 여러분은 한 매장에서만 만 가지 품목을 범주화할 수 있다.

**문제풀이** 식료품점에서 특정 물건을 빠르게 찾을 수 있는 것을 예로 들면서 범주화와 반복으로 광범위한 정보를 기억할 수 있다고 설명하는 글이다. 따라서 제목으로는 ⑤ '반복과 범주화: 기억력의 비결'이 가장 적절하다.

**오답풀이** ① 지나친 반복이 창의성을 없앤다

② 기억력이 아니라 메모를 믿어라

③ 식료품점 : 건강이 시작되는 곳

④ 기억력은 나이가 들면서 향상될 수 있다

**구문분석**

> [4행] Imagine the grocery store [**where** you shop the most].
> [ ]는 the grocery store를 수식하는 관계부사절이다.

> [4행] **If I** *asked* you *to tell* me [where the eggs are], **would** you **be** able to do so?
> 「if+주어+동사의 과거형, 주어+조동사의 과거형+동사원형」의 가정법 과거 구문이 쓰였다. 「ask+목적어+to-v」는 '~에게 …할 것을 요청[요구]하다'라는 뜻이다. [ ]는 tell의 직접목적어로 쓰인 간접의문문으로 「의문사+주어+동사」의 어순이다.

> [9행] …, and the arrangement by category **makes** *it* **easy** for you [*to memorize* the store's layout].
> 「make+목적어+목적격 보어(형용사)」는 '~를 …하게 만들다'라는 뜻이다. it은 가목적어이고 to부정사구인 [ ]가 진목적어이며, for you는 to부정사의 의미상 주어이다.

## 7 ④

**해석** 화가들이 더 큰 정확성을 달성하는 데 집중하면서, 사실주의는 19세기 중반에 화가들에 의해 선호되었다. 그러나 사진술의 발달과 함께 모든 것이 바뀌었다. 카메라는 가장 세밀한 디테일까지 포착하면서, 여태껏 화가가 할 수 있던 것보다 장면을 더 사실적으로 나타낼 수 있었다. 이것은 화가들이 색깔과 같이 그 시대의 사진에서 발견

되지 않는 요소들에 더욱 집중하도록 장려했다. 사실주의에서 떨어져 나온 이 풍조는 인상파라고 알려진 한 화가 집단에서 가장 잘 보여질 수 있다. 그들은 화실을 떠나 자연으로 나가서 그날의 빛과 색깔의 미묘한 변화를 포착했다. 비록 그들은 실제로 본 것을 기록하는 사실주의자들로 남았지만, 작품에 더 많은 자신의 직관을 불어넣었다. 이것은 전통적인 사실주의에서 한 발 떨어져 더 주관적인 사실주의로 향하는 것이었다.

**문제풀이** 19세기 중반의 사실주의 화가들은 사진술의 발달로 인해 변화를 맞게 되었고, 그 결과 좀 더 주관적인 사실주의가 등장했다는 내용의 글이므로 주제로는 ④ '사진술이 화풍에 끼친 영향'이 가장 적절하다.

**오답풀이** ① 초기 사진들에 색깔이 없는 이유
② 인상파 화가들의 정치적인 의제
③ 초기 사진작가들에 의해 사용된 방법들
⑤ 사물을 사실적으로 보여주는 것의 중요성

**구문분석**

[5행] This movement [away from realism] can best be seen in a group of painters {**known** as Impressionists}.
[ ]는 주어인 This movement를 수식하는 형용사구이고, { }는 a group of painters를 수식하는 과거분사구이다.

[8행] ..., [**recording** {what they actually saw}], they put more of their own perceptions into their work.
[ ]는 부대상황을 나타내는 분사구문이다. { }는 관계대명사 what이 이끄는 명사절로, recording의 목적어로 쓰였다.

**8** ①

**해석** 외적인 힘은 진화에 있어서 주요한 요인인 것 같다. 이러한 힘을 다스리지 못하는 개체는 죽는다. 즉, 그것들(외적인 힘)을 다스릴 수 있는 개체들은 살아남아 후손에게 우월한 특성을 물려준다는 것이다. 과학자들은 이것을 자연 선택이라고 부른다. 하지만 현대 인류는 자신의 요구에 맞도록 환경을 변화시킨다. 따라서 어떤 이들은 자연 선택이 더 이상 인간에게 큰 영향을 끼치지 않는다고 말한다. 하지만 인류의 진화가 여전히 일어나고 있다는 증거가 있다. 예를 들어 연구는 인간의 뇌가 줄어들고 있음을 보여준다. 수렵의 생활 방식에서, 인간은 그들의 음식을 찾고 도구를 만들어야 했다. 그러나 사회가 진전함에 따라, 우리는 우리를 위해 많은 일을 해주는 다른 사람들에게 의지하기 시작했다. 결과적으로, 일부 과학자들은 우리에게 뇌가 그리 많이 필요하지 않아서 우리의 뇌가 줄어들고 있다고 생각한다.

**문제풀이** 자연 선택이 더 이상 인간에게 영향을 끼치지 않는다는 의견도 있지만, 인간의 뇌 크기 변화를 예로 들어 진화가 여전히 일어나고 있다고 설명하는 글이므로, 주제로는 ① '인간의 계속되는 진화'가 가장 적절하다.

**오답풀이** ② 대부분 종에 결여된 자연 선택
③ 진화가 환경을 변화시켜 온 방법
④ 인간이 더 큰 뇌를 발달시키게 한 것
⑤ 사람들이 이전보다 더 영리한 이유

**구문분석**

[2행] ...; those [**that** can handle *them*] survive and pass their superior traits to their offspring.
[ ]는 those를 수식하는 주격 관계대명사절이다. them은 앞 문장의 outside forces를 가리킨다.

[5행] But there is evidence [**that** human evolution is still occurring].
[ ]는 evidence를 부연 설명하는 동격의 명사절이며, that은 명사절을 이끄는 접속사이다.

<table>
<tr><td>UNIT<br>01</td><td>**REVIEW TEST**<br>*Grammar in the passage*</td><td>p.17</td></tr>
</table>

**1** Many people <u>think</u> that electric cars are completely eco-friendly.
많은 사람들이 전기 자동차는 완벽하게 친환경적이라고 생각한다.

**2** When we are unhappy, everyone else <u>seems</u> to have a better life than we do.
우리가 불행할 때, 다른 모든 사람은 우리보다 더 나은 삶을 사는 것 같다.

**3** This <u>will give</u> you time to think things through.
이것은 당신에게 상황을 충분히 생각할 시간을 줄 것이다.

**4** Let me prove to you that all people are potential geniuses.
내가 여러분에게 모든 사람은 잠재적인 천재라는 것을 증명하겠다.

**5** Individuals that cannot handle these forces <u>die</u>.
이러한 힘을 다스리지 못하는 개체는 죽는다.

**6** This let the world <u>see</u> the challenges faced by
　　　　　목적어　목적격 보어
the Surui.
이것은 세계가 Surui가 직면한 난관을 보게 했다.

**7** All the people around us appear to be more content than we are.　　　　주격 보어
우리 주변의 모든 사람들이 우리보다 더 만족하고 있는 것 같다.

**8** This encouraged <u>artists</u> <u>to concentrate</u> more on
　　　　　　　　　목적어　　목적격 보어
elements not found in photographs.
이것은 화가들이 사진에서 발견되지 않는 요소들에 더욱 집중하도록 장려했다.

**9** The process of digging out the materials can be
<u>harmful</u> to the environment.
주격 보어

그 자재를 채굴하는 과정이 환경에 해로울 수 있다.

**10** Scientists call <u>this</u> <u>natural selection</u>.
　　　　　　목적어　　목적격 보어

과학자들은 이것을 자연 선택이라고 부른다.

---

# UNIT 02
# 동사의 시제

## ① 기본 시제　　　　　　　　　　　　　　p.19

1 그는 말할 때 제스처를 많이 사용한다.
2 고대 그리스인들은 뇌 훈련 기법으로 기억을 증진시키려고 노력했다.
3 나는 맛있는 음식을 즐기기 위해 이탈리아에 갈 것이다.

**상승 PLUS**

내일 비가 오면, 나는 네 우산을 빌릴 것이다.

## ② 진행형　　　　　　　　　　　　　　　p.19

1 Kevin은 자신의 대학교와 더 가까운 아파트를 찾고 있다.
2 Emily가 집에 돌아왔을 때 Lewis는 피자를 먹고 있었다.
3 내일 수업에서, 우리는 지구 온난화에 관해 배우고 있을 것이다.
4 나는 독일에 있는 친구를 만나러 오늘 밤 떠날 것이다.

**상승 PLUS**

수줍음이 많은 그 학생은 선생님이 그를 불렀을 때 조용히 있었다.

### ☑ CHECK UP　　　　　　　　　　　　　p.19

**STEP 1**　1 is　　2 comes　　3 will be flying

**STEP 2**　1 were　　2 upload　　3 resembled

**STEP 1**

1 지구의 대기는 여러 가지 기체로 구성되어 있다.
▶ 일반적인 사실은 현재시제로 나타낸다.

2 그녀가 내일 오면, 나는 네게 바로 전화할 것이다.
▶ 조건을 나타내는 부사절에서는 현재시제가 미래시제를 대신한다.

3 내일 이맘때쯤 우리는 태평양 위를 비행하고 있을 것이다.
▶ 미래의 한 시점에 일어나고 있는 일은 미래진행형으로 나타낸다.

---

**STEP 2**

1 45년 간의 분단 후, 동독과 서독은 1990년에 통일되었다.
▶ 과거의 특정 시점에 일어난 일은 과거시제로 나타낸다.

2 식당 후기를 웹사이트에 올리면, 당신은 다음 방문 시 10% 할인받을 것이다.
▶ 조건을 나타내는 부사절에서는 현재시제가 미래시제를 대신한다.

3 Alicia가 어렸을 때, 그녀는 엄마와 닮았었다.
▶ 상태를 나타내는 동사 resemble은 진행형으로 쓰지 않으므로, 과거시제인 resembled를 써야 한다.

## ③ 현재완료　　　　　　　　　　　　　　p.20

1 James는 대학 전공을 이미 결정했다.
2 제 아내와 저는 수년간 귀사의 신문을 즐겁게 구독했습니다.
3 Paul은 전에 한식을 먹어 본 적이 없지만 먹어 보기를 원한다.
4 교수님은 그의 사무실에서 나가셔서 지금 여기에 안 계신다.

## ④ 과거시제 vs. 현재완료　　　　　　　　p.20

1 나는 어제 서울 국제 불꽃 축제에 갔다.
2 벌써 8시인데 내 친구는 아직 나에게 전화를 하지 않았다.
3 25년간 그는 사랑과 존경을 받는 직원이었다.

### ☑ CHECK UP　　　　　　　　　　　　　p.20

**STEP 1**　1 visited　　2 have been　　3 fixed

**STEP 2**　1 F, hosted　　2 F, has worked　　3 T

**STEP 1**

1 우리 조부모님은 내가 여덟 살 때 캐나다를 방문하셨다.
▶ when I was eight이 쓰여 과거의 특정 시점을 나타내므로 과거시제가 알맞다.

2 몇몇 반 친구들이 지난주부터 아팠다.
▶ since가 쓰여 지난주부터 지금까지 아픈 것이 계속되고 있음을 나타내므로 현재완료 시제가 알맞다.

3 3일 전에 정비사가 복사기를 고쳤다.
▶ three days ago가 쓰여 과거의 특정 시점을 나타내므로 과거시제가 알맞다.

**STEP 2**

1 2002년에 한국은 일본과 함께 월드컵을 개최했다.
▶ 과거의 특정 시점을 나타내는 부사구 in 2002가 있으므로 과거시제를 쓴다.

2 Kelly는 수년간 이곳에서 일해서 지금은 가장 우수한 직원들 중 한 사람이다.
▶ for years가 쓰여 과거부터 지금까지 수년 동안 계속 일한 것을 나타내므로 현재완료 시제를 쓴다.

3 나는 휴대전화를 잃어버려서, 지금 문자 메시지를 보낼 수 없다.
▶ 휴대전화를 잃어버린 결과 그 영향으로 지금 문자 메시지를 보낼 수 없으므로 현재완료 시제가 알맞다.

⑤ **과거완료와 미래완료**                               p.21
  1 네가 그것을 추천하기 전에 나는 이미 그 사진 애플리케이션을 구매했다.
  2 Alice가 콘서트장에 도착했을 때 그녀는 티켓을 잃어버린 상태였다.
  3 서울로 이사오기 전에, 나는 하와이에서 10년 동안 살았다.
  4 Harry는 내년이면 이 회사에서 5년간 일하게 된다.
  5 다음 달에 파리에 가게 되면 우리 가족은 그곳을 세 번 방문하게 된다.

⑥ **완료 진행형**                                       p.21
  1 나는 우리 가족이 편안한 생활을 즐길 수 있도록 계속 부지런히 일하고 있는 중이다.
  2 그녀가 도착했을 무렵, 우리는 한 시간 동안 계속 축구를 하고 있는 중이었다.
  3 5분 후에, 나는 기차를 30분째 기다리는 중이 된다.

## ☑ CHECK UP                                          p.21

**STEP 1**  1 had already begun
            2 have been driving
            3 will have been learning
            4 have been trying

**STEP 2**  1 had been   2 will have collected

**STEP 1**

1 내가 경기장에 도착했을 때 야구 경기는 이미 시작되었다.
▶ 내가 경기장에 도착한 과거의 시점(arrived) 이전에 야구 경기는 일어난 일이므로 과거완료 시제를 쓴다.

2 우리는 몇 시간 동안 계속 운전하고 있는 중이지만 여전히 도로 위에 있다.
▶ 과거에 시작한 운전이 지금까지도 계속되고 있는 상황이므로 현재완료 진행형을 쓴다.

3 다음 달이면 나는 3년 동안 계속 영어를 배우는 중이 된다.
▶ 영어 공부를 과거에 시작해서 미래의 시점(next month)에도 계속하고 있을 것이므로 미래완료 진행형을 쓴다.

4 그들은 오늘 아침부터 어려운 수학 문제들을 풀기 위해 계속 노력하고 있는 중이다.
▶ since가 쓰여 아침부터 지금까지 수학 문제 풀기를 계속하고 있는 상황을 나타내므로 현재완료 진행형을 쓴다.

**STEP 2**

1 그 집이 다 타버리고 난 이후에, 우리는 화재의 중심지가 주방이었다는 것을 발견했다.

▶ 우리가 화재의 중심지를 발견한 과거의 시점(found) 이전에 화재가 주방에서 발생한 것이므로 과거완료 시제를 쓴다.

2 이번 주말까지면 우리 형은 쿠폰을 모두 모으게 된다.
▶ 과거에 시작된 쿠폰 수집이 미래의 시점(by the end of this week)에 완료될 것이므로 미래완료 시제를 쓴다.

---

# GRAMMAR for Reading                                  pp.22~23

1  (1) have stayed   (2) eats   (3) visited
   (4) had been
2  (1) finishes   (2) belong   (3) have known
   (4) has been looking
3  (1) has left   (2) will have moved   (3) had eaten
4  (A) had   (B) started
5  (A) have been   (B) listen   ✏EXTRA Q. ②
6  (A) has become   (B) will be[is going to be]

**1**

(1) 내 친구와 나는 어젯밤부터 산장에 머무르고 있다.
▶ since가 쓰여 어젯밤부터 지금까지 계속 머무르고 있음을 나타내므로 현재완료 시제를 쓴다.
(2) Jennifer는 매주 금요일마다 그녀의 단짝 친구와 점심을 먹는다.
▶ 현재의 반복적인 행동을 나타내므로 현재시제를 쓴다.
(3) 우리는 작년에 겨울방학 동안 할머니를 찾아뵈었다.
▶ 과거의 특정 시점을 나타내는 부사구 last year가 있으므로 과거시제를 쓴다.
(4) 시끄러운 소리가 나를 깨우기 전까지 나는 몇 시간 동안 자고 있었다.
▶ 잠이 깬 과거의 시점(woke) 전부터 계속 잠을 자고 있었으므로 과거완료 시제를 쓴다.

**2**

(1) Scarlet이 보고서를 다 쓰면, 우리는 영화를 보러 갈 것이다.
▶ 시간이나 조건을 나타내는 부사절에서는 현재시제가 미래시제를 대신한다.
(2) 책장 위의 모든 책은 내 것이다.
▶ 소유를 나타내는 동사 belong은 진행형으로 쓰지 않는다.
(3) 우리가 초등학교에 다닐 때부터 나는 그를 알아왔다.
▶ since가 쓰여 초등학교 때부터 지금까지 계속 알고 지냈다는 것을 나타내므로 현재완료 시제를 쓴다.
(4) Jacob은 어제부터 자기 차 열쇠를 계속 찾고 있는 중이다.
▶ 어제부터 지금까지 계속 차 열쇠를 찾는 중이므로 현재완료 진행형을 쓴다.

**3**

(1) 과거의 어느 시점에 Emily가 프랑스로 떠나서 현재까지 사무실에 없는 것을 나타내므로 현재완료 시제를 쓴다.

(2) 미래의 시점(by this time next month)에 이사가 완료될 것이므로 미래완료 시제를 쓴다.

(3) 수영을 하러 간 과거의 시점(went) 이전에 저녁을 먹은 것이므로 과거완료 시제를 쓴다.

**4**

**해석** Houtouwan은 중국 Shengshan섬에 있는 버림받은 마을이다. 한때 그곳에는 2,000명이 넘는 어부가 있었다. 그러나, 그 섬은 너무나 외진 곳이기 때문에, 공급품과 교육에 돈이 많이 들었다. 1900년대 초, 마을 사람들은 떠나기 시작했다. 1994년 무렵 대부분의 사람들이 떠났고, 지금은 소수의 사람들만이 남아있다. 오늘날, 이 마을은 덩굴로 무성해졌고, 그것의 놀라운 모습은 그곳을 관광지로 만들었다.

**문제풀이** (A) 동사 have가 소유의 의미를 나타낼 때는 진행형으로 쓰지 않으므로 had가 와야 한다.

(B) In the early 1900s라는 과거의 특정 시점을 나타내는 부사구가 있으므로 과거시제인 started가 와야 한다.

**구문분석**

[6행] ..., and its striking appearance has **made** it **a tourist destination**.
「make+목적어+목적격 보어」는 '~을 …로 만들다'라는 뜻이다.

**5**

**해석** 일을 포함하여 인생에서 최대의 성과를 내는 것은 많은 사람들이 생각하는 것처럼 어렵지는 않다. 나는 지금까지 내 삶에서 직업적으로나 개인적으로나 둘 다 운이 매우 좋았다. 내 비결은 다른 사람의 필요를 우선시하는 것이고, 그렇게 하는 최선의 방법은 그들에게 귀를 기울이는 것을 통해서임을 발견했다. 어니스트 헤밍웨이는 언젠가 "사람들이 말할 때 완전히 귀 기울여라."라고 말했는데, 그의 현명한 조언은 자주 무시된다. 그러나 당신이 사람들에게 귀를 기울이면, 그들은 당신을 좋아할 것이고 당신이 필요한 것을 얻게 도와줄 것이다.

**문제풀이** (A) so far(지금까지)가 쓰여 과거부터 현재까지 운이 좋았다는 것을 나타내므로 현재완료 시제인 have been을 써야 한다.

(B) 조건을 나타내는 부사절에서는 현재시제가 미래시제를 대신하므로 listen을 써야 한다.

**구문분석**

[3행] My secret is [to put the needs of others first], and I've found {that the best way to do so is by listening to them}.
[ ]는 문장의 보어로 쓰인 명사적 용법의 to부정사구이다. { }는 동사 've(= have) found의 목적어로 쓰인 명사절로 that절의 주어는 the best way이고, 동사는 is이다. to do so는 the best way를 수식하는 형용사적 용법의 to부정사구이다.

**EXTRA Q.** ① 말하기 전에 먼저 주의 깊게 들어라
② 타인에게 귀 기울여 당신의 인생을 개선하라

**6**

**해석** 최근에 스토리텔링은 중요한 학습 방법이 되었다. 연구들은 유의미한 문맥이 있는 이야기가 어린 학습자들에게 동기를 유발하고 중요한 세부 정보를 기억하도록 촉진할 수 있다는 것을 보여준다. 이런 이유로 일부 교육자들은 수년간 스토리텔링을 통해 과학과 수학을 포함하여 다양한 과목을 가르치는 것을 실험하고 있다. 이 방법을 사용하는 것은 어린 학습자들의 이해는 높이면서 지루함은 줄일 수 있다. 이러한 이점들 때문에 미래에 수업에서 이 방법을 사용하는 교사의 수는 늘어날 것 같다.

**문제풀이** (A) in recent years가 쓰여 최근 몇 년 전부터 지금까지 중요한 학습 방법이 되었다는 것을 나타내므로 현재완료 시제를 써야 한다.

(B) 미래의 시점을 나타내는 부사구 in the future가 쓰였으므로 미래시제를 써야 한다.

**구문분석**

[7행] ..., the number of teachers [who use this method in their classes] will be likely to increase in the future.
[ ]는 teachers를 수식하는 주격 관계대명사절이다.

---

✈ **수능 유형 독해** 주장·요지 추론    pp.24~28

**수능 기출 ④**

1 ③   2 ④   3 ④   4 ⑤   5 ⑤   6 ⑤   7 ④   8 ⑤

**수능 기출 ④**

**해석** '2015년 포춘지 선정 가장 영향력이 큰 여성들의 회담'에서 Ginni Rometty는 다음과 같은 조언을 했다. "여러분의 인생에서 언제 가장 많은 것을 배웠습니까? 어떤 경험이었습니까? 장담하건대 여러분은 저에게, 그것은 여러분이 위험에 처해 있다고 느꼈을 때였다고 말할 것입니다." 더 훌륭한 지도자가 되기 위해, 자신의 편안한 구역을 벗어나야 한다. 일을 하는 관습적인 방식에 이의를 제기하고 혁신할 기회를 찾아야 한다. 지도력을 발휘하는 일은 여러분에게 조직상의 현재 상태에 도전할 것을 요구할 뿐만 아니라, 여러분의 내적인 현재 상태에 대해서도 도전할 것을 요구한다. 자신에게 도전해야 한다. 위험을 무릅쓰고 현재 경험의 한계를 넘어 새로운 영역을 탐구해야 한다. 그곳은 개선하고 혁신하며 실험하고 성장할 기회가 있는 장소이다. 성장은 항상 가장자리, 곧 현재 여러분이 있는 곳의 한계 바로 바깥에 있다.

**문제풀이** 지도자는 현재 상태에 안주하지 말고 새로운 영역으로 모험하는 태도를 가져야 한다고 주장하고 있으므로 ④가 적절하다.

## 구문분석

[6행] **Exercising leadership** *not only* requires you to challenge the organizational status quo *but also* requires you to challenge your internal status quo.
Exercising leadership은 문장의 주어로 쓰인 동명사구이다. 「not only A but also B」는 'A뿐 아니라 B도'라는 의미로, 문장의 동사를 병렬 연결하고 있다. 「require+목적어+to-v」는 '~가 …하도록 요구하다, ~가 …하는 것을 필요로 하다'의 의미이다.

[10행] Those are the places [**where** there are opportunities {*to improve, innovate, experiment, and grow*}].
[ ]는 the places를 수식하는 관계부사절이다. { }는 opportunities를 수식하는 형용사적 용법의 to부정사구이다.

## 1 ③

**해석** 연극은 다양한 예술 형태를 이용하는 예술가 집단의 협력을 필요로 하기 때문에 독특한 예술 형태이다. 예를 들어, 미술관에 걸린 그림은 음악을 동반할 가능성이 낮다. 이는 화가들은 자신의 시각 예술을 관람객이 감상하는 것을 방해하는 어떤 것도 원하지 않기 때문이다. 마찬가지로, 오케스트라 연주는 시각적인 이미지를 포함할 가능성이 낮다. 그러나 극장에서 연극은 빛과 음향, 무대 디자인, 신체 움직임, 대사를 모두 함께 이용한다. 그것들은 하나의 예술적인 경험을 만들어 내기 위해 결합된다. 당신이 잘 만들어진 연극을 본다면, 다양한 예술적 장면들의 조화를 보게 될 것이다.

**문제풀이** 연극은 여러 예술의 다양한 요소들이 결합된 형태라는 내용이므로 ③이 요지로 적절하다.

## 구문분석

[2행] A painting [**hanging** in an art museum], for example, is unlikely to be accompanied by music.
[ ]는 A painting을 수식하는 현재분사구이다.

## 2 ④

**해석** 장애는 보통 우리가 원하는 것을 얻지 못하게 한다. 그러나 때때로 이런 장벽은 사실은 더 이상 존재하지 않는 것들이다. 이것은 '파이크(강꼬치고기) 신드롬'이라고 알려져 있다. 한 실험에서 강꼬치고기 한 마리가 더 작은 물고기와 함께 수족관에 넣어졌다. 그러나 유리벽이 강꼬치고기가 작은 물고기를 먹지 못하게 막았다. 나중에 그 유리가 치워졌을 때 강꼬치고기는 먹이를 잡으려고 시도조차 하지 않았다. 자주, 우리는 강꼬치고기처럼 행동해서 주변의 변화에 대응하는 데 실패한다. 단지 과거에 우리가 무언가를 할 수 없었다고 해서 그것이 현재 우리가 그것을 할 수 없다는 것을 의미하지 않는다. 무언가가 당신이 목표를 이루는 것을 막고 있다면, 그것이 실제 장벽인지 단지 당신의 과거로부터 비롯된 장애에 대한 기억인지 자신에게 물어보라.

**문제풀이** 과거의 실패 경험 때문에 현재 존재하지도 않는 장애의 영향을 받게 되는 '파이크 신드롬'을 언급하며 과거의 장애에 대한 기억에서 벗어나 변화된 상황에 알맞게 대응해야 한다고 주장하고 있으므로 ④가 적절하다.

## 구문분석

[1행] But sometimes these barriers are actually things [**that** no longer exist].
[ ]는 things를 수식하는 주격 관계대명사절이다.

[6행] Just because we were unable to do something in the past, it doesn't mean [(**that**) we can't do it today].
[ ]는 동사 doesn't mean의 목적어로 쓰인 명사절로, 명사절을 이끄는 접속사 that이 생략되었다.

[8행] …, ask **yourself** [if it is a real barrier … past].
yourself는 동사 ask의 간접목적어로 쓰인 재귀대명사이다. [ ]는 ask의 직접목적어로 쓰인 명사절로 접속사 if는 '~인지'의 뜻이다.

## 3 ④

**해석** 많은 연구들은 환자 배우자의 체중과 태도가 체중 감량의 양 및 체중 유지 성공에 대단한 영향을 끼칠 수 있다는 것을 보여주었다. Black & Threlfall은 과체중인 배우자를 가진 이들보다 정상 체중인 배우자를 가진 과체중 환자들이 상당히 더 많은 체중을 감량했다는 것을 발견했다. 그들은 또한, 비록 프로그램에 참여하지 않았지만 체중을 감량한 배우자를 가진 환자들이 보다 더 큰 성공을 거두었다고 언급했으며, 이는 권장된 변화 항목들이 배우자들에 의해 적극적으로 지지를 받았다는 것을 시사했다. 마찬가지로, Pratt는 환자의 배우자가 체중 조절 프로그램에 함께 참여했을 때 프로그램 중도 탈락률이 감소했다는 것을 발견했다.

**문제풀이** 과체중 환자의 체중 감량에는 배우자의 체중과 태도가 큰 영향을 끼친다는 내용이므로 ④가 요지로 적절하다.

## 구문분석

[5행] They also noted that success was greater in those patients [**whose** partners had also lost weight even though they were not included in the program], {*suggesting* that recommended changes were being actively supported by the spouse}.
[ ]는 those patients를 수식하는 소유격 관계대명사절이다. { }는 부대상황을 나타내는 분사구문이다.

## 4 ⑤

**해석** 입장적 협상은 협상 중 가끔 일어나는 바람직하지 않은 상황이다. 두 사람이 자신이 하려는 것과 하지 않으려는 것을 주장하기만 하다가 결국 격렬한 싸움에 빠지고 만다. 이것은 이전에 협상해 본 적이 없는 사람들 사이의 흔한 실수이긴 하지만, 그것은 심지어 가장 숙련된 협상가들에게서도 문제점으로 발견되기도 한다. 이 상황의 문제점은 실질적인 협상이 일어나지 않는다는 것이다. 둘 중 어느 한쪽은 상대방이 제안하고 있는 것을 받아들여야 하는데, 그렇지 않으면 그들은 길고도 불쾌한 싸움에 계속 빠져 있게 될 것이다. 이것은 건강한 관계를 망칠 가능성이 있는 분노와 나쁜 감정으로 이어질 수 있다. 수년간 친구였던 사람들조차도 결국 적이 되어버린 자신들을 발견하게 될지도 모른다.

**문제풀이** 자신의 입장만 고수하는 입장적 협상은 참여자들을 싸움에 이르게 하고 결국 관계를 망칠 수 있다는 내용이므로 ⑤가 요지로 적절하다.

**구문분석**

[5행] The trouble [with this situation] is {that no real negotiating takes place}.
[ ]는 주어인 The trouble을 수식하는 전치사구이다. { }는 문장의 보어로 쓰인 명사절이다.

[5행] Either one side has to accept [what the other is offering], *or* they will continue to be trapped in a long, unpleasant battle.
[ ]는 관계대명사 what이 이끄는 명사절로 동사 accept의 목적어로 쓰였다. or는 '그렇지 않으면'의 의미를 나타내는 접속사이다.

## 5 ⑤

**해석** 타인의 생각과 감정을 상상하는 능력은 '마음 이론'으로 알려져 있다. 2013년에 연구원들은 문학 소설이 이 기술을 일시적으로 향상시키는 반면, 비소설과 공상 과학 소설 같은 장르 소설은 그렇지 않다고 주장했다. 그들은 문학 소설이 다른 형식의 글보다 등장인물의 생각에 더욱 집중한다고 설명했다. 따라서 독자들은 직접 등장인물들의 머릿'속'으로 들어가 봐야 한다. 다른 연구에서도 유사한 결론이 나왔다. 어떤 참가자들은 무슬림 여성에 대한 소설의 일부분을 읽었고, 그 사이 다른 이들은 같은 이야기의 개요만 읽었다. 나중에, 소설을 읽은 사람들은 그녀의 종교에 기반해서 그녀에 대해 고정 관념을 가질 가능성이 더 적었다. 문학 소설을 읽는 것은 우리가 다른 사람을 이해하는 데 도움이 되는 것 같다.

**문제풀이** 문학 소설이 다른 사람을 이해하는 데 도움이 된다는 내용이므로 ⑤가 요지로 적절하다.

**구문분석**

[1행] The ability [to imagine the thoughts and feelings of other people] is known as "theory of mind."
[ ]는 The ability를 수식하는 형용사적 용법의 to부정사구이다.

[8행] Afterwards, those [who read the novel] were less likely to make stereotypes about her based on her religion.
[ ]는 those를 수식하는 주격 관계대명사절로, 「those who ~」는 '~하는 사람들'이라고 해석한다.

## 6 ⑤

**해석** 당신은 다른 사람들이 그들의 행동을 바꾸고 있을 때 어떻게 그들을 격려하는가? 다이어트 중이며 몸무게가 많이 줄고 있는 한 친구를 당신이 만난다고 가정해 보자. 그녀가 멋져 보이고 기분이 정말 좋겠다고 그녀에게 말하고 싶을 것이다. 누구든 긍정적인 말을 듣는 것은 기분이 좋고 이런 피드백은 종종 고무적일 것이다. 그러나 만약 당신이 거기서 대화를 끝낸다면, 당신의 친구가 받게 되는 유일한 피드백은 결과를 향한 그녀의 진전에 대한 것뿐이다. 대신, 그 대화를 계속해라. 그녀가 성공할 수 있게 한 어떤 것을 하고 있는지 물어라. 그

녀가 무엇을 먹고 있는가? 그녀가 어디서 운동을 하고 있는가? 그녀가 만들어 낸 생활양식의 변화는 무엇인가? 그 대화가 결과보다 변화의 과정에 초점을 맞출 때, 그것은 지속 가능한 과정을 만들어 내는 가치를 강화시킨다.

**문제풀이** 다른 사람이 행동을 바꾸려고 할 때 결과보다는 변화의 과정에 초점을 맞추어 격려하라고 주장하고 있으므로 ⑤가 적절하다.

**구문분석**

[2행] Suppose you see a friend [who is on a diet and *has been losing* a lot of weight].
[ ]는 a friend를 수식하는 주격 관계대명사절이다. 과거부터 현재까지 계속 진행되고 있는 일을 나타내기 위해 현재완료 진행형 has been losing이 쓰였다.

[3행] It's tempting [to tell her {*that* she looks great and she must feel wonderful}].
It은 가주어이고, to부정사구인 [ ]가 진주어이다. { }는 tell의 직접목적어로 쓰인 명사절이다.

[5행] …, then the only feedback [(that) your friend is getting] *is* about her progress toward an outcome.
[ ]는 주어인 the only feedback을 수식하는 목적격 관계대명사절로 관계대명사 that이 생략되었다. 문장의 동사는 is이다.

## 7 ④

**해석** 사람들은 더 열심히 일할수록 더 성공하게 될 것이라고 믿는 경향이 있다. 이 규칙에 따르면, 우리는 좋은 성적을 얻고, 좋은 교육을 받고, 결국에는 돈을 많이 버는 직업을 얻기 위해 최선을 다해야 한다. 한편, 실패와 가난은 게으름과 노력 부족의 결과로 여겨진다. 그러나 사실 이 규칙은 현실과 다르다. 많은 사람들이 기회가 거의 존재하지 않는 곳에서 빈곤하게 태어나고 자랄 것이다. 다른 사람들은 자신의 미래에 집중하지 못하게 할 전쟁이나 자연재해, 또는 질병으로 인해 불리한 입장에 처할 것이다. 그렇기 때문에 사회는 이런 사람들이 계속되는 빈곤에서 탈출할 공정한 기회를 얻도록 도울 필요가 있다.

**문제풀이** 열심히 일하면 성공할 것이라는 믿음과는 달리 어려운 환경에서 태어나 자신의 미래에 집중할 수 없는 처지에 있는 사람들도 있다는 내용이므로 ④가 요지로 적절하다.

**구문분석**

[1행] … **the harder** you work, **the more successful** you become.
「the+비교급 ~, the+비교급 …」은 '~하면 할수록 더욱 …하다'라는 의미이다.

[5행] Many people will be born and raised in poverty in places [**where** few opportunities exist].
[ ]는 places를 수식하는 관계부사절이다.

[7행] That's why society needs to **help** these people **get** a fair chance at [*escaping* from continuous poverty].
help의 목적격 보어로 동사원형 get이 쓰였다. [ ]는 전치사 at의 목적어로 쓰인 동명사구이다.

**8** ⑤

**해석** 매년 수억 마리의 새가 창문에 충돌하여 죽는다. 이 수를 줄이려는 시도는 주로 고층 건물에 집중되어 왔는데, 최근 연구는 개인 주택이 문제의 일부임을 보여주었다. 연구원들은 인근 지역, 정원, 집, 창문을 분석했다. 그들은 충돌 사고의 증가에 가장 큰 원인이 되는 요인이 새 먹이장의 존재, 정원의 키가 큰 나무, 그리고 시골의 위치라는 것을 알아냈다. 어떤 의미에서는 이런 모든 요소들이 새를 끌어들일 가능성이 있기 때문에 이런 일은 단순히 개연성의 문제이다. 그러나 연구원들은 조류 친화적인 정원이 있는 집 주인들이 반사 코팅이 있는 창문을 설치하는 것을 삼가야 한다고 제안하는데, 이는 충돌 사고와 흔히 연관되어 있다.

**문제풀이** 높은 빌딩 이외에 조류 충돌 사고를 발생시키는 요인이 되는 개인 주택에 대해 설명하는 글이므로 ⑤가 요지로 적절하다.

**구문분석**

[4행] They found [**that** the factors {*that* contributed the most to an increase in crashes} were …].
[ ]는 동사 found의 목적어로 쓰인 명사절이며, { }는 that절의 주어인 the factors를 수식하는 주격 관계대명사절이다.

[8행] …, the researchers **suggest** [that home owners with bird-friendly yards (**should**) **avoid** installing windows with a reflective coating, {*which* are often involved in crashes}].
[ ]는 동사 suggest의 목적어 역할을 하는 명사절로 당위성을 내포하므로 that절의 동사로 「(should) 동사원형」이 쓰였다. { }는 windows with a reflective coating을 부연 설명하는 계속적 용법의 주격 관계대명사절이다.

---

연구들은 환자 배우자의 태도가 체중 감량에 대단한 영향을 끼칠 수 있다는 것을 보여주었다.

**6** Literary fiction focuses more on the thoughts of characters than other forms of writing.
문학 소설이 다른 형식의 글보다 등장인물의 생각에 더욱 집중한다.

**7** Partners had also lost weight even though they were not included in the program.
비록 프로그램에 참여하지 않았지만 배우자들도 체중을 감량했다.

**8** Attempts to decrease this number have focused on tall buildings.
〈계속〉 이 수를 줄이려는 시도는 고층 건물에 집중되어 왔다.

**9** This is a common error among people who haven't negotiated before.
〈경험〉 이것은 이전에 협상해 본 적이 없는 사람들 사이의 흔한 실수이다.

**10** People that have been friends for years might find themselves ending up as enemies.
〈계속〉 수년간 친구였던 사람들은 결국 적이 되어버린 자신들을 발견하게 될지도 모른다.

---

## UNIT 02 REVIEW TEST
*Grammar in the passage*   p.29

**1** Theater is a unique type of art.
연극은 독특한 예술 형태이다.

**2** A glass wall prevented the pike from eating it.
유리벽이 강꼬치고기가 그것을 먹지 못하게 막았다.

**3** They will continue to be trapped in a long, unpleasant battle.
그들은 길고도 불쾌한 싸움에 계속 빠져 있게 될 것이다.

**4** In 2013, researchers claimed that literary fiction improves this skill.
2013년에 연구원들은 문학 소설이 이 기술을 향상시킨다고 주장했다.

**5** Studies have shown that the attitudes of a patient's spouse can have a major impact on weight lost.

---

## UNIT 03
## 수동태 이해하기

**①** **능동태 vs. 수동태**   p.31
1 그녀는 아침에 항상 커피 한 잔을 산다.
2 개들은 외부 상황에 영향을 받는다.
3 그 높은 빌딩의 창문들은 한 달에 한 번 닦인다.

**상승 PLUS**

불꽃 축제는 10월 15일에 열릴 것이다.
그 소년은 좋은 스케이트보드를 가지고 있다.

**②** **동사구의 수동태**   p.31
1 만약 네가 이 바지를 입는다면, 너는 모두에게 비웃음을 당하게 될 것이다.
2 만약 산소와 이산화탄소가 전부 소모되면, 모든 생명체들은 죽을 것이다.
3 축구 경기는 날씨 때문에 취소되었다.

**STEP 1**  1 were washed    2 was held    3 study

**STEP 2**  1 carried    2 was[have been] trapped
           3 was[has been] carried on

---

**STEP 1**

1 모든 접시가 주방 보조들에 의해서 닦였다.
▶ 주어인 All the dishes는 '닦인' 대상이므로 수동태를 쓴다.

2 토론은 월요일에 열렸다.
▶ 주어인 The debate는 '열린' 대상이므로 수동태를 쓴다.

3 Brian과 나는 매주 화요일마다 방과 후에 함께 영어 공부를 한다.
▶ 주어인 Brian and I가 '공부를 하는' 동작의 주체이므로 능동태를 쓴다.

**STEP 2**

1 내 발이 나를 무대로 이르는 계단으로 데려갔다.
▶ 주어인 My feet이 '데려간' 동작의 주체이므로 능동태를 쓴다.

2 나는 3시간 동안 내 개와 함께 엘리베이터에 갇혀 있었다.
▶ 주어인 I가 엘리베이터에 '갇힌' 대상이므로 수동태를 쓴다.

3 그 실험은 과학자들에 의해 5년 동안 계속되었다.
▶ 주어인 The experiment가 '계속된' 대상이므로 수동태를 쓴다.

③ **4형식의 수동태**                                    p.32
1 모든 자원봉사자들은 그들에게서 티셔츠를 받았다.
2 이 연기 방법은 유명한 여배우에 의해 고등학생들에게 가르쳐진다.
3 그 케이크는 Jake를 위해 그의 할머니에 의해 만들어졌다.

[상승 PLUS]

이 컴퓨터는 그를 위해 구입되었다.

④ **5형식의 수동태**                                    p.32
1 이 도로는 너무 위험해서 '죽음의 도로'라고 불린다.
2 그 선생님은 학생의 거짓말로 인해 화가 나게 되었다.
3 그 제품의 전 세계 매출은 줄어들 것으로 예상되지 않는다.
4 아침에 새들이 노래하는 것이 야영객들에게 들렸다.
5 나는 여덟 살 때 엄마에 의해 바이올린을 배우게 되었다.

■ CHECK UP                                           p.32

**STEP 1**  1 to move    2 to him    3 for her

**STEP 2**  1 to me    2 to close

---

**STEP 1**

1 강과는 달리 빙하가 움직이는 것은 볼 수 없다.
▶ 능동태에서 지각동사 see의 목적격 보어로 쓰인 동사원형은 수동태에서 to부정사로 바뀐다.

2 영원한 사랑이 그의 여자친구에 의해서 그에게 약속되었다.
▶ 4형식 문장의 직접목적어가 수동태의 주어로 쓰이면 간접목적어 앞에 보통 전치사 to를 쓴다.

3 그 예쁜 인형은 그녀를 위해 만들어졌다.
▶ 동사가 make인 4형식 문장의 직접목적어가 수동태의 주어로 쓰이면 간접목적어 앞에 전치사 for를 쓴다.

**STEP 2**

1 노트북 컴퓨터가 조부모님에 의해 나에게 보내졌다.
▶ 4형식 문장의 직접목적어가 수동태의 주어로 쓰이면 간접목적어 앞에 보통 전치사 to를 쓴다.

2 폭설 때문에 학교는 휴교할 수밖에 없었다.
▶ 능동태에서 동사 force의 목적격 보어로 쓰인 to부정사(to close)는 수동태에서도 그대로 쓴다.

⑤ **진행형·완료형의 수동태**                            p.33
1 웹사이트가 엔지니어들에 의해 업데이트되고 있다.
2 학생들에게 영어를 읽고 쓰는 법이 가르쳐지고 있었다.
3 이 의자들은 이미 다른 손님에게 팔렸다.
4 사람들의 표는 후보자들의 외모에 의해 영향을 받았다.

[상승 PLUS]

우승자는 온라인 투표에 의해 뽑힐 것이다.
내 개는 하루에 두 번 산책시켜야 한다.

⑥ **by 이외의 전치사를 쓰는 수동태 표현**              p.33
1 감독은 결승전 결과에 실망했다.
2 그녀는 천연 화장품에 관심이 있다.
3 그 부족은 독특한 음식 문화로 유명했다.

■ CHECK UP                                           p.33

**STEP 1**  1 will be bitten    2 with
           3 have encouraged

**STEP 2**  1 T    2 F, are being cooked
           3 F, are interested in

---

**STEP 1**

1 너는 오늘 저녁 캠핑장에서 모기에 물릴 것이다.
▶ 주어인 You가 모기에 '물릴' 대상이므로 〈will be v-ed〉가 알맞다.

2 도시 대부분의 벽들이 그래피티로 뒤덮여있다.
▶ 〈be covered with〉는 '~로 뒤덮이다'라는 의미로, by 이외의 전치사를 쓰는 수동태 표현이다.

3 수년간 전문가들은 밤에 아기가 부모와 따로 자는 것을 권장해 왔다.
▶ 주어인 experts가 '권장하는' 동작의 주체이고, 동사 다음에 목적어(the nighttime separation ... from parent)가 있으므로 능동태를 쓴다.

**STEP 2**

**1** Nora는 반 친구들에 의해 반장으로 뽑혔다.
▶ Nora가 반장으로 '뽑힌' 것이므로 완료형 수동태인 〈has been v-ed〉가 쓰였다.

**2** 핫도그 몇 개가 지금 석쇠에서 조리되고 있어서 주방에서 좋은 냄새가 난다.
▶ 핫도그가 '조리되고 있으므로' 진행형 수동태인 〈be동사+being v-ed〉가 알맞다.

**3** John과 Mary는 피아노 수업을 받는 것에 관심이 있다.
▶ 〈be interested in〉은 '~에 관심이 있다'는 의미로, by 이외의 전치사를 쓰는 수동태 표현이다.

---

# GRAMMAR for Reading   pp.34~35

1  (1) was taken care of   (2) be carried on
   (3) disappeared   (4) are thrown away
2  (1) to wash   (2) occurred
   (3) is composed of   (4) be sent to
3  (1) The thief was being followed by some police officers
   (2) The students were told to remove everything from their desks
   (3) These doughnuts are filled with delicious grape jam
4  (A) have been simplified   (B) is ignored
5  (A) be taken   (B) be given up
   **EXTRA Q.** a basic set of ethical rules
6  (A) are exposed   (B) are caused

## 1

(1) 지난 주말 나의 애완 고양이는 우리 언니에 의해 돌봐졌다.
▶ 고양이는 '돌봐지는' 대상이므로 수동태를 쓴다.
(2) 가업은 아들에 의해 계속될 것이다.
▶ 가업은 '계속되는' 대상이므로 수동태를 쓴다.
(3) 그 책은 내가 자리를 비운 동안 내 책상에서 사라졌다.
▶ 자동사 disappear는 수동태로 쓰지 않는다.
(4) 때때로 플라스틱병들은 재활용되기보다는 버려진다.
▶ 플라스틱병은 '버려지는' 대상이므로 수동태를 쓴다.

## 2

(1) 엄마에 의해 내가 개를 씻기게 되었다.
▶ 능동태에서 사역동사 make의 목적격 보어로 쓰인 동사원형은 수동태에서 to부정사로 바뀐다.
(2) 어젯밤 늦게 고속도로에서 차 사고가 발생했다.
▶ 자동사 occur는 수동태로 쓰지 않는다.
(3) 그 나라는 7,000개 이상의 섬으로 구성되어 있다.
▶ 〈be composed of〉는 '~로 구성되다'라는 의미로, by 이외의 전치사를 쓰는 수동태 표현이다.
(4) 할머니로부터 가족들 모두에게 크리스마스 카드가 보내질 것이다.
▶ 주어인 크리스마스 카드는 '보내지는' 대상이므로 수동태를 쓰며, 4형식 문장의 직접목적어가 주어로 쓰인 수동태 문장이므로 간접목적어 앞에 전치사 to를 쓴다.

## 3

(1) 진행형 수동태 〈be동사+being v-ed〉가 쓰인 문장이다.
(2) 5형식 문장인 〈tell+목적어+to-v〉가 수동태로 쓰여서 〈be told to-v〉가 되었다.
(3) '~로 가득 차다'라는 뜻인 〈be filled with〉가 쓰인 문장이다.

## 4

**해석** 대부분의 지하철 노선도를 보면, 당신은 그것들이 도로 지도와 일치하지 않는다는 것을 알아챌지도 모른다. 이것은 지하철 노선도가 보통 위상 지도이기 때문이다. 이것들은 관련된 정보만이 남겨지도록 단순화된 지도이다. 지하철 노선도에서는, 역과 역 사이의 연결(환승)에 대한 정보가 남겨진다. 거리, 규모, 그리고 실제 방향과 같은 다른 정보는 무시된다. 이것은 위상 지도가 연결편(환승 정보)과 정거장의 수를 빠르게 확인하는 데 유용하게 한다.

**문제풀이** (A) that이 이끄는 주격 관계대명사절의 선행사인 maps는 '단순화되는' 대상이므로 완료형 수동태인 have been simplified가 알맞다.
(B) 다른 정보는 '무시되는' 대상이므로 수동태인 is ignored가 알맞다.

**구문분석**

[2행] These are maps [**that** have been simplified *so that* only relevant information is kept].
[ ]는 maps를 수식하는 주격 관계대명사절이다. 「so that ~」은 '~하기 위해, ~하도록'이라는 의미이다.

[6행] **This** *makes* topological maps *useful* [to check connections and the number of stops quickly].
This는 앞 문장 전체를 가리킨다. 「make+목적어+목적격 보어(형용사)」는 '~를 …하게 하다'라는 의미이다. [ ]는 형용사 useful을 수식하는 부사적 용법의 to부정사구이다.

## 5

**해석** 상황 윤리는 무엇이 옳고 그른가가 상황에 달려 있다고 설명한다. 그것은 보편적인 윤리란 존재하지 않으며 상황은 사례별로 받아들여져야 한다고 말한다. 따라서 그것은 사람들에게 절대적인 신념보다는 자신들의 결정을 이끌 수 있는 융통성 있는 신념을 발전시키도록 장려한다. 상황 윤리를 자신들의 삶의 일부로 삼는 사람들은 기본적인 일련의 윤리 법칙을 갖고 있다. 하지만 그러한 법칙들은 더 큰 선(善)을 가져오는 상황에서는 포기될 수 있다.

**문제풀이** (A) 상황은 '받아들여지는' 대상이므로 수동태인 be taken 이 알맞다.
(B) 그러한 법칙들이 '포기되는' 대상이므로 수동태인 be given up 이 알맞다.

**구문분석**

[1행] Situation ethics explains [**that** {what is right or wrong} *depends upon* the situation].
[ ]는 explains의 목적어로 쓰인 명사절이다. { }는 의문사 what 이 이끄는 간접의문문으로 that절의 주어로 쓰였으며, that절의 동사는 depends upon이다.

[3행] Therefore, it **encourages** people **to develop** flexible beliefs [*that* can guide their decisions] rather than inflexible **ones**.
「encourage+목적어+to-v」는 '~가 …하도록 격려[장려]하다' 라는 의미이다. [ ]는 flexible beliefs를 수식하는 주격 관계대명사절이고, ones는 앞에 나온 명사 beliefs를 대신해서 쓰인 부정대명사이다.

[4행] Those [**who** make situation ethics *part of their lives*] possess a basic set of ethical rules.
[ ]는 Those를 수식하는 주격 관계대명사절이다. 「those who ~」는 '~하는 사람들'이라고 해석한다. 「make+목적어+목적격 보어(명사)」는 '~이 …되게 하다'라는 의미이다.

## 6

**해석** 때때로 호주의 그레이트 배리어 리프의 산호는 적당한 난류에 노출된다. 이러한 '예행연습'은 산호가 변화에 점차 적응하도록 해 주기 때문에 산호가 기온 상승에서 생존하는 데 도움이 된다. 불행히도 기후 변화로 인해 야기된 훨씬 더 높은 수온이 이러한 난류를 없애버릴지도 모른다. 이는 산호에 해로운 영향을 미쳐서, 스트레스를 주어 하얗게 변하게 할 수 있다. 결과적으로 산호는 몇십 년 후에 죽을 수도 있다.

**문제풀이** (A) 산호는 난류에 '노출되는' 대상이므로 수동태를 써야 한다.
(B) which가 이끄는 주격 관계대명사절의 선행사 much higher water temperatures는 기후 변화로 인해 '야기된' 대상이므로 수동태를 써야 한다.

**구문분석**

[2행] This **helps** them **survive** rising temperatures because these "practice runs" *allow* the corals *to* gradually *become* accustomed to the change.
「help+목적어+목적격 보어」는 '~가 …하도록 돕다'의 의미로, 목적격 보어 자리에 동사원형이 왔다. 「allow+목적어+to-v」는 '~가 …하게 해 주다'의 의미이다.

[4행] Unfortunately, much higher water temperatures [**which** are caused by climate change] are likely to end

these warm currents.
[ ]는 much higher water temperatures를 수식하는 주격 관계대명사절이다.

[5행] This can have a damaging effect on corals, [**stressing** them out and **turning** them white].
[ ]는 결과를 나타내는 분사구문이다.

---

✈ **수능 유형 독해** 　글의 목적·심경 추론　　pp.36~40

**모의고사 기출 ①**

1 ④　2 ③　3 ②　4 ④　5 ②　6 ⑤　7 ②　8 ②

**모의고사 기출 ①**

**해석** 친애하는 Coling 씨께,
제 이름은 Susan Harris이며 Lockwood 고등학교 학생들을 대신하여 씁니다. 우리 학교의 많은 학생들은 Lockwood 지역의 청년 실업 문제에 관한 프로젝트를 수행해 왔습니다. 4월 16일에 학교 강당에서 열리는 특별 발표회에 귀하를 초대합니다. 발표회에서 학생들은 우리 지역에 있는 청년들을 위한 고용 기회를 만들어내기 위한 다양한 의견을 제안할 것입니다. 지역 사회의 저명인사 중 한 분으로서 귀하께서 참석해 주신다면 영광일 것입니다. 그곳에서 귀하를 뵐 수 있기를 기대합니다.
Susan Harris 드림

**문제풀이** 고등학교 학생들이 준비한 발표회에 초대하며 참석을 요청하는 글이다.

**구문분석**

[3행] Many students at the school **have been working** on a project about the youth unemployment problem in Lockwood.
과거부터 현재까지 지속되고 있는 상태가 현재에도 진행 중임을 강조하기 위해 현재완료 진행형 have been working이 쓰였다.

[5행] You are invited **to attend** a special presentation [*that* will be held at our school auditorium on April 16th].
「invite+목적어+to-v」의 5형식 문장이 수동태가 된 형태로 목적격 보어(to attend)는 그대로 쓰였다. [ ]는 a special presentation을 수식하는 주격 관계대명사절이다.

## 1 ④

**해석** 매년 여름 우리 가족은 숲속으로 도보여행을 갔다. 우리는 항상 똑같은 익숙한 길을 따라갔다. 그런데 한 해는 우리가 주의를 기울이지 않는 동안 길을 잘못 들어섰고 산길을 벗어났다. 갑자기 숲은 이상한 곳으로 바뀌어버렸다. 사방에 이상한 소리와 냄새가 났다. 하늘이 점점 어두워지고 있어서 나는 걱정하기 시작했다. 부모님은 우리가 어디에 있는지 볼 수 있도록 가장 가까운 언덕에 올라 보기로 하셨다. 다행히 그들은 농장 하나를 발견하셨다. 우리는 해가 지기 전에 그곳에 가기 위해 빠르게 걷기 시작했다. 우리는 어두워지기 직전에 농장에 도착했다. 우리를 마을로 태워다 준 친절한 농부로부터 환대를 받았을 때 나는 드디어 안심했다.

**문제풀이** 'I'는 숲에서 길을 잃어 '무서웠지만(frightened)' 친절한 농부의 도움을 받고 '안도하게(relieved)' 되었다.

**오답풀이** ① 흥분한 → 실망한 ② 자랑스러워하는 → 걱정하는
③ 만족한 → 당황한 ⑤ 좌절한 → 기뻐하는

**구문분석**

[5행] **My parents decided to climb the nearest hill so (that) we could** see [where we were].
「so (that)+주어+can[could]+동사원형」은 '~가 …하기 위하여, …할 수 있도록'이라는 의미로 목적을 나타낸다. [ ]는 see의 목적어로 쓰인 간접의문문으로 「의문사+주어+동사」의 어순이다.

[6행] We started walking quickly, [**trying** to get there before the sun set].
[ ]는 동시동작을 나타내는 분사구문이다.

## 2 ③

**해석** 저는 BK 피트니스의 장기 회원입니다. 몇 년 동안 저는 피트니스의 직원들로부터 많은 도움과 격려를 받았습니다. 그들 덕분에 제 건강 목표 몇 가지를 달성했죠. 안타깝게도 다음 주에 새 도시로 이사를 가게 되어 제 회원권을 취소했습니다. 하지만 저는 이미 이번 달 비용을 전액 지불했고 아직 3주가 남아있습니다. 그래서 이달 나머지에 대해 환불이 된다면 제게 알려주세요. 회원권을 일찍 종료하게 되어 죄송하지만, 제 상황을 이해해 주시리라 믿습니다. 그다음에 무엇을 해야 할지 알려주세요. 필요하다면 제게 721-9912로 연락해주세요.

**문제풀이** 미리 지불한 회원권 해지에 따른 환불 방법을 문의하는 글이다.

**구문분석**

[4행] However, I already paid for this month in full, and there are still three weeks **remaining**.
remaining은 three weeks를 수식하는 현재분사이다.

[7행] Please let me know [what needs to be done next].
[ ]는 know의 목적어로 쓰인 간접의문문으로 「의문사 (주어)+동사」의 어순이다.

## 3 ②

**해석** 학교에 늦어서, 도착하자마자 나는 선생님께 꾸중을 들을 것을 알았다. 설상가상으로 그날 오후에는 시험이 있을 예정이었다. 저녁 시간을 공부하는 대신 공상하면서 보냈기 때문에 나는 전혀 준비가 되어 있지 않았다. 갑자기 나는 아이디어가 떠올랐다. 학교를 결석하고 하루를 호숫가에서 느긋하게 보내는 것이었다. 그러나 나는 그것이 옳지 않은 것임을 알아서 서둘러 학교에 갔다. 도착했을 때, 나는 반 친구들이 공지를 보려고 게시판 주위에 모여 있는 것을 보았다. 호

기심이 생겨서 나는 그들 사이에 끼었다. 거기에서 나는 선생님이 예기치 않게 학회에 참석해야 한다는 것을 우리에게 알리는 메시지를 보았다. 수업은 취소되었고 시험은 연기되었다. 눈을 깜박거리면서, 나는 그것이 진짜인지 확실하게 하려고 그 글을 두 번 읽었다.

**문제풀이** 'I'는 학교에 늦은 데다 시험 준비까지 못한 상태라 '걱정하다가(anxious)' 선생님의 갑작스러운 학회 참석으로 수업이 취소되고 시험이 연기된 것을 알게 되어 '안심했다(relieved)'는 것이다.

**오답풀이** ① 흥분한 → 슬픈 ③ 외로운 → 놀란
④ 당황한 → 자랑스러워하는 ⑤ 혼란스러운 → 즐거운

**구문분석**

[1행] [(**Being**) Late for school], I knew {(*that*) I would be scolded by my teacher **the moment** I arrived}.
[ ]는 이유를 나타내는 분사구문으로 앞에 Being이 생략되었다. { }는 동사 knew의 목적어 역할을 하는 명사절로, 접속사 that이 생략되었다. 「the moment ~」는 '~하자마자'라는 의미로 접속사처럼 절을 이끈다.

[2행] [**Having** *spent* the evening *daydreaming* instead of studying], I was completely unprepared.
[ ]는 이유를 나타내는 분사구문으로, 저녁 시간을 보낸 것이 'I'가 준비되지 않은 것보다 앞선 때임을 나타내기 위해서 완료형 분사인 「having v-ed」의 형태가 쓰였다. 「spend+시간+v-ing」는 '~하는 데 (시간)을 보내다'의 의미이다.

[7행] …, I saw a message [**informing** us {*that* the teacher had to attend a conference unexpectedly}].
[ ]는 a message를 수식하는 현재분사구이다. { }는 informing의 직접목적어로 쓰인 명사절이다.

## 4 ④

**해석** 2019년 3월 3일 금요일 오전 10시쯤, Main Street와 1번가의 소화전이 수리될 것입니다. 그 결과, 인근의 수도 본관이 약 8시간 동안 폐쇄될 것입니다. 인근 거주자들은 이 시간 동안 공공수도를 이용하지 못할 수도 있으니, 미리 여러분의 물 필요에 대비하시길 부탁드립니다. 수리하는 동안, 관에 먼지가 들어갈 수 있으므로, 일단 서비스가 복구되면 물을 마시거나 요리하거나 빨래를 하는 데 사용하기 전에 몇 분간 물을 흘려보내기를 권장합니다. 저희는 모든 우리 고객들께 안전하고 알맞은 가격의 수도 서비스를 제공하는 것에 최선을 다합니다. 저희는 일어나게 될 수 있는 어떠한 불편함에 대해서도 유감스럽게 생각합니다. 추가적인 문의 사항이 있으시면, 저희 사무실 352-555-1212로 연락해 주십시오.

**문제풀이** 소화전 수리 공사의 일시와 소요시간, 서비스가 복구된 후의 권고 사항 등을 알리며 양해를 구하는 글이다.

**구문분석**

[5행] …, we **advise** [that you (**should**) *let* the water *run* for several minutes before using it to drink, cook, or wash clothes].
[ ]는 동사 advise의 목적어 역할을 하는 명사절로 당위성을 내포하므로 that절의 동사로 「(should) 동사원형」이 쓰였다. let의 목적격 보어로 동사원형인 run이 쓰였다.

**5** ②

**해석** 12월 6일 오전 10시에 나는 Cleveland에 있는 University 병원에 도착했다. 나는 입원 허가 절차를 밟았다. 수술 시간이 다가오고 있어서 나는 점점 불안감을 느꼈다. 나는 대기실로 안내되었고 거기에서 내 이름이 불릴 때까지 머물렀다. 나는 대기 시간이 몇 시간 있었다. 나는 계속 기도만 했다. 계속 기도하는 어느 시점에선가, 내 이름이 불리기 전, 혼돈 속에서, 믿을 수 없는 평화가 나를 감쌌다. 나의 모든 두려움이 사라졌다! 믿을 수 없는 평화가 내 감정 위로 퍼졌다. 제공된 편안함 속에 몸의 긴장이 풀렸고, 나는 수술을 끝마치고 회복을 위해 열심히 노력하기를 고대하였다.

**문제풀이** 'I'는 병원에서 수술을 기다리며 '불안을 느끼다가(worried)' 대기 시간 동안 기도를 하고 두려움이 사라지며 편안함이 찾아와 '긴장이 풀리게(relieved)' 되었을 것이다.

**오답풀이** ① 기운찬 → 슬픈  ③ 화난 → 부끄러운
④ 질투하는 → 고마워하는  ⑤ 희망찬 → 실망하는

**구문분석**

[3행] I was directed to <u>the waiting area</u>, [**where** I remained until my name was called].
[ ]는 the waiting area를 부연 설명하는 계속적 용법의 관계부사절이다.

[7행] My physical body relaxed in the comfort **provided**, and I *looked forward to* [*getting* the surgery over with and *working* hard at recovery].
provided는 the comfort를 수식하는 과거분사이다. 「look forward to v-ing」는 '~할 것을 기대하다'라는 의미이며, [ ]는 전치사 to의 목적어로 쓰인 동명사구이다.

**6** ⑤

**해석** Heyerdahl 주식회사 임원 및 이사진을 대표하여, 작년 화재로 소실된 Woodtown 소재 저희 본사 건물 재건축의 성공적인 완공에 대하여 Davis 건설 회사에 진심 어린 감사와 축하를 표하고자 합니다. 귀사는 거의 불가능해 보였던 과업을 완수함으로써 건축계의 선도 회사로 우뚝 서게 되었습니다. 어려운 조건과 단축된 건축 일정 아래에서 공사를 하며, 귀사는 예정된 대로 6월 1일에 공사를 완료했습니다. 이 성과는 귀사가 현장에 투입한 뛰어난 전문 기술자와 숙련된 기능인들, 그리고 프로젝트 책임자인 David Wallace씨의 개인적 역량과 헌신의 결과라 하겠습니다.

**문제풀이** 화재로 소실되었던 본사 건물을 재건축하는 프로젝트를 성공적으로 완수한 것에 감사를 표하는 글이다.

**구문분석**

[3행] … our <u>headquarters building</u> in Woodtown, [**which** was destroyed by fire last year].
[ ]는 our headquarters building을 부연 설명하는 계속적 용법의 주격 관계대명사절이다.

[6행] … by performing [**what** appeared to be an almost impossible task].
[ ]는 관계대명사 what이 이끄는 명사절로, performing의 목적어 역할을 한다.

[6행] [**Working** under difficult conditions and accelerated construction schedules], your company completed the building on June 1, as scheduled.
[ ]는 부대상황을 나타내는 분사구문이다.

**7** ②

**해석** 어느 날 자신의 정원에서 채소를 따고 있던 한 여인이 땅에서 당근을 뽑다가 그 위에서 빛나는 무언가를 발견했다. 그녀는 그것을 좀 더 자세히 보았고, 그것이 자신의 결혼반지임을 알았다. 그녀가 소리를 너무 크게 질러서 몇몇 이웃들이 달려왔다. 그녀가 10년 전에 그 반지를 잃어버렸던 것으로 밝혀졌다. 그녀는 저녁을 요리하는 동안 반지를 빼놓았었는데, 나중에 그것을 찾아보았을 때 그것은 사라졌다. 그녀는 늘 반지를 도둑맞았다고 생각해 왔다. 그런데 당근 위에 있는 반지를 보고, 그녀는 그것이 부엌의 쓰레기통 안으로 쓸려 갔던 것이 틀림없다는 것을 알게 되었다. 다음 날, 그 쓰레기는 식물들이 자라는 것을 돕도록 정원에 뿌려졌다. 몇 년이 흐른 후, 결국 반지는 어떻게 된 일인지 자라는 당근 위에서 발견된 것이었!

**문제풀이** 여자는 도둑맞은 줄 알았던 결혼반지를 10년이 지난 후에 우연히 찾게 되어 '놀랍고 기뻤을(surprised and joyful)' 것이다.

**오답풀이** ① 무섭고 두려운  ③ 짜증나고 걱정되는
④ 편안하고 평화로운  ⑤ 당황스럽고 긴장되는

**구문분석**

[1행] …, a woman [**gathering** vegetables in her garden] *pulled* a carrot from the soil <u>and</u> *noticed* **something shiny** on it.
[ ]는 문장의 주어인 a woman을 수식하는 현재분사구이다. 동사 pulled와 noticed가 and로 병렬 연결되었다. something처럼 -thing으로 끝나는 부정대명사는 형용사가 뒤에서 수식한다.

[6행] But [**seeing** it on the carrot], she realized {(*that*) it **must have gotten** swept …}.
[ ]는 동시동작을 나타내는 분사구문이다. { }는 동사 realized의 목적어로 쓰인 명사절로 접속사 that이 생략되었다. 「must have v-ed」는 '~였음에 틀림없다'라는 뜻이다.

**8** ②

**해석** 수년 동안 우리는 외딴 마을에서 소박한 삶을 살아왔다. 우리의 음식은 우리의 정원에서 재배되었고, 우리의 여가 시간은 자연 속에서 보내졌다. 그러나 시간이 흐르면서 우리의 오래된 이웃들은 새로 온 사람들에게 집을 팔기 시작했는데, 새로 온 사람들은 그 집들을 별장으로 사용했다. 밤에는 시끄러운 파티가 벌어지고 있었고, 낮에는 한때 인적이 없던 우리의 시골길을 차들이 빠른 속도로 이리저리 달리고 있었다. 심지어 마을 자체가 변하고 있었다. 과거에 우리는 대부분의 가게 주인들을 알고 지냈는데, 그들의 가게들이 스키 가게와 값비싼 옷 가게로 대체되고 있었다. 결국 우리는 우리 자신에게 물어야만 했다. 왜 우리는 아직 여기에 있는가? 답은 우리가 달리 갈 곳을

모른다는 것이었다.

**문제풀이** 조용하고 소박했던 마을이 시끄럽고 상업적인 곳으로 변해서 '불만족스럽고 걱정스러워하는(unhappy and anxious)' 심경이 드러나 있다.

**오답풀이** ① 고요하고 평화로운  ③ 놀랍고 즐거운
④ 흥분되고 긴장되는  ⑤ 단호하고 자신감 있는

**구문분석**

[3행] ..., our old neighbors began to sell their houses to <u>newcomers</u>, [**who** used *them* as vacation homes].
[ ]는 newcomers를 부연 설명하는 계속적 용법의 주격 관계대명사절이다. them은 their houses를 가리킨다.

---

**UNIT 03**  **REVIEW TEST**
*Grammar in the passage*        p.41

1  Suddenly, the forest <u>was transformed</u> into a mysterious place.
갑자기 숲은 이상한 곳으로 바뀌었다.

2  The neighborhood water main <u>will be shut off</u> for about 8 hours.
인근의 수도 본관이 약 8시간 동안 폐쇄될 것입니다.

3  Class <u>was canceled</u>, and the test <u>was postponed</u>.
수업은 취소되었고 시험은 연기되었다.

4  The next day, the waste <u>was spread</u> over the garden to help the plants grow.
다음 날, 그 쓰레기는 식물들이 자라는 것을 돕도록 정원에 뿌려졌다.

5  I <u>was directed</u> to the waiting area, where I remained until my name <u>was called</u>.
나는 대기실로 안내되었고 거기에서 내 이름이 불릴 때까지 머물렀다.

6  I felt secure when we <u>were greeted</u> by a friendly farmer.
우리가 친절한 농부로부터 환대를 받았을 때 나는 안심했다.

7  You <u>are invited</u> to attend a special presentation that will be held on April 16th.
당신은 4월 16일에 열릴 특별 발표회에 참석하도록 초대되었습니다.

8  She had always assumed it <u>had been stolen</u>.
그녀는 늘 그것을 도둑맞았다고 생각해 왔다.

---

9  Noisy parties <u>were being held</u>, and cars <u>were being driven</u> on the roads.
시끄러운 파티가 벌어지고 있었고, 차들이 길에서 달리고 있었다.

10  Once service <u>has been restored</u>, let the water run for several minutes.
일단 서비스가 복구되면 몇 분간 물을 흘려보내라.

---

# UNIT 04
## to부정사와 동명사

① **to부정사의 역할**        p.43
1  그 캠페인의 목적은 가난한 사람들을 위해 모금하는 것이다.
2  우리의 발표는 10분 후라서 낭비할 시간이 없다.
3  그는 정답을 확인하기 위해 책을 펼쳤다.
4  나는 네가 너의 개를 찾는 것을 도와서 기뻤다.

**상승 PLUS**

해가 진 후 공원에서 혼자 걷는 것은 위험하다.
저 모든 소음이 내 숙제에 집중하는 것을 힘들게 한다.

② **동명사의 역할**        p.43
1  너무 많은 칼로리를 섭취하는 것은 우리가 체중이 늘게 한다.
2  그녀의 주요 업무는 영어 학습자를 위한 책을 만드는 것이다.
3  나는 언제나 새로운 사람들을 만나고 친구를 사귀는 것을 즐긴다.
4  개들은 새로운 환경에 적응하는 데 능숙해 보인다.

**☑ CHECK UP**        p.43

STEP 1  1 To walk    2 It    3 starting    4 tasting
STEP 2  1 to drink    2 finding    3 to be

**STEP 1**

1  달 위를 걷는 것은 멋진 경험일 것이다.
▶ 주어 자리이므로 명사 역할을 하는 to부정사가 와야 한다.

2  다른 사람들과 효과적으로 의사소통하는 법을 배우기는 쉽지 않다.
▶ 진주어인 to부정사구를 대신하는 가주어 It이 와야 한다.

3  두 남자는 작은 사업체를 함께 시작하는 것에 대해 이야기했다.
▶ 전치사 about의 목적어로 동명사가 와야 한다.

4 우리의 휴가에서 내가 가장 좋았던 부분은 다양한 현지 음식을 모두 맛본 것이었다.
▶ 주격 보어 자리이므로 명사 역할을 하는 동명사가 와야 한다.

**STEP 2**

1 나는 감기에 걸렸을 때 뜨거운 차를 마시는 것이 좋았다.
▶ It은 가주어이므로 진주어인 to부정사가 와야 한다.

2 이것은 전적으로 의사소통 문제에 대한 명확한 해결책을 찾는 것과 관련이 있다.
▶ 전치사 with의 목적어로 동명사가 와야 한다.

3 그 가난한 어린 소년은 자라서 성공한 경영인이 되었다.
▶ 결과를 나타내는 부사적 용법의 to부정사가 와야 한다.

③ **to부정사 vs. 동명사**                                    p.44
1 Lisa는 이번 주말에 지진 피해자들의 보호소에서 봉사활동을 하기로 계획했다.
2 나는 스트레스를 받을 때 모차르트의 교향곡을 듣는 것을 즐긴다.
3 Jessica는 수업 중에 심하게 기침을 하기 시작했다.

④ **to부정사와 동명사의 의미상 주어·부정형·수동형**      p.44
1 그녀가 정답을 고르는 것은 쉬웠다.
2 그가 콘서트를 할 때마다 나는 항상 그가 노래를 부르는 것을 즐긴다.
3 비판을 받아들이지 않는 것은 심각한 실수가 될 수 있다.
4 그녀는 아이처럼 대우받는 것을 좋아하지 않는다.

☑ **CHECK UP**                                              p.44

**STEP 1**   1 trying    2 Being yelled    3 for him
**STEP 2**   1 to be cleaned    2 to let    3 not to become

**STEP 1**

1 Dan은 음식이 낯설게 보여도 외국 음식을 시도하는 것을 개의치 않았다.
▶ mind는 동명사를 목적어로 취하는 동사이다.

2 선생님께 호통을 듣는 것은 결코 즐거운 경험은 아니다.
▶ 선생님으로부터 '호통을 듣는' 것이므로 수동형 동명사(being v-ed)가 와야 한다.

3 그가 동시에 두 가지 일을 하는 것은 불가능하다.
▶ to부정사의 의미상 주어는 to부정사 앞에 〈for+목적격〉 형태로 쓴다.

**STEP 2**

1 그 집은 손님들이 오기 전에 완전히 청소되어야 한다.
▶ 집이 '청소되는' 것이므로 수동형 to부정사(to be v-ed)가 와야 한다.

2 나의 부모님께서는 내가 혼자서 유럽 배낭 여행을 가는 것을 허락하지 않으셨다.
▶ refuse는 to부정사를 목적어로 취하는 동사이다.

3 그녀의 이야기를 들을 때 감정적으로 되지 않는 것은 힘들다.
▶ to부정사의 부정은 to 바로 앞에 not을 쓴다.

⑤ **to부정사와 동명사의 관용 표현**                         p.45
1 그 새 신발은 너무 불편해서 조깅을 할 수가 없다.
2 필라델피아에서 보낸 편지를 받는 데 대개 5주가 걸렸다.
3 시험에서 더 높은 점수를 받더라도, 불안해하는 사람들은 실패할 가능성이 더 높다.
4 Sarah는 언젠가 대학 교수가 되기에 충분히 똑똑하다.
5 그 파이를 먹은 후 나는 우유를 마시고 싶었다.
6 그 열차가 오는 것을 보자마자 그는 뛰기 시작했다.
7 새 프로그램을 설치하는 데 어려움이 있으면 제게 알려 주세요.
8 이 프로그램은 네 컴퓨터가 바이러스에 감염되는 것을 막아줄 것이다.

**상승 PLUS**

당신의 기부는 가난한 학생들에게 장학금을 지급하는 데 기여할 것이다.

☑ **CHECK UP**                                              p.45

**STEP 1**   1 to find    2 sitting    3 taking
**STEP 2**   1 T    2 F, hearing    3 F, to visit

**STEP 1**

1 나와 같은 초급자를 위한 수업을 찾는 데 오랜 시간이 걸렸다.
▶ 〈It takes+시간+to-v〉는 '~하는 데 (시간)이 걸리다'라는 의미이다.

2 미국인들은 바닥에 앉는 데 익숙하지 않다.
▶ 〈be used to v-ing〉는 '~하는 데 익숙하다'라는 의미이다.

3 문법 수업은 매우 어렵지만 들을 만한 가치가 있다.
▶ 〈be worth v-ing〉는 '~할 가치가 있다'라는 의미이다.

**STEP 2**

1 나는 온종일 집에 머무르고 싶다.
▶ 〈feel like v-ing〉는 '~하고 싶다'라는 의미이다.

2 그들은 회사로부터 연락 받는 것을 기대하고 있다.
▶ 〈look forward to v-ing〉는 '~할 것을 기대하다'라는 의미이다.

3 일주일은 파리에 있는 모든 박물관을 방문하기에 충분히 길지 않다.
▶ 〈형용사+enough to-v〉는 '…하기에 충분히 ~한'이라는 의미이다.

# GRAMMAR for Reading

1 (1) fixing (2) finishing (3) to keep (4) to give

2 (1) explaining (2) being teased[to be teased]
(3) her (4) doing

3 (1) makes it easy to fall down
(2) tries not to eat spicy food
(3) a child's ability to perform complex tasks

4 for drowsy or distracted drivers to wander out of their lane
EXTRA Q. crashing

5 (A) improving (B) to breathe

6 (A) Sharing[To share] (B) to reevaluate

## 1

(1) 나는 부엌 싱크대를 고치느라 바빴다.
▶ 〈be busy v-ing〉는 '~하느라 바쁘다'라는 의미이다.
(2) 요가 수업이 끝나자마자 나는 물 한 병을 다 마셨다.
▶ 〈on v-ing〉는 '~하자마자'라는 의미이다.
(3) 몇 년 후, 그 개는 너무 커서 우리 아파트에서 기를 수 없었다.
▶ 〈too+형용사[부사]+to-v〉는 '너무 ~해서 …할 수 없는'이라는 의미이다.
(4) 당신의 개인 정보를 인터넷에 제공하는 것은 위험하다.
▶ It은 가주어이므로 진주어인 to부정사가 와야 한다.

## 2

(1) 다른 사람들에게 자신의 견해를 설명하는 대신, Edward는 침묵을 지켰다.
▶ 전치사 of의 목적어로 동명사가 와야 한다.
(2) Nancy는 자신의 키에 대해 반 친구들로부터 놀림받는 것을 좋아하지 않는다.
▶ 주어인 Nancy가 '놀림받는' 대상이므로 수동형 동명사(being v-ed)가 와야 한다. like는 to부정사도 목적어로 취할 수 있는 동사이므로 to be teased도 올 수 있다.
(3) 사람들은 그녀가 아직 살아있다고 확신했다.
▶ 동명사의 의미상 주어는 동명사 앞에 목적격이나 소유격을 쓴다.
(4) 나는 깨끗한 옷이 없을 때까지 세탁하는 것을 미룬다.
▶ delay는 동명사를 목적어로 취하는 동사이다.

## 3

(1) 〈make+목적어+목적격 보어〉 구문이 쓰인 문장이다. 이때, 목적어 자리에 가목적어 it을 쓰고, 진목적어인 to부정사구는 문장의 뒤에 쓴다.
(2) to부정사의 부정은 to 바로 앞에 not을 쓴다. 〈try to-v〉는 '~하려고 애쓰다'라는 의미이다.

(3) 형용사적 용법의 to부정사는 수식하는 명사(구) 뒤에 쓴다.

## 4

**해석** 졸리거나 주의가 산만한 운전자들이 자신의 차선을 벗어나 돌아다니는 것은 흔한 일이다. 이것은 운전자가 무언가에 충돌하는 결과를 가져올 수 있다. 그러한 사고를 예방하는 한 가지 방법은 도로에 요철이나 일련의 패인 홈을 설치하는 것이다. 요철을 지나가는 것은 낮은 덜컹거리는 소리나 웅웅거리는 소리를 내게 하고 핸들이 진동하게 한다. 운전자는 차선으로 되돌아갈 충분한 시간과 함께 일어날 가능성이 높다.

**문제풀이** 가주어 It과 진주어 to부정사구가 쓰인 문장으로, to부정사의 의미상 주어는 to부정사 앞에 〈for+목적격〉 형태로 쓴다.

**구문분석**

[2행] One way [**to prevent** such incidents] is {*to install* rumble strips, or series of grooves in the pavement}.
[ ]는 문장의 주어인 One way를 수식하는 형용사적 용법의 to부정사구이고, { }는 문장의 보어로 쓰인 명사적 용법의 to부정사구이다.

[3행] [**Going** over a rumble strip] *makes* a low rumble or buzz **and** *causes* the steering wheel **to vibrate**.
[ ]는 문장의 주어로 쓰인 동명사구이며 동사 makes와 causes가 and로 병렬 연결되었다. 「cause+목적어+to-v」는 '~가 …하게 하다'라는 의미이다.

EXTRA Q. 도로 위의 요철은 졸리거나 주의가 산만한 운전자들을 깨움으로써 그들이 충돌하는 것을 피하도록 돕는다.

## 5

**해석** 우주 정거장의 공기를 깨끗하게 하는 방법을 찾기 위한 NASA에 의한 한 연구는 산세베리아라고 불리는 식물이 공기의 질을 향상시키는 데 탁월하다고 말했다. 그것은 잎사귀들을 통해 해로운 화학 물질을 흡수함으로써 그것들을 걸러내고 제거하는 능력을 가지고 있다. 게다가, 대부분의 식물들처럼 밤에 이산화탄소를 배출하기보다, 산세베리아는 그것을 흡수하고, 산소를 내보냄으로써 숨 쉴 신선한 공기를 생산한다.

**문제풀이** (A) 전치사 for의 목적어로 동명사가 와야 한다.
(B) fresh air를 수식하는 형용사적 용법의 to부정사가 와야 한다.

**구문분석**

[1행] One study by NASA [**to find** a way {*to clean* the air in space stations}] suggested [(that) a plant {called Sansevieria} is excellent for improving air quality].
첫 번째 [ ]는 One study를 수식하는 형용사적 용법의 to부정사구이며, 첫 번째 { }는 a way를 수식하는 형용사적 용법의 to부정사구이다. 두 번째 [ ]는 동사 suggested의 목적어로 쓰인 명사절로, 접속사 that이 생략되었다. 두 번째 { }는 a plant를 수식하는 과거분사구이다.

[3행] It has the ability [**to filter** out and (**to**) **remove** harmful chemicals by {*absorbing* them through its

leaves}}].
[ ]는 the ability를 수식하는 형용사적 용법의 to부정사구로, to filter out과 (to) remove가 and로 병렬 연결되었다. { }는 전치사 by의 목적어로 쓰인 동명사구이다.

## 6

**해석** '공유 경제'는 사업체들이 공유된 자원을 이용하는 것을 권장하여, 소비자가 필요로 하는 것이 무엇이든 쉽게 이용할 수 있게 한다. 재화를 공유하는 것은 오랫동안 사회적 네트워크 안에서 관행이었으나 어떤 나라들에서는 그것이 돈을 버는 방법이 되었다. 공유 경제를 지지하는 일부 사람들은 이를 우리 사회가 점점 배려심이 깊어지고 있다는 조짐이라고 주장한다. 하지만 다른 사람들은 이것이 다음과 같이 단순한 상식이라고 말한다. 어려운 재정 시기는 우리가 자원을 다루는 방법을 재평가할 충분한 이유가 된다고 말이다.

**문제풀이** (A) 주어 자리이므로 명사 역할을 하는 동명사 또는 to부정사가 와야 한다.
(B) a good reason을 수식하는 형용사적 용법의 to부정사가 와야 한다.

**구문분석**

[1행] The "sharing economy" **encourages** businesses **to take advantage of** shared resources, [*allowing* consumers *to* easily *access* {whatever they need}].
「encourage+목적어+to-v」는 '~가 …하도록 장려[촉진]하다'의 의미이다. [ ]는 결과를 나타내는 분사구문이다. 「allow+목적어+to-v」는 '~가 …하게 하다'라는 의미이다. { }는 access의 목적어로 쓰인 복합관계사절이다.

[6행] Difficult financial times are a good reason to reevaluate [**how** we deal with our resources].
[ ]는 방법을 나타내는 관계부사절로, 관계부사 how와 선행사 the way는 함께 쓸 수 없으므로 the way가 생략되었다.

---

### ✈ 수능 유형 독해    지칭 추론
pp.48~52

**모의고사 기출** ③

1 ③  2 ④  3 ⑤  4 ③  5 ④  6 ⑤  7 ⑤  8 ③

**모의고사 기출** ③

**해석** Carol은 미국에 처음 왔다. 그녀의 친구들 중 한 명이 그녀를 점심 식사에 초대하기 위해 전화를 했다. 그녀는 오전 11시 30분에 34번가와 5번가의 모퉁이로 그녀를 태우러 가겠다고 제안했다. Carol은 조금 일찍 도착해서 그녀의 친구를 기다리며 모퉁이에 서 있었는데 바로 그때 그녀는 그녀의 머리 위에 표지판 하나를 발견했다. 그 표지판은 'No Standing(정차 금지)'이라고 적혀 있었다. Carol은 어떻게 해야 할지를 몰랐다. 그녀는 표지판에서 물러나 거리에서 왔다 갔다 하며 걷기 시작했다. 그녀는 그녀의 친구가 도착하는 것을 보고 기뻐하며 서둘러 그녀의 차에 탔다. 그녀는 사람들이 그곳에 서 있으면 안 되기 때문에 그 모퉁이에서 만나기로 한 것은 좋지 않은 생각이었다고 흥분해서 말했다. 그녀의 친구는 "무슨 말을 하는 거야? 당연히 거기 서 있어도 돼."라고 말했다. "아니야, 표지판에 'No Standing'이라고 적혀 있어."라고 그녀가 말했다. 그녀의 친구는 웃음을 터뜨렸다. "그것은 차를 거기에 주차할 수 없다는 뜻이야, 하지만 사람을 태우기 위해서 잠시 멈출 수는 있어."

**문제풀이** ③은 차로 Carol을 데리러 온 Carol의 친구를 가리키는 반면, 나머지는 모두 Carol을 가리킨다.

**구문분석**

[7행] She was happy [**to** *see* her friend *arrive*] and couldn't wait to get into her car.
[ ]는 감정의 원인을 나타내는 부사적 용법의 to부정사구이다. 지각동사 see의 목적격 보어로 동사원형(arrive)이 왔다.

[8행] … it was a bad idea [**to** *meet* at that corner] because people aren't allowed *to stand* there.
it은 가주어이고 to부정사구인 [ ]가 진주어이다. to stand는 「allow+목적어+to-v」의 5형식 문장이 수동태가 되면서 목적격 보어로 쓰인 to부정사가 그대로 쓰인 형태이다.

---

## 1 ③

**해석** 한 소년이 자신의 학비를 대기 위해 열심히 일하고 있었다. 배가 고파서 그는 카페에 들렀지만 우유 한 잔을 살 여유밖에 없었다. 그런데 그 카페 주인은 그에게 햄 샌드위치도 가져다주었다. 그 소년이 자신은 그것을 주문하지 않았다고 말했을 때, 그 남자는 그에게 그것은 무료라고 말했다. 몇 년 뒤에, 그 남자는 병이 들었고, 그는 병원으로 호송되었다. 한 전문의가 그를 진찰하기 위해 호출되었다. 의사가 병실에 들어갔을 때 놀란 표정이 그의 얼굴에 스쳤다. 하지만 그는 일을 시작했고 매우 어렵게 그 남자를 가까스로 치료했다. 이후에, 그 의사는 그 환자의 병원비 청구서가 발송되기 전에 자신에게 그것을 달라고 병원에 요청했다. 그 환자가 청구서를 받았을 때, 그는 최악을 예상했다. 그런데 그것을 열어보자마자, 그는 '햄 샌드위치로 완불되었음'이라는 글을 보고 깜짝 놀랐다.

**문제풀이** ③은 환자를 치료한 사람이므로 의사를 가리키는 반면, 나머지는 모두 카페 주인(환자)을 가리킨다.

**구문분석**

[1행] [(**Being**) Hungry], he stopped at a café, … .
[ ]는 이유를 나타내는 분사구문으로 앞에 Being이 생략되었다.

[6행] But he got to work and managed, **with much difficulty**, to cure the man.
managed를 꾸며주는 부사구(with much difficulty)가 중간에 삽입되었다.

---

## 2 ④

**해석** 유명한 작곡가 루트비히 판 베토벤은 한때 나폴레옹의 열렬한 찬양자였다. 사실, 그는 자신의 3번 교향곡을 그 프랑스 지도자에게 헌정할 생각이었다. 그는 나폴레옹의 이름이 상단에 쓰인 그 작품의 아름다운 악보를 만들기까지 했다. 그러나 <u>그는</u> 나폴레옹이 스스로를 프랑스의 황제로 임명했다는 것을 듣고 화가 났다. 베토벤은 나폴레옹이 국민들의 권리의 옹호자라고 믿었다. 그러나 <u>그가</u> 이제 자신이 황제라고 선포했을 때 그는 오히려 독재자처럼 보였다. 격분해서 <u>그는</u> 자신의 교향곡의 제목이 적힌 페이지를 반으로 찢어버렸다. 그러고 나서 그는 새로운 악보를 만들었고, 그 교향곡에 '위대한 사람의 추억을 기리기 위해'라는 부제와 함께 '영웅의'를 의미하는 'Eroica'라는 이름을 다시 붙였다.

**문제풀이** ④는 자신을 황제라고 선포한 사람이므로 나폴레옹을 가리키는 반면, 나머지는 모두 베토벤을 가리킨다.

**구문분석**

> [3행] …; he **went so far as to make** a beautiful copy of the work *with* Napoleon's name *written* at the top.
> 「go so far as to-v」는 '(심지어) ~하기까지 하다'라는 의미이다. 「with+(대)명사+과거분사」는 '~가 …된 채로'라는 의미이다.
>
> [4행] … when he heard that Napoleon **had appointed** himself emperor of France.
> 나폴레옹이 스스로를 황제로 임명한 것은 베토벤이 그 사실을 들은 시점(heard)보다 이전에 일어난 일이므로 과거완료 시제(had appointed)를 썼다.
>
> [7행] [**(Being) Angry**], he tore the title page … .
> [ ]는 이유를 나타내는 분사구문으로 앞에 Being이 생략되었다.

## 3 ⑤

**해석** Angela가 어렸을 때, 그녀는 그녀의 노력에도 불구하고 그녀의 성취에 항상 실망했었다. 그녀가 우울할 때마다, 그녀의 엄마는 열심히 노력하는 것과 절대 포기하지 않는 것이 더욱 중요하다고 말하며 그녀를 격려했다. 그녀의 엄마의 격려 덕분에, <u>그녀는</u> 긍정적이었고 최선을 다하기 위해 노력했다. 수년이 지나서, Angela는 가장 전도유망한 젊은 연구자에게 주어지는 New Directions Fellowship을 받았다. 그 상은 열정과 끈기의 중요성에 관한 <u>그녀의</u> 연구 덕분이었다. <u>그녀는</u> 그녀의 성취를 그녀의 엄마와 나누고 그녀의 감사함을 표현하고 싶었다. Angela는 그녀의 연구 논문을 그녀의 엄마에게 읽어주었다. 그녀의 엄마는 80세가 넘어서, <u>그녀는</u> 그녀의 엄마가 명확히 이해하는지 확인하면서 조금 더 천천히 읽었다. 여전히, <u>그녀는</u> 열심히 듣고 있는 것 같았고, Angela가 끝마쳤을 때, 그녀는 고개를 끄덕이고는 미소 지었다. "엄마가 옳았다는 것이 밝혀졌어요." Angela가 말했다.

**문제풀이** ⑤는 Angela가 연구 논문을 읽는 것을 듣는 사람이므로 Angela의 엄마를 가리키는 반면, 나머지는 모두 Angela를 가리킨다.

**구문분석**

> [2행] **Whenever** she felt down, her mom encouraged her by *saying* [that {**working** hard and never **giving up**} is more important].
> Whenever는 '~할 때는 언제든지'라는 의미의 복합관계부사이다. saying 이하는 전치사 by의 목적어로 쓰인 동명사구이고, [ ]

는 saying의 목적어로 쓰인 명사절이다. { }는 that절의 주어로 쓰인 동명사구이다.

> [9행] … she read a bit slower [**ensuring** {(that) her mom understood clearly}].
> [ ]는 부대상황을 나타내는 분사구문이다. { }는 ensuring의 목적어로 쓰인 명사절로, 접속사 that이 생략되었다.

## 4 ③

**해석** 어느 날 한 선생님이 한 무리의 소년들에게 나누기에 대해 소개하고 있었다. 그는 세 개의 바나나가 세 명의 소년들에게 주어진다면, 각각의 소년은 한 개의 바나나를 얻을 것이라고 말했다. 소년들 중 한 명이 그의 손을 들고 일어섰다. <u>그는</u> "선생님, 0개의 바나나가 0명의 사람들에게 주어진다면, 모두가 여전히 한 개의 바나나를 받게 되나요?"하고 물었다. 학생들이 웃었다. 선생님은 학생들이 웃었다고 꾸짖으셨다. <u>그는</u> "각자가 한 개의 바나나를 가져야 하는 것처럼 보이지만, 그렇지 않아! 수학적으로, 각각의 사람은 무한한 수의 바나나를 얻게 될 거야!"라고 설명했다. 학생들은 폭소를 터뜨렸다. 아주 흥미로운 질문을 한 그 소년은 인도의 수학자 스리니바사 라마누잔이었다. 아이임에도 <u>그는</u> 많은 공책들을 채우며 복잡한 수학 문제를 연구하는 데 많은 시간을 보냈다. <u>그의</u> 놀라운 호기심과 수학적 능력은 현대 수학에서 몇몇 최고의 연구를 발전시키고 확장하는 데 기여했다.

**문제풀이** ③은 질문에 대답하는 선생님을 가리키는 반면, 나머지는 모두 인도의 수학자 스리니바사 라마누잔을 가리킨다.

**구문분석**

> [7행] The boy [**who** asked the intriguing question] *was* Indian mathematician Srinivasa Ramanujan.
> [ ]는 주어인 The boy를 수식하는 주격 관계대명사절이고, 문장의 동사는 was이다.
>
> [8행] Even as a kid he **spent** lots of time **working** on complex math problems, [*filling* many notebooks].
> 「spend+시간+v-ing」는 '~하는 데 (시간을) 보내다'의 의미이다. [ ]는 부대상황을 나타내는 분사구문이다.
>
> [10행] His incredible curiosity and mathematical skill has contributed to [**developing** and **expanding** some of the best research in modern mathematics].
> [ ]는 전치사 to의 목적어로 쓰인 동명사구로 developing과 expanding이 and로 병렬 연결되었다.

## 5 ④

**해석** 두 청소년 야구팀은 마지막 회에 동점이 되었다. 1루에 주자가 나가 있고 투 아웃인 상황에서, 코치 중 한 명이 벤치에 있는 한 소년에게 주자와 교체하라고 신호를 보냈다. 그 소년은 망설였는데, 왜냐하면 <u>그는</u> 그 경기가 얼마나 중요한지 알았기 때문이다. 그러나 <u>그는</u> 일어나서 간신히 1루로 걸어갔다. <u>그가</u> 뇌성 마비인 것을 보고, 관중은 코치가 무엇을 하고 있는 건지 궁금해하기 시작했다. 갑자기 그는 2루로 도루하라는 신호를 보냈고, 그 소년은 최대한 빨리 달리기 시작했다. <u>그가</u> 도루를 시도하리라고는 전혀 예상하지 못한 포수는 그에게 주의를 기울이지 않고 있었다. 그의 송구는 너무 늦었고, 관중은 열광적으로 환호했다.

**문제풀이** ④는 신호를 보낸 사람이므로 코치를 가리키는 반면, 나머지는 모두 주자를 대신하러 나간 소년을 가리킨다.

**구문분석**

[4행] [**Seeing** that he had cerebral palsy], the crowd began to wonder {*what* the coach was doing}.
[ ]는 이유를 나타내는 분사구문이다. { }는 wonder의 목적어로 쓰인 간접의문문으로 「의문사+주어+동사」의 어순이다.

[7행] The catcher, [**never expecting** {that he would try to steal a base}], wasn't paying attention to him.
[ ]는 이유를 나타내는 분사구문으로 분사구문의 부정은 분사 바로 앞에 부정어(not, never)를 쓴다. { }는 expecting의 목적어로 쓰인 명사절이다.

**6** ⑤

**해석** 어느 나이 많은 목수가 은퇴를 앞두고 있었다. 그는 자신의 사장에게 그의 가족과 함께 좀 더 여유로운 삶을 살기 위해 주택 건축업을 그만두겠다는 계획을 이야기했다. 그는 매주 받던 급여가 아쉽겠지만 은퇴하기를 원했다. 사장은 훌륭한 직원이 그만두는 것이 아쉬워서 개인적인 부탁으로 그가 집을 딱 한 채만 더 지어줄 수 있는지 물어보았다. 목수는 그러겠다고 대답했지만, 시간이 지날수록 자신의 일에 그의 마음을 다하고 있지 않다는 것을 쉽게 알 수 있었다. 그는 형편없는 건축자재를 사용했고 그의 마지막 작업에 그다지 많은 시간이나 노력을 쏟지 않았다. 그것은 그가 평생 해 온 일을 마무리하는 방식으로는 바람직하지 않았다. 그가 작업을 마무리했을 때, 그의 사장은 집을 확인하러 왔다. 그러고 나서 그는 현관 열쇠를 목수에게 주며 "이 집은 당신에게 주는 내 선물입니다."라고 말했다.

**문제풀이** ⑤는 사장을 가리키는 반면, 나머지는 모두 목수를 가리킨다.

**구문분석**

[1행] He told his boss of his plans [**to leave** the house-building business {*to live* a more leisurely life with his family}].
[ ]는 his plans를 수식하는 형용사적 용법의 to부정사구이다. { }는 목적을 나타내는 부사적 용법의 to부정사구이다.

[4행] … asked [**if** he could build just one more house as a personal favor].
[ ]는 asked의 목적어로 쓰인 명사절로, if는 '~인지'라는 의미의 명사절을 이끄는 접속사이다.

**7** ⑤

**해석** Evelyn Wrynk는 Trinity 메디컬 센터의 유일한 신경외과 의사였다. Trinity의 신경 집중 치료실의 수간호사인 Maria가 응급상황으로 그녀에게 전화를 걸었을 때, 그녀는 인근의 병원에서 수술을 막 끝낸 참이었다. Wrynk는 운전해서 돌아가려고 시도했지만, 눈보라가

길을 막아버렸다. 다른 선택권이 없었기 때문에, 그녀는 눈 속에서 6마일을 걷기로 결심했다. 그녀가 Trinity까지 가는 데 약 5시간이 걸릴 것이라고 예상했다. 몇 시간 후에, 그녀는 환자가 어디 있는지 물으며 병원으로 들어섰다. 그녀는 환자의 가족에게 말을 하고 곧바로 수술을 하러 갔다. 그 수술이 아니었다면, 그 환자는 아마 죽었을 것이었다. Maria는 그와 같은 상황을 본 적이 없다고 말했다. 그러나 Wrynk의 행동은 그녀를 놀라게 하지 않았다. "그녀는 일 년에 약 330일을 대기 중입니다."라고 Maria가 말했다. Wrynk는 그저 "나는 단지 나의 일을 하고 있을 뿐이에요."라고 말했다.

**문제풀이** ⑤는 Trinity 신경 집중 치료실의 수간호사 Maria를 가리키는 반면, 나머지는 모두 신경외과 의사 Evelyn Wrynk를 가리킨다.

**구문분석**

[4행] [**Seeing** no other option], she decided {*to walk* the six miles in the snow}.
[ ]는 이유를 나타내는 분사구문이다. { }는 decided의 목적어로 쓰인 명사적 용법의 to부정사구이다.

[5행] She estimated [**that** it would *take* her about five hours *to get* to Trinity].
[ ]는 동사 estimated의 목적어로 쓰인 명사절이며, 「it takes+목적어+시간+to-v」는 '(목적어)가 ~하는 데 (시간)이 걸리다'라는 의미이다.

[8행] **Without** the surgery, the patient **would have** most likely **died**.
if절 대신 without이 이끄는 부사구가 쓰인 가정법 과거완료 문장으로, 과거 사실의 반대를 가정한다.

**8** ③

**해석** 독감 백신은 우리가 독감을 피하는 흔한 방법이다. 그것은 백신에 있는 바이러스로부터 보호하는 항체가 체내에서 발달하게 한다. 그것을 생산하는 여러 가지 방법이 있지만, 달걀이 가장 일반적인 방법에 관련되어 있다. 첫 단계는 사용될 독감 바이러스를 식별하는 것이다. 이것이 분리된 후, 그것은 암탉의 알에 주입되고, 거기서 그것은 효과적으로 자랄 수 있다. 그다음에, 제조업자들은 그것을 추출해서 정화한다. 다음으로, 그들은 그것이 안전하고 효과적인지 확인하기 위해서 시험한다. 이 과정을 끝마치는 것은 여러 달이 걸리는데, 수백만의 복용량이 필요하기 때문이다. 백신에 대한 최종 품질 검사 후에, 그것은 포장되어서 전 세계의 병원으로 운송된다.

**문제풀이** ③은 독감 바이러스를 가리키는 반면, 나머지는 모두 독감 백신을 가리킨다.

**구문분석**

[1행] The flu vaccine is a common way *for us* [**to avoid** the flu].
[ ]는 a common way를 수식하는 형용사적 용법의 to부정사구이며, for us는 to부정사의 의미상 주어이다.

[1행] It **causes** antibodies, [*which* protect against the viruses in the vaccine], **to develop** in the body.
「cause+목적어+to-v」는 '~가 …하게 하다'의 의미이다. [ ]는

antibodies를 부연 설명하는 계속적 용법의 주격 관계대명사절이다.

[4행] After this is isolated, it is injected into hen's eggs, [**where** it can grow efficiently].
[ ]는 hen's eggs를 부연 설명하는 계속적 용법의 관계부사절이다.

## REVIEW **TEST**
*Grammar in the passage*　　p.53

**1** It was a bad idea to meet at that corner.
그 모퉁이에서 만나기로 한 것은 좋지 않은 생각이었다.

**2** The teacher scolded the class for laughing.
선생님은 학생들이 웃었다고 꾸짖으셨다.

**3** The crowd began to wonder what the coach was doing.
관중은 코치가 무엇을 하고 있는 건지 궁금해하기 시작했다.

**4** A boy was working hard to pay for his education.
한 소년이 자신의 학비를 대기 위해 열심히 일하고 있었다.

**5** Completing this process takes many months.
이 과정을 끝마치는 것은 여러 달이 걸린다.

**6** He told his boss of his plans to leave the house-building business to live a more leisurely life.
그는 자신의 사장에게 좀 더 여유로운 삶을 살기 위해 주택 건축업을 그만두겠다는 계획을 이야기했다.

**7** Her mom encouraged her by saying that working hard is more important.
그녀의 엄마는 열심히 노력하는 것이 더욱 중요하다고 말하며 그녀를 격려했다.

**8** He spent lots of time working on complex math problems.
그는 복잡한 수학 문제를 연구하는 데 많은 시간을 보냈다.

**9** Upon opening it, he was amazed to see the words.
그것을 열어보자마자, 그는 글을 보고 깜짝 놀랐다.

**10** It would take her about five hours to get to Trinity.
그녀가 Trinity까지 가는 데 약 5시간이 걸릴 것이다.

# UNIT 05
# 분사와 분사구문

**①** **현재분사 vs. 과거분사**　　p.55
1 램프 근처에 서 있는 여자가 파티의 주최자이다.
2 많은 사람들은 가을에 낙엽 위로 걷는 것을 좋아한다.
3 우리는 지난주에 깨진 창문을 교체해야 한다.
4 Kevin은 설명서를 읽고 있었을 때 혼란스러워 보였다.
5 그 부부는 용의자가 건물로 들어가고 있는 것을 보았다.

**②** **감정을 일으키는 v-ing vs. 감정을 느끼는 v-ed**　　p.55
1 새로운 사람들을 만나는 것은 내게 흥미롭다.
2 그들은 해외에서 일을 하는 것을 흥미로워한다.
3 그녀가 그렇게 젊은 나이에 임원이 되었다는 것은 놀랍다.
4 가게 점원이 그에게 50달러를 요구했을 때 그는 놀랐다.

**☑ CHECK UP**　　p.55

**STEP 1**　1 barking　2 boring　3 terrified
　　　　　　4 called

**STEP 2**　1 meaning　2 damaging　3 painted

**STEP 1**
1 그 짖는 개는 매일 저녁 나를 짜증나게 한다.
▶ 명사 dog를 수식하는 분사가 필요하며, 개는 '짖는' 것이므로 능동의 의미를 나타내는 현재분사를 쓴다.

2 나는 지루한 책을 읽는 것을 그만두고 밖으로 나갔다.
▶ 명사 book을 수식하는 분사가 필요하며, 책은 '지루한' 감정을 유발하는 것이므로 능동의 의미를 나타내는 현재분사를 쓴다.

3 그 남자가 어두운 방에서 나타나자, 나는 정말 겁이 났다.
▶ 주어인 I를 보충 설명하는 주격 보어가 필요하며, I는 '겁이 난' 감정을 느끼는 대상이므로 과거분사를 쓴다.

4 나는 무대에서 내 이름이 불리는 것을 들었다.
▶ 목적어인 my name을 보충 설명하는 목적격 보어가 필요하며, my name은 '불린' 대상이므로 수동의 의미를 나타내는 과거분사를 쓴다.

**STEP 2**
1 'courage(용기)'라는 단어는 '심장'을 의미하는 라틴어 *cor*에서 유래한다.
▶ 명사 a Latin word를 뒤에서 수식하는 분사가 필요한데, 라틴어가 '의미하는' 것이므로 능동의 의미를 나타내는 현재분사를 쓴다.

2 가끔 음악이 공연에 좋지 않은 영향을 미친다.
▶ 주어인 music을 보충 설명하는 주격 보어가 필요하며, music은 '좋지 않은 영향을 미치는' 것이므로 현재분사를 쓴다.

3 흰색과 파란색으로 칠해진 그 집은 우리 조부모님 소유이다.

▶ 명사 The house를 수식하는 분사가 필요하며, 집이 '칠해진' 대상이므로 수동의 의미를 나타내는 과거분사를 쓴다.

③ 분사구문의 의미          p.56
1 해변을 따라 운전하는 동안, 그녀는 일몰을 봤다.
2 대답이 없어서, 소방관들은 문을 부수기 시작했다.
3 기뻐서 소리를 지르면서 Henry는 자신의 성공을 자축했다.
4 Thomas는 공항을 가로질러 달려서 겨우 제시간에 탑승구에 도착했다.
5 어디로 가야 할지 몰라서 나는 혼자 거기에 그냥 서 있었다.

④ 분사구문의 시제와 태          p.56
1 Miguel은 팔이 부러져서, 토너먼트에 출전할 수 없었다.
2 죄책감에 자극받을 때, 사람들은 자신의 실수를 만회하려는 경향이 있다.
3 개에게 물린 적이 있어서, 나는 지금 개를 싫어한다.

☑ CHECK UP          p.56

STEP 1   1 Opening    2 Not wanting    3 Located
STEP 2   1 causing    2 Having slept

**STEP 1**

1 문을 천천히 열면서, 나는 방 안을 들여다보았다.
▶ 동시동작을 나타내는 부사절을 대신하는 분사구문이 와야 하므로 분사를 쓴다.

2 내 여동생이 외로운 것을 원하지 않아서 나는 그녀를 보러 갔다.
▶ 분사구문의 부정은 분사 앞에 not이나 never를 쓴다.

3 지하철역 가까이에 있어서 그 사무실은 가기가 쉽다.
▶ 사무실이 '~에 (위치해) 있다'라는 수동의 의미가 되어야 하므로 수동형 분사구문을 쓴다.

**STEP 2**

1 최근에 심각한 질병이 아시아를 강타해서 수백 명의 목숨을 앗아 갔다.
▶ 앞에 〈주어+동사〉를 갖춘 완전한 절이 있으므로 뒤에는 부사절을 대신하는 분사구문이 와야 한다. 심각한 질병이 죽음을 '야기한' 것이므로 현재분사를 쓴다.

2 어젯밤에 잠을 두 시간 자서, 나는 지금 정말 졸리다.
▶ 어젯밤에 잠을 잔 것이 주절의 시제(am)보다 먼저 일어난 일이므로 완료형 분사구문을 쓴다.

⑤ 주어나 접속사가 남아 있는 분사구문      p.57
1 지갑을 도난당해서 Jeff는 버스를 탈 돈이 전혀 없었다.
2 시내를 걸어 다니는 동안 나는 한 남자가 인도에서 춤을 추고 있는 것을 보았다.

상승 PLUS
일반적으로 말하면, 대부분의 나라에서 여성이 남성보다 더 오래 산다.

⑥ 〈with+(대)명사+분사〉          p.57
1 그들은 손에 아이스크림이 녹는 채로 무더운 날에 아이스크림을 먹었다.
2 그는 소매가 걷어 올려진 채로 마당에서 일을 하고 있었다.

상승 PLUS
입에 음식을 가득 넣은 채로 말하는 것은 실례이다.
눈에 눈물이 고인 채로 "알아요."라고 그 의사는 말했다.

☑ CHECK UP          p.57

STEP 1   1 considered    2 following    3 Judging
STEP 2   1 closed    2 ending    3 checking

**STEP 1**

1 모든 것을 고려하면 이삿짐 운송 회사를 부르는 것이 낫다.
▶ All things는 분사구문의 의미상 주어이고, 모든 것은 '고려되어지는' 대상이므로 수동의 의미를 나타내는 과거분사가 와야 한다.

2 그의 개가 그의 뒤를 따르면서 그는 길을 따라 조깅을 했다.
▶ 〈with+(대)명사+분사〉 형태로, 그의 개가 그를 '따라오는' 것이므로 능동의 의미를 나타내는 현재분사를 쓴다.

3 그녀의 옷으로 판단하면, 그녀는 패션에 관심이 있다.
▶ Judging from(~로 판단하면)이 쓰인 문장이다.

**STEP 2**

1 그들은 창문이 닫혀진 채로 바닥을 청소했다.
▶ 〈with+(대)명사+분사〉 형태로, 창문이 '닫힌' 것이므로 수동의 의미를 나타내는 과거분사를 쓴다.

2 영화가 밤늦게 끝나서 우리는 택시를 타야만 했다.
▶ The movie는 분사구문의 의미상 주어이고, 영화가 '끝나는' 것이므로 능동의 의미를 나타내는 현재분사가 와야 한다.

3 날씨를 확인한 후에 나는 우산을 가지고 가기로 결정했다.
▶ 분사구문의 의미를 명확하게 하기 위해 분사 앞에 접속사가 남아 있는 형태로, 내가 날씨를 '확인한' 것이므로 능동의 의미를 나타내는 현재분사가 와야 한다.

## GRAMMAR for Reading    pp.58~59

1 (1) surprising   (2) written   (3) relieved
    (4) interested
2 (1) T

(2) F, When exercising in the gym

(3) F, with ten minutes left

**3** (1) Not satisfied with the results

(2) Having graduated from college

(3) There being no food at home

**4** with some houses built

**5** (A) threatened   (B) called

*EXTRA Q.* Climate change

**6** (A) respected   (B) Adding

---

## 1

(1) 그녀가 대회에서 우승을 한 것은 정말 놀라웠다.

▶ 문장의 주격 보어가 필요한데, 그녀가 대회에서 우승을 한 것이 '놀라운' 감정을 유발하는 것이므로 현재분사가 와야 한다.

(2) 한국어로 쓰여진 소설들이 점점 더 인기를 끌고 있다.

▶ 명사 Novels를 뒤에서 수식하는 분사가 필요한데, 소설이 '쓰여진' 것이므로 수동의 의미를 나타내는 과거분사가 와야 한다.

(3) 비행기가 공항에 안전하게 착륙했을 때 모두가 안도했다.

▶ 주어 Everyone을 보충 설명하는 주격 보어가 필요한데, Everyone은 '안도하는' 감정을 느끼는 대상이므로 과거분사가 와야 한다.

(4) 나에게는 음악과 춤에 관심이 있는 친구가 한 명 있다.

▶ 명사 a friend를 뒤에서 수식하는 분사가 필요한데, 친구가 '흥미를 느끼는' 것이므로 과거분사가 와야 한다.

## 2

(1) 갑자기 잠에서 깨서, 그 아기는 큰 소리로 울기 시작했다.

▶ 아기가 '잠에서 깬' 것이므로, 능동의 의미를 나타내는 현재분사로 시작하는 분사구문이 쓰였다.

(2) 체육관에서 운동할 때, 나는 주로 음악을 듣는다.

▶ 내가 '운동하는' 것이므로 능동의 의미를 나타내는 현재분사가 와야 하며, 분사구문의 의미를 명확하게 하기 위해서 분사 앞에 접속사가 남아 있는 경우이다.

(3) 그는 10분이 남겨진 채로 시험을 끝냈다.

▶ 〈with+(대)명사+분사〉 형태로, 10분이 '남겨진' 것이므로 수동의 의미를 나타내는 과거분사가 와야 한다.

## 3

(1) 분사구문의 부정은 분사 앞에 부정어(not)를 쓴다.

(2) 대학을 졸업한 것이 주절의 시제(is looking)보다 먼저 일어난 일이므로, 완료형 분사구문을 쓴다.

(3) 분사구문의 의미상 주어가 주절의 주어(we)와 달라서 분사 앞에 의미상 주어가 있는 형태의 분사구문이다.

## 4

**해석** 세테닐 데 라스 보데가스는 바위 동굴 안 집들로 유명한 스페인

---

의 한 마을이다. 그 마을은 몇몇 집들이 계곡 자체의 바위벽 안에 지어진 채로 깊고 좁은 계곡 안에 있다. 그 마을은 적어도 12세기부터 존재해 왔는데, 더 오래되었을 수도 있다. 이 지역에 있던 유사한 공동체의 역사가 2만 5천 년 이상 거슬러 올라간다는 증거가 있으며, 몇몇 연구자들은 세테닐 데 라스 보데가스가 훨씬 더 이전에 만들어졌다고 믿는다.

**문제풀이** 〈with+(대)명사+분사〉는 '~가 …하면서[된 채로]'라는 의미의 구문으로 집들이 '지어진' 것이므로 수동의 의미를 나타내는 과거분사 built가 쓰였다.

**구문분석**

> [1행] Setenil de las Bodegas is a Spanish town [**known** for its homes in rock caves].
> [ ]는 a Spanish town을 수식하는 과거분사구이다.
>
> [4행] There is evidence [**that** similar societies in the area date back more than 25,000 years], and some researchers believe {*that* Setenil de las Bodegas was …}.
> [ ]는 evidence를 부연 설명해 주는 동격의 명사절이다. { }는 believe의 목적어 역할을 하는 명사절이다.

## 5

**해석** 1억 명이 넘는 가난한 사람들이 커피 생산업에 고용되어 있다. 그러나 그들의 직업은 기후 변화로 인해 현재 위협받고 있다. 중앙아메리카에서 날씨가 더 뜨거워지면서 커피 녹병이라 불리는 나뭇잎 병이 퍼지고 있다. 결과적으로 그 지역의 커피 생산량이 약 3분의 1 줄었다. 인구의 25%가 커피 산업에 의존하는 국가인 에티오피아도 기후 변화 때문에 비슷한 생산량 감소에 직면해 있다.

**문제풀이** (A) 그들의 직업이 '위협받고 있는' 대상이므로 수동의 의미를 나타내는 과거분사를 쓴다.

(B) 나뭇잎 병은 커피 녹병이라고 '불리는' 대상이므로 수동의 의미를 나타내는 과거분사를 쓴다.

**구문분석**

> [3행] …, a leaf disease called coffee rust **has been spreading**.
> 과거부터 현재까지 지속되고 있는 상태가 현재에도 진행중임을 강조하기 위해 현재완료 진행형이 쓰였다.
>
> [5행] Ethiopia, [a country {**where** 25% of the population depends on the coffee industry}], is facing a similar decline in production due to climate change.
> [ ]는 Ethiopia를 부연 설명하는 동격어구이다. { }는 a country를 수식하는 관계부사절이다.

*EXTRA Q.* 기후 변화가 중앙아메리카의 커피 생산업을 위협하는 나뭇잎 병을 초래했다.

## 6

**해석** 밸런타인데이에 많은 사람들은 하트 모양의 초콜릿 상자를 누군

가에게 줌으로써 그들의 사랑을 표현할지도 모른다. 초콜릿을 선물로 주는 것은 오래된 전통이다. 최초의 초콜릿은 카카오 콩으로 만들어진 음료의 형태였다. 마야인과 아즈텍인들은 이 음료를 지역사회로부터 존경받는 사람들에게 주었다. 때때로 그들은 또한 그 음료를 신에게 바쳤다. 다른 재료를 더하면서, 유럽인들은 오늘날 선물로 사용되는 고체 초콜릿을 만들기 시작했다.

**문제풀이** (A) 사람들이 '존경받는' 대상이므로 수동의 의미를 나타내는 과거분사 respected를 써야 한다.
(B) 동시동작을 나타내는 부사절을 대신하는 분사구문이 되어야 하며, 주절의 주어인 유럽인들이 '더하는' 것이므로 능동의 의미인 현재분사 Adding을 써야 한다.

**구문분석**

[2행] The first chocolate was in the form of beverages [**made** from cacao beans].
[ ]는 beverages를 수식하는 과거분사구이다.

[6행] …, Europeans began [**making** the solid chocolates {*used* as gifts today}].
[ ]는 began의 목적어로 쓰인 동명사구이다. { }는 the solid chocolates를 수식하는 과거분사구이다.

---

✈ **수능 유형
독해** **어휘 추론**
pp.60~64

**모의고사 기출 ③**
1 ④  2 ①  3 ⑤  4 ③  5 ②  6 ②  7 ②  8 ④

**모의고사 기출 ③**

**해석** 우리가 어떤 주장을 믿고 싶지 않을 때, 우리는 "내가 그것을 믿어야만 하나?"라고 자신에게 묻는다. 그런 후에 우리는 정반대의 증거를 탐색하고 만일 우리가 그 주장을 의심할 단 하나의 이유라도 발견하면 그 주장을 버릴 수 있다. 심리학자들은 현재 '동기화된 추론'에 관한 수많은 연구 결과를 가지고 있는데, 이것은 사람들이 도달하고 싶어 하는 결론에 도달하기 위해 사용하는 많은 요령을 보여준다. 실험 대상자들은 지능검사에서 자신이 낮은 점수를 받았다고 들었을 때, 그들은 지능검사의 타당성을 비판하는 기사를 읽기로 선택한다. 과도한 카페인 섭취가 유방암에 걸릴 위험을 증대시키는 것과 관련이 있다고 보고한 (가상의) 과학 연구를 읽을 때, 커피를 많이 마시는 여성들은 카페인을 덜 섭취하는 여성들보다 그 연구에서 더 많은 오류를 찾아낸다.

**문제풀이** (A) 주장을 믿지 않기 위해 그 주장을 '의심할' 이유를 찾는다는 것이 적절하다.
(B) 지능검사에서 낮은 점수를 받은 실험 대상자들이 그것을 믿지 않기 위해 지능검사의 타당성을 '비판하는' 기사를 읽기로 선택한다는 것이 적절하다.
(C) 커피를 많이 마시는 여성은 지나친 카페인 섭취의 부정적인 영향에 관한 보고서의 주장과 반대되는 증거를 찾으려 할 것이므로 오류를 '더 많이' 찾는다는 것이 적절하다.

**구문분석**

[5행] … showing <u>the many tricks</u> [(that) people use **to reach** the conclusions {(that) they want to reach}].
[ ]과 { }는 각각 the many tricks와 the conclusions를 수식하는 목적격 관계대명사절로, 관계대명사가 생략되었다. to reach는 목적을 나타내는 부사적 용법의 to부정사이다.

[9행] … a (fictitious) scientific study [**reporting** {(*that*) heavy caffeine consumption is associated with an increased risk of breast cancer}], … .
[ ]는 a (fictitious) scientific study를 수식하는 현재분사구이다. { }는 reporting의 목적어로 쓰인 명사절로, 명사절을 이끄는 접속사 that이 생략되었다.

---

**1 ④**

**해석** 한 번의 사건이 평생 생생하게 기억될 때, 이것을 섬광 기억이라고 한다. 이 기억은 보통 큰 재난이나 정치인의 암살처럼 역사적인 사건과 관련된다. 예를 들어 많은 나이 든 미국인들은 케네디 대통령의 죽음을 들었을 때 자신이 무엇을 하고 있었는지 정확히 기억한다. 그러나 그들 중 암살 며칠 전이나 후에 대한 상세한 기억을 가진 사람은 거의 없다. 섬광 기억은 가족의 죽음처럼 대단히 충격적인 개인적인 사건과도 관련된다. 무엇이 이러한 기억을 우리의 일상 경험과 다르게 만드는가? 그 답은 그 기억들이 일으키는 정서적인 환기의 정도에 있다. 나중에 우리가 이런 사건을 다른 사람들과 논할 때 그에 대한 기억은 훨씬 더 선명해진다.

**문제풀이** (A) 예로 든 사건이 큰 재난이나 정치인 암살이므로 '역사적인'이 적절하다.
(B) 예로 든 사건이 가족의 죽음이므로 '개인적인'이 적절하다.
(C) 충격적인 역사적 또는 개인적 사건이 섬광 기억을 만든다는 내용이므로 문맥상 '정서적인' 환기가 적절하다.

**구문분석**

[3행] Many older Americans, for example, remember exactly [**what** they were doing when they heard of President Kennedy's death].
[ ]는 remember의 목적어로 쓰인 간접의문문으로 「의문사+주어+동사」의 어순이다.

[9행] [**Discussing** these events with others later on], we *cause* our memories of them *to become* even sharper.
[ ]는 때를 나타내는 분사구문이다. 「cause+목적어+to-v」는 '~가 …하게 하다'라는 의미이다. even은 비교급을 강조하는 부사로 '훨씬'이라는 의미이다.

---

**2 ①**

**해석** 어니스트 섀클턴은 1914년 남극 대륙으로 향하는 탐험대를 이끈 반면, 빌흐잘무르 스테판손은 1913년에 북극으로 향하는 탐험대를 이끌었다. 양쪽 경우 모두 탐험선이 얼음에 갇히게 되었는데, 두 상황은 매우 다른 원인을(→ 결과를) 가졌다. 스테판손의 주 목적은 성공이어서, 그는 대원들의 안위를 이차적인 것으로 생각했다. 그의 지지 없이, 대원들은 식량 부족에 직면하게 되자 겁에 질려 싸우기 시작했다. 많은 대원들이 죽으며 그것은 비극으로 끝났다. 그러나 섀클턴은 대원들의 존엄성에 대해 깊은 관심을 가졌다. 그는 그의 장갑을 (대원들에게) 주고 자진해서 밤새도록 보초를 섰다. 그의 희생이 선원들을 격려했으며, 결과적으로 그들은 모두 살아남았다.

**문제풀이** 두 사람이 이끈 탐험대는 같은 상황에서 다른 '결과'를 보여 줬으므로, ①에는 outcomes나 results 등이 적절하다.

**구문분석**

[5행] Without his support, his crew panicked and began to fight [**when facing** food shortages].
[ ]는 때를 나타내는 분사구문으로, 의미를 명확히 하기 위해 접속사(when)가 남아 있는 경우이다.

[6행] It ended in tragedy, **with** many of the crew members **dying**.
「with+(대)명사+분사」는 '~가 …하면서[된 채로]'라는 의미로, 명사(many of the crew members)와 분사가 능동의 관계이므로 현재분사가 쓰였다.

## 3 ⑤

**해석** 온타리오 주, Temagami 지역 근처에 오래된 숲이 있다. 어떤 사람들은 목재용으로 그 나무들을 베고 싶어 한다. 다른 사람들은 그것을 그 상태 그대로 지키고 싶어 한다. 그들은 그것이 독특하고 다음 세대를 위해 보호되어야 한다고 믿는다. 일부 나무는 사용하고 일부 나무는 보호하기를 원하면서, 많은 사람들은 중간적 입장에 있다. 대부분의 사람들은 우리의 자원을 현명하게 사용하는 것에 찬성한다. 그들은 우리의 자원을 지속 가능하게 하는 관행을 선호한다. 즉, 우리는 현재 우리의 자원을 현명하게 사용해야 하고 그러면 우리는 미래를 위해 여전히 더 많은 자원을 가지게 될 것이다. 우리는 모두 환경을 돌볼 책임이 있다. 우리는 미래 세대를 위해 환경을 보존하는 것의 중요성을 오랫동안 인식해 왔던 캐나다 원주민으로부터 배울 수 있다. 당신이 물려받았고 지금 더불어 살아가고 있는 것이 미래 세대의 유산이 될 것이다.

**문제풀이** (A) 문맥상 오래된 숲이 '독특해서' 보호되어야 한다고 하는 것이 적절하다.
(B) 뒤에서 현재의 자원을 미래에도 보유할 수 있게 사용해야 한다고 했으므로 자원을 '지속 가능하게' 만드는 관행이라고 하는 것이 적절하다.
(C) 현재의 유산을 미래에도 물려주어야 한다는 교훈이 뒤따르므로 환경을 '보존하는' 것의 중요성이라고 하는 것이 적절하다.

**구문분석**

[3행] Many people are somewhere in the middle, [**wanting** some use and some protection].
[ ]는 부대상황을 나타내는 분사구문이다.

[5행] They prefer practices [**that** *make* our resources *sustainable*].
[ ]는 practices를 수식하는 주격 관계대명사절이다. 「make+목적어+목적격 보어(형용사)」는 '~를 …하게 하다'라는 뜻이다.

[10행] [**What** you *inherited* and *live* with] will become the inheritance of future generations.
[ ]는 관계대명사 What이 이끄는 명사절로 문장의 주어로 쓰였다. 관계대명사절의 동사 inherited와 live는 and로 병렬 연결되었다.

## 4 ③

**해석** 지오데식 돔은 구의 반쪽과 같은 모양을 하고 삼각형들로 구성된 구조물이다. 삼각형이 안정적인 모양이기 때문에 이 연결된 모양들은 스스로를 지탱하기에 충분히 튼튼한 뼈대를 형성한다. 구조 또한 일반적인 건물보다 더 효율적이다. 그것의 견고함 덕분에, 바람이나 폭설과 같은 극심한 날씨에도 그것은 취약하다(→ 안전하다). 또한, 그것은 전통적인 건물보다 표면적이 더 적어, 같은 바닥 면적을 더 적은 건축 자재로 둘러싼다. 더 적은 표면적은 또한 외부 온도에 대한 노출을 감소시켜서, 건물을 인위적으로 냉방하고 난방하는 데 더 저렴하게 한다. 조립식 부품을 사용해서, 사람들은 건설 중장비 없이도 지오데식 돔을 빠르게 건설할 수 있다. 이러한 요인들이 지오데식 돔을 여러 종류의 건설에 매력적으로 만든다.

**문제풀이** 문맥상 지오데식 돔이 견고하기 때문에 극심한 날씨에도 '안전하다'는 내용이므로, ③에는 invulnerable, secure, safe 등이 적절하다.

**구문분석**

[1행] A geodesic dome is a structure [**shaped** like half of a sphere and **composed** of triangles].
[ ]는 a structure를 수식하는 과거분사구로, 과거분사 shaped와 composed가 and로 병렬 연결되었다.

[7행] The smaller surface area also reduces exposure to outside temperatures, [**making** the building cheaper {*to cool* and *(to) heat* artificially}].
[ ]는 부대상황을 나타내는 분사구문이다. { }는 형용사 cheaper를 수식하는 부사적 용법의 to부정사구로 to cool과 (to) heat이 병렬 연결되었다.

## 5 ②

**해석** '희망 열차'는 펠로페파 의료 열차의 별명으로, 1994년부터 남아프리카에 의료 서비스를 제공해 오고 있는 이동식 병원이다. 이 열차는 18개의 객차로 구성되어 있고, 6백만 명에 가까운 사람들을 도와주었는데, 그들 중 많은 사람들이 가난한 시골 지역에 산다. 몇몇 사람들에게는 열차의 방문이 그들에게 있어 처음으로 현대 의료 서비스를 접하는 것이다. 열차에 있는 전문 의료진은 병을 치료하고 의료 교육을 제공하며 사람들이 건강한 생활방식으로 살도록 장려한다. 검진은 무료이고, 필요한 약은 어떤 것이든 1달러 미만이다. 다음 역으로 이동하기 전에, 중병에 걸린 환자들이 지속적으로 제대로 된 치료를 받을 수 있도록 열차 직원들은 지역 병원에 있는 의사들에게 연락한다.

**문제풀이** (A) 낙후 지역의 환자들에게 의료 서비스를 제공하도록 '이동하는' 병원이라고 하는 것이 적절하다.

(B) 일부 사람들에게는 희망 열차가 현대 의료 서비스와의 첫 '만남'이라고 하는 것이 적절하다.

(C) 문맥상 열차가 떠난 후에도 지역 병원에서 계속 치료를 받는 것을 '확실하게 한다'는 것이 적절하다.

**구문분석**

[3행] … has helped nearly six million people, [many of them **living** in poor rural areas].
[ ]는 주어가 남아 있는 분사구문으로, many of them은 living의 의미상 주어이다. them은 앞의 nearly six million people을 가리킨다.

[8행] [**Before moving** on to the next stop], the train's staff contacts doctors at local hospitals *to ensure* {**that** patients with serious illnesses continue to receive the proper treatment}.
[ ]는 때를 나타내는 분사구문으로, 분사구문의 의미를 명확히 하기 위해 접속사(Before)가 남아 있는 경우이다. to ensure 이하는 목적을 나타내는 부사적 용법의 to부정사구이다. { }는 ensure의 목적어 역할을 하는 명사절이다.

## 6 ②

**해석** 어떤 종들은 잠재적 포식자에 대한 정보를 공유하기 위해 경계 신호를 사용한다. 그들이 더욱 성숙해지면서 그들의 경계 신호는 탐지되어온 포식자의 특성에 대해 매우 구체적인 정보를 전달하는 것 같다. 어린 버빗원숭이가 자신의 위쪽 하늘에 있는 새 한 마리를 보면 경계 신호를 보낼 것이다. 이 경우에는 일종의 '콜록콜록' 소리이다. 이 단계에서 위험하든 그렇지 않든, 그것은 어떤 커다란 비행 물체에 대한 반응으로 주어지는 것이므로 위쪽의 있을 수 있는 위험에 대한 선천적인 신호로 보인다. 그러나 원숭이가 성인이 되어가면서 신호를 유발할 자극의 범위가 좁아진다. 결국, 이 경계 신호의 사용은 위쪽 하늘에 독수리가 보이는 그런 상황에 제한될 것이다. 그 신호를 듣자마자 집단의 구성원들은 위협적인 존재의 위치를 찾기 위해 하늘을 훑어보고 나서 빽빽한 초목에 의해 제공되는 은신처를 향해 돌진해 갈 것이다.

**문제풀이** (A) 동물이 성숙해감에 따라 그들이 보내는 경계 신호는 '구체적인' 정보를 전달하게 된다는 내용의 글이다.

(B) 버빗원숭이가 성숙해짐에 따라 경계 신호는 독수리로 국한된다는 내용이 뒤따르므로 자극의 범위가 '좁아진다'는 것이 적절하다.

(C) 포식자에 대한 정보를 공유하기 위한 경계 신호에 대한 내용이므로 '위협적인 존재'라고 하는 것이 적절하다.

**구문분석**

[6행] … because it is given as a response to any large **flying** object, dangerous or otherwise.
flying은 object를 수식하는 현재분사이다.

[10행] **Upon hearing** the call the members of the group will *scan* the sky to locate the threat and then *make* a dash for the cover [**provided** by dense vegetation].
「upon v-ing」는 '~하자마자'라는 의미이다. 동사 scan과 make는 and로 병렬 연결되었다. [ ]는 the cover를 수식하는 과거분

사구이다.

## 7 ②

**해석** 우리는 줄다리기에서 뉴턴의 운동 법칙이 작용하는 것을 확실하게 볼 수 있다. 만약 양쪽이 같은 힘으로 당긴다면, 줄은 어느 쪽으로도 가속화되지 않을 것이다. 이것은 뉴턴의 제1법칙을 보여준다. 그러나 한쪽이 더 세게 당기면, 줄은 움직이기 시작한다. 이것은 그의 제2법칙으로 이어진다. 지고 있는 쪽은 힘을 더 내야 한다. 그것이 상대편만큼 힘을 쓴다면, 줄은 움직임을 멈추게 될 것이다. 만약 그것이 더 높은 수준의 힘을 유지한다면, 줄은 그쪽으로 움직일 것이다. 뉴턴의 제3법칙에 관해서는, 당신은 줄이 당신을 움직이게 하려는 것을 느낄 수 있다. 이것을 방지하기 위해서, 당신은 발을 땅속에 파묻는다. 땅은 반대쪽으로 밀리면서, 당신이 줄이 끌어당기는 힘에 저항하도록 도와준다.

**문제풀이** (A) 줄의 양쪽을 같은 힘으로 당기면 줄은 어느 쪽으로도 끌려가지 않으므로, '가속화되지' 않는다는 것이 적절하다.

(B) 끌려가던 쪽이 상대편보다 더 높은 수준의 힘을 '유지하면' 줄이 자기 쪽으로 끌려온다는 것이 적절하다.

(C) 땅에 발을 묻으면 땅이 반대쪽으로 밀리므로, 줄의 끌어당기는 힘에 '저항하게' 도와준다는 것이 적절하다.

**구문분석**

[5행] If it uses **as much** force **as** the other side, … .
「as+형용사[부사]의 원급+as ~」는 '~만큼 …한[하게]'이라는 뜻이다.

[7행] As for Newton's third law, you can **feel** the rope **trying** to move you.
「feel+목적어+목적격 보어」는 '~가 …하고 있는 것을 느끼다'라는 의미로, 지각동사 feel의 목적격 보어로 현재분사가 쓰였다.

[8행] The ground pushes back, [**helping** you *resist* the rope's pull].
[ ]는 동시동작을 나타내는 분사구문이다. helping의 목적격 보어로 동사원형인 resist가 쓰였다.

## 8 ④

**해석** 놀랍게도 반딧불이가 '불을 밝힐 수 있게' 하는 화학 물질은 오염된 식품을 선별하기 위해 사용된다. 반딧불이의 발광효소와 발광소는 ATP를 감지할 수 있는데, 이것은 살모넬라처럼 위험한 미생물을 포함하여 모든 생물체에서 발견되는 화합물이다. 이 화학 물질을 식품에 첨가하는 것은 미생물 속 ATP가 빛을 만들어내게 한다. ATP가 더 많이 있을수록, 빛이 더 밝아진다. 이는 오염의 정도까지도 알아낼 수 있음을 의미한다. 1960년대에 식품 산업은 발생된 빛의 양을 측정하는 감지 장치를 사용하여 이 방법을 이용하기 시작했다. 현재 천연 물질이 합성 물질로 대체되었지만, 이 검사는 식품 안전을 보장하기 위해 여전히 널리 사용되고 있다.

**문제풀이** (A) 반딧불이의 발광효소와 발광소가 식품에 있는 유해한 미생물 속 ATP를 감지하여 빛을 내는 설명을 통해 '오염된' 식품을 선별하는 데 사용된다는 것을 알 수 있다.

사구이다.

(B) 발생된 빛의 양을 통해 오염의 정도를 알아낸다는 설명을 통해 빛을 '만들어내다'가 적절하다.

(C) 오염된 식품을 선별하여 식품 안전을 '보장한다'고 하는 것이 적절하다.

**구문분석**

[1행] Surprisingly, the chemicals [**that** *allow* fireflies *to "light up"*] are used {to identify contaminated food}.
[ ]는 the chemicals를 수식하는 주격 관계대명사절이다. 「allow+목적어+to-v」는 '~가 …하게 하다'의 의미이다. { }는 목적을 나타내는 부사적 용법의 to부정사구이다.

[4행] [Adding these chemicals to food] **causes** the ATP in microbes **to produce** light.
[ ]는 문장의 주어로 쓰인 동명사구이다. 「cause+목적어+to-v」는 '~가 …하게 하다'라는 의미이다.

[5행] **The more** ATP present, **the brighter** the light will be.
「the+비교급 ~, the+비교급 …」은 '~하면 할수록 더 …하다'의 의미이다.

---

p.65

**UNIT 05 REVIEW TEST** *Grammar in the passage*

1 Stefansson led an expedition headed to the Arctic in 1913.
스테판손은 1913년에 북극으로 향하는 탐험대를 이끌었다.

2 It is a structure shaped like half of a sphere and composed of triangles.
그것은 구의 반쪽과 같은 모양을 하고 삼각형들로 구성된 구조물이다.

3 They choose to read articles criticizing the validity of IQ tests.
그들은 지능검사의 타당성을 비판하는 기사를 읽기로 선택한다.

4 The side losing ground must increase its force.
지고 있는 쪽은 힘을 더 내야 한다.

5 Few of them have detailed memories of those days.
그들 중 그 날들에 대한 상세한 기억을 가진 사람은 거의 없다.

6 The crew began to fight when facing food shortages.
대원들은 식량 부족에 직면하게 되자 싸우기 시작했다.

7 Many people are somewhere in the middle, wanting some use and some protection.
일부는 사용하고 일부는 보호하기를 원하면서, 많은 사람들은 중간적 입장에 있다.

8 It has less surface area, enclosing the same floor space with less building material.
그것은 표면적이 더 적어, 같은 바닥 면적을 더 적은 건축 자재로 둘러싼다.

9 Before moving on to the next stop, the train's staff contacts doctors at local hospitals.
다음 역으로 이동하기 전에, 열차 직원들은 지역 병원에 있는 의사들에게 연락한다.

10 The food industry began employing this method, using sensitive instruments to measure the amount of produced light.
식품 산업은 발생된 빛의 양을 측정하는 감지 장치를 사용하여 이 방법을 이용하기 시작했다.

---

**UNIT 06 주어와 동사의 수 일치**

① **명사구 주어** p.67
1 새로운 학기를 시작하는 것은 부담스러우면서 신이 난다.
2 친구들과 스포츠 경기를 하는 것은 팀워크에 대해 배우는 좋은 방법이다.
3 사람들을 신뢰하고 권한을 부여하는 것은 당신이 일에 집중하게 해 준다.

**상승 PLUS**

수족관 안에 사는 저 돌고래들을 보는 것은 나를 슬프게 한다.

② **명사절 주어** p.67
1 그녀의 부상이 심각하지 않다는 것은 안심이다.
2 그들이 결혼을 할지 안 할지는 큰 의문이다.
3 우리가 언제 휴가를 떠날지는 아직 결정되지 않았다.
4 올해 내 생일 선물로 내가 원하는 것은 새 노트북이다.

**상승 PLUS**

짖고 있는 그 개는 우리 이웃의 개이다.

**STEP 1**   1 is   2 serves   3 is   4 have

**STEP 2**   1 F, makes   2 T   3 F, is   4 F, was

---

### STEP 1

1 너의 대답이 정확한지 아닌지는 이 수업에서 중요하지 않다.
▶ 접속사 Whether가 이끄는 명사절이 주어로 쓰였으며, 명사절은 단수 취급한다.

2 직장에서 우리가 할 수 있는 것을 확인하는 것은 경력을 향상시키는 데 도움이 된다.
▶ 동명사구가 주어로 쓰였으며, 동명사구는 단수 취급한다.

3 축구팀이 어디에서 연습을 할지는 지금 결정되는 중이다.
▶ 의문사 Where가 이끄는 명사절이 주어로 쓰였으며, 명사절은 단수 취급한다.

4 우리는 마케팅에 경력이 있는 지원자들을 찾고 있다.
▶ who 이하는 선행사인 applicants를 수식하는 주격 관계대명사절이며, 주격 관계대명사절 안의 동사는 선행사의 수에 일치시킨다.

### STEP 2

1 네가 곧 떠난다는 것이 나를 슬프게 한다.
▶ 접속사 That이 이끄는 명사절이 주어로 쓰였으며, 명사절은 단수 취급한다.

2 그 기관이 하는 일은 도움이 필요한 사람들을 돕는 것이다.
▶ 관계사 What이 이끄는 명사절이 주어로 쓰였으며, 명사절은 단수 취급한다.

3 카메라와 비디오 카메라를 사용하는 것은 A 구역을 제외한 모든 곳에서 허용된다.
▶ 동명사구가 주어로 쓰였으며, 동명사구는 단수 취급한다.

4 산 속을 달리는 것은 놀라운 경험이었다.
▶ to부정사구가 주어로 쓰였으며, to부정사구는 단수 취급한다.

③ **주어 뒤에 수식어구나 삽입어구가 오는 경우**    p.68
   1 초콜릿과 사탕으로 가득 찬 상자는 나를 위한 아빠의 선물이었다.
   2 반납할 책들이 탁자 위에 있다.
   3 벽에 걸려 있는 그림들은 백만 달러의 가치가 있다.
   4 주차장에 있는 차량들은 다시 칠해져야 한다.
   5 너무 빨리 포기하는 사람들은 절대 성공하지 못하는 사람들이다.
   6 팀의 주장인 Jason은 내가 다음 경기에 오기를 원한다.

④ **주어와 동사의 도치**    p.68
   1 내가 손을 먼저 씻지 않고 식사를 하는 경우는 드물다.
   2 길 바로 아래에 Ganges라고 불리는 인도 음식점이 있다.
   3 그의 사업은 매우 성공적이어서 그는 또 다른 공장을 지을 수 있었다.

**STEP 1**   1 fills   2 were   3 offer

**STEP 2**   1 F, are   2 T   3 F, was

---

### STEP 1

1 야생화의 향기가 우리 주변에 가득하다.
▶ 전치사구 of wildflowers가 수식하는 The scent가 주어이므로 단수 동사인 fills가 와야 한다.

2 작년이 되어서야 저 소년들은 학생으로 인정받았다.
▶ 부정어구 Not until last year가 문장 앞에 와서 주어와 동사가 도치된 형태이다. those boys가 주어이므로 복수 동사인 were가 와야 한다.

3 해안을 따라 있는 그 호텔들은 멋진 전망을 제공한다.
▶ 과거분사구 located along the coast가 수식하는 The hotels가 주어이므로 복수 동사인 offer가 와야 한다.

### STEP 2

1 부엌 조리대에 있는 그릇들은 사과로 가득 차 있다.
▶ 전치사구 on the kitchen counter가 수식하는 The bowls가 주어이므로 복수 동사인 are를 써야 한다.

2 소파 위에 빨간색 종이로 포장된 작은 상자들이 놓여 있다.
▶ 부사구 On the sofa가 문장 앞에 와서 주어와 동사가 도치된 형태로, 주어인 small boxes에 동사의 수를 일치시켜 복수 동사인 lie가 왔다. wrapped in red paper는 주어를 수식하는 과거분사구이다.

3 내 친구들과 갔던 그 콘서트는 실망이었다.
▶ 주격 관계대명사절 that ... friends가 수식하는 The concert가 문장의 주어이므로 단수 동사인 was를 써야 한다.

⑤ **상관접속사로 연결된 주어의 수 일치**    p.69
   1 Janet뿐만 아니라 그녀의 자매들도 곱슬머리이다.
   2 다른 행성들뿐만 아니라 지구도 태양 주위를 돈다.
   3 James나 너 둘 중 하나는 완전히 틀렸다.
   4 우산도 비옷도 둘 다 저 가게에서 구할 수 없었다.
   5 내일 아침 짙은 안개와 폭우 둘 다 예상된다.

⑥ **수 일치 문제에 자주 나오는 표현**    p.69
   1 이 거리의 모든 식당은 구운 스테이크와 해산물을 판다.
   2 이 활동들 각각은 당신의 작동 기억의 일부를 필요로 한다.
   3 케이크의 나머지는 식탁 위에 그대로 있었다.
   4 많은 가게들은 이번 주 금요일에 열지 않는다.
   5 젊은 사람들은 패션 동향에 더 민감한 것 같다.

**STEP 1**   1 has   2 was

**STEP 2**   1 are   2 need   3 is   4 help

**STEP 1**

**1** 대부분의 우유가 식당에서 학생들에게 팔렸다.
▶ 〈most of+명사〉가 주어로 올 때 of 뒤의 명사(the milk)에 동사의 수를 일치시키므로 단수 동사 has가 와야 한다.

**2** 그 아이들뿐만 아니라 그들의 엄마도 지쳤다.
▶ 〈not only A but also B〉가 주어로 올 때 B(their mom)에 동사의 수를 일치시키므로 단수 동사 was가 와야 한다.

**STEP 2**

**1** 이 동물원의 모든 동물들은 원래 아프리카에서 왔다.
▶ 〈all of+명사〉가 주어로 올 때 of 뒤의 명사(the animals)에 동사의 수를 일치시키므로 복수 동사 are를 써야 한다. in this zoo는 주어를 수식하는 전치사구이다.

**2** 네 언니나 너 둘 중 하나는 컴퓨터를 수리점에 가져가야 한다.
▶ 〈either A or B〉가 주어로 올 때 B(you)에 동사의 수를 일치시키므로 need를 써야 한다.

**3** 고객의 수는 꾸준히 증가하고 있다.
▶ 〈the number of+복수 명사〉는 '~의 수'라는 의미로 단수 취급하므로 단수 동사 is를 써야 한다.

**4** 공부하는 것과 필기하는 것 둘 다 내가 시험을 잘 볼 수 있게 도와준다.
▶ 〈both A and B〉는 항상 복수 취급하므로 복수 동사 help를 써야 한다.

---

# GRAMMAR for Reading
pp.70~71

**1** (1) like (2) is (3) know (4) affects

**2** (1) increase → increases (2) are → is
   (3) don't matter → doesn't matter
   (4) own → owns

**3** (1) were some beautiful girls
   (2) Half of our team was injured
   (3) Not only Jake's brothers but also Jake is

**4** (A) comes (B) leads

**5** (A) flies (B) allow (C) is
  EXTRA Q. dimples[dents], smooth

**6** (A) don't (B) enables

**1**

(1) 나의 남자친구와 나 둘 다 모바일 게임 하는 것을 좋아한다.
▶ 〈both A and B〉는 항상 복수 취급하므로 복수 동사 like를 써야 한다.

(2) 새로운 친구를 사귀는 것은 나에게 쉽지 않다.
▶ 동명사구가 주어로 쓰였으며, 동명사구는 단수 취급하므로 단수 동사 is를 써야 한다.

(3) 우리 어머니나 나 둘 다 내 남동생의 휴대전화가 어디에 있는지 모른다.
▶ 〈neither A nor B〉가 주어로 올 때 B(I)에 동사의 수를 일치시키므로 know를 써야 한다.

(4) 네가 입는 것이 다른 사람들이 너를 보는 방식에 영향을 끼친다.
▶ 관계사 What이 이끄는 명사절이 주어로 쓰였으며, 명사절은 단수 취급하므로 단수 동사 affects를 써야 한다.

**2**

(1) 그 호텔의 투숙객 수는 여름철에 증가한다.
▶ 〈the number of+복수 명사〉는 '~의 수'라는 의미로 단수 취급하므로 단수 동사인 increases를 써야 한다. at the hotel은 guests를 수식하는 전치사구이다.

(2) 그는 이 세상의 모든 사람은 특별하다고 말했다.
▶ everyone은 항상 단수 취급하므로 단수 동사인 is를 써야 한다. in the world는 everyone을 수식하는 전치사구이다.

(3) 우리가 중식을 먹을지 멕시코 음식을 먹을지는 내게 상관없다.
▶ 접속사 Whether가 이끄는 명사절이 주어로 쓰였으며, 명사절은 단수 취급하므로 doesn't matter를 써야 한다.

(4) 이 건물을 소유하고 있는 그 노인은 꼭대기 층에 산다.
▶ 주격 관계대명사절 안의 동사는 선행사(The old man)의 수에 일치시키므로 단수 동사 owns를 써야 한다.

**3**

(1) 장소의 부사구(In the picture)가 문장 앞에 왔으므로 주어와 동사가 도치되며, 주어는 some beautiful girls이므로 복수 동사 were를 써야 한다.

(2) 〈half of+명사〉는 of 뒤에 오는 명사(our team)에 동사의 수를 일치시키므로 단수 동사 was를 써야 한다.

(3) 〈not only A but (also) B〉가 주어로 올 때 B(Jake)에 동사의 수를 일치시키므로 단수 동사 is를 써야 한다.

**4**

**해석** 웃음은 많은 건강상의 이점이 있고 병을 치료하고 예방하는 데도 역할을 할 수 있다. 웃음의 즉각적인 효과는 긍정적이고 기쁜 감정이다. 이것 뒤에 심박수, 호흡수, 산소 소모량의 증가가 빠르게 이어진다. 그다음으로 심박수, 호흡수, 혈압이 떨어지기 시작하면서 근육이 이완되는 시기가 온다. 결국 이 모든 것이 상당한 스트레스 감소로 이어진다.

**문제풀이** (A) 부사 Next가 문장 앞에 오면서 주어와 동사가 도치된 형태로, 주어 a period에 수를 일치시켜 단수 동사 comes를 써야 한다.
(B) 〈all of+명사〉는 of 뒤의 명사(this)에 동사의 수를 일치시키므로 단수 동사 leads를 써야 한다.

**구문분석**

[3행] This **is** quickly **followed by** an increase in your

heart rate, breathing rate, and oxygen consumption.
「A be followed by B」는 'A에 이어 B가 일어나다'라는 의미이다.

[4행] **Next comes a period** [*during which* your muscles relax], as your heart rate, breathing rate, and blood pressure begin to decrease.
부사(Next)가 문두에 와 문장의 주어(a period)와 동사(comes)가 도치되었다. [ ]는 a period를 수식하는 관계대명사절로, during which는 관계부사 when으로 바꿔 쓸 수 있다.

## 5

**해석** 오래전에, 골프 선수들은 움푹 들어간 부분으로 뒤덮인 낡은 공이 매끈한 공보다 더 멀리 날아간다는 것을 깨달았다. 그 이후로, 골프공은 홈들이 있게 만들어졌다. 이 공들은 매끈한 공들보다 거의 두 배 더 멀리 날아갈 수 있다. 이는 홈들이 공을 끌어당겨서 공의 속도를 늦추는 항력을 줄여주기 때문이다. 홈들은 또한 공기의 흐름을 아래로 향하게 하는데, 이는 공을 위로 밀어준다. 이것은 비행기를 날게 하는 것과 같은 원리이다. 골프공에 얼마나 많은 홈이 있어야 하는지에 대한 규칙은 없지만, 가장 흔한 홈의 수는 392개이다.

**문제풀이** (A) that절의 주어로 an old ball이 왔으므로 단수 동사 flies를 써야 한다. covered in dents는 an old ball을 수식하는 과거분사구이다.
(B) 선행사를 수식하는 주격 관계대명사절 안의 동사는 선행사(the same principles)의 수에 일치시키므로 복수 동사 allow가 와야 한다.
(C) 〈the number of+복수 명사〉는 '~의 수'라는 의미로 단수 취급하므로 단수 동사 is를 써야 한다.

**구문분석**

[3행] These balls can fly nearly **twice as far as** smooth ones.
「배수사+as+형용사[부사]의 원급+as A」는 'A보다 ~ 배로 더 …한[하게]'이라는 의미이다.

**EXTRA Q.** 홈들이 있는 골프공은 매끈한 공들보다 공을 더 멀리 날게 한다.

## 6

**해석** 전 세계의 거의 10억 명의 사람들이 안전한 식수에 쉽게 접근할 수 없다. 이것은 많은 질병과 심지어 죽음으로 이어진다. 다행히도, 남아프리카의 연구원들은 물 정화 티백이라는 해결책을 찾아냈다. 이 특별한 티백에는 필터 역할을 하는 나노 구조의 섬유와 해로운 박테리아를 죽이는 특수한 탄소 조각들이 들어있다. 이 티백들을 물병의 목 부분에 두는 것은 당신이 병에 걸리지 않고 신선한 물을 마실 수 있게 한다. 그 티백들은 또한 미생물에 의해 친환경적으로 분해되며 믿을 수 없을 만큼 만들기에 저렴하다.

**문제풀이** (A) Almost 1 billion people이 주어이므로 복수 동사 don't를 써야 한다. around the world는 Almost 1 billion people을 수식하는 전치사구이다.
(B) 동명사구 Placing ... water bottles가 주어로 쓰였으며 동명사

구는 단수 취급하므로, 단수 동사 enables를 써야 한다.

**구문분석**

[3행] These special bags contain nano-structured fibers [**that** act as a filter] and special pieces of carbon {*that* kill harmful bacteria}.
[ ]는 nano-structured fibers를 수식하는 주격 관계대명사절이고, { }는 special pieces of carbon을 수식하는 주격 관계대명사절이다.

[6행] ... **enables** you **to drink** fresh water without [*falling* ill].
「enable+목적어+to-v」는 '~가 …할 수 있게 하다'의 의미이다.
[ ]는 전치사 without의 목적어로 쓰인 동명사구이다.

---

✈ **수능 유형 독해**　**빈칸 추론**　　　　pp.72~76

**모의고사 기출 ②**

1 ② 　2 ③ 　3 ① 　4 ③ 　5 ④ 　6 ⑤ 　7 ③ 　8 ②

**모의고사 기출 ②**

**해석** 아마도 대부분의 투자자들이 투자를 처음 시작할 때 저지르는 가장 큰 실수는 손실을 보고 공황 상태에 빠지는 것이다. 이것은 확고하고 장기적인 계획을 세우는 데 주된 장애물이다. 우리는 돈을 벌기 위해 열심히 일하고, 그 돈이 불어나서 우리에게 수익을 가져다주기를 원한다. 그러나 대부분의 초보 투자자들이 이해하지 못하는 것은 주식 시장에 투자하는 것에는 위험성이 있다는 것과 위험성으로 인해 때때로 손실을 본다는 것이다. 비록 투자한 주식 가격이 떨어지고 있더라도 이것은 그 투자를 성급하게 포기해야 한다는 것을 의미하지는 않는다. 중요한 것은 투자자로서 우리는 단기 손실보다는 장기적인 성장에 집중해야 한다는 것이다. 그러므로 주식 포트폴리오뿐만 아니라 개인적 투자에 있어서도 인내심을 가져라.

**문제풀이** 투자 시 가치가 떨어진 매물을 성급하게 팔기보다는 장기 성장에 초점을 맞춰야 한다는 내용이므로, 빈칸에 들어갈 말로 ② '인내심 있는'이 가장 적절하다.

**오답풀이** ① 솔직한 ③ 생산적인 ④ 근면한 ⑤ 협동적인

**구문분석**

[1행] Perhaps the biggest mistake [**that** most investors make when they first begin investing] is {*getting* into a panic over losses}.
[ ]는 the biggest mistake를 수식하는 목적격 관계대명사절이다. { }는 문장의 보어로 쓰인 동명사구이다.

[4행] But [**what** most beginning investors don't understand] is {*that* investing in the stock market is a risk, and *that* with risk, you sometimes take losses}.
[ ]는 관계대명사 what이 이끄는 명사절로 문장의 주어이며, { }

는 보어로 쓰인 명사절로 두 개의 that절이 and로 병렬 연결되었다.

## 1 ②

**해석** 친환경적이라고 여겨지는 상품은 일반적으로 소비자들에게 선호된다. 하지만 이런 상품을 구매하는 많은 사람들이 실제로 환경을 염려하는 것은 아니다. 한 조사에서 하이브리드 승용차를 구입한 사람들이 왜 그들의 차를 선택했는지 질문을 받았다. 가장 많이 나온 답은 "지구에 좋은 일이다"가 아니었고, "그게 나에 대한 메시지를 전달한다"였다. 이는 사람들은 때때로 사회에서 자신의 지위를 높이기 위해 사회적으로 책임 있는 행동을 한다는 것을 시사한다. '값비싼 신호 이론'이 이를 설명할 수 있다. 이 이론에서 사람들은 흔히 관대한 행위를 통해 자신의 높은 사회적 지위를 드러낸다고 한다. 이런 행위는 그들이 시간, 돈이나 에너지가 매우 많아서 아무 문제 없이 그것을 써 버릴 수 있다는 것을 보여준다.

**문제풀이** 친환경 승용차를 구매하는 소비자의 심리를 예로 들어, 사람들은 자신의 행위를 통해 사회적 지위를 드러내려 한다는 내용이므로, 빈칸에 들어갈 말로 ② '사회에서 자신의 지위를 높이다'가 가장 적절하다.

**오답풀이** ① 자신이 얼마나 똑똑한지 보여주다
③ 타인의 관용에 보답하다
④ 돈을 절약하는 새로운 방법을 찾다
⑤ 오염량을 줄이다

**구문분석**

[3행] In a survey, people [**who** *had purchased* a hybrid car] were asked {why they chose their automobiles}.
[ ]는 people을 수식하는 주격 관계대명사절이고, 주절의 시점(were asked)보다 이전에 일어난 일을 나타내므로 과거완료 시제(had purchased)를 썼다. { }는 asked의 목적어 역할을 하는 간접의문문으로 「의문사＋주어＋동사」의 어순으로 쓰였다.

[4행] "It's good for the earth" wasn't a top answer, but "It sends a message about me" **was** (a top answer).
was 뒤에 반복되는 어구(a top answer)가 생략되었다.

## 2 ③

**해석** 날마다 해야 하는 많은 학업이 지루하고 반복적이기 때문에, 여러분은 그것을 계속하기 위해서 잘 동기 부여받을 필요가 있다. 어느 수학자는 연필을 깎고, 어떤 증명을 연구하며, 몇 가지 접근법을 시도하고, 아무런 성과를 내지 못하고, 그날을 끝낸다. 어느 작가는 책상에 앉아 몇 백 단어의 글을 창작하고, 그것이 별로라고 판단하며, 쓰레기통에 그것을 던져 버리고, 내일 더 나은 영감을 기대한다. 가치 있는 무언가를 만들어내는 것은, 그런 일이 일어나기라도 한다면, 여러 해 동안의 그런 결실 없는 노동이 필요할지도 모른다. 노벨상을 수상한 생물학자 Peter Medawar는 과학에 들인 그의 시간 중 5분의 4 정도가 헛되었다고 말하면서, "거의 모든 과학적 연구가 성과를 내지 못한다."고 애석하며 덧붙여 말했다. 상황이 악화되고 있을 때 이 모든 사람들을 계속하게 했던 것은 자신들의 주제에 대한 열정이

었다. 그러한 열정이 없었더라면, 그들은 아무것도 이루지 못했을 것이다.

**문제풀이** 성과가 없는 지루한 일을 반복적으로 하는 사람들의 예시가 제시된 것으로 보아, 가치 있는 것을 만들어내는 것은 ③ '결실 없는' 노동을 필요로 할 수도 있다는 내용이 이어지는 것이 적절하다.

**오답풀이** ① 협력하는 ② 생산적인 ④ 위험한 ⑤ 불규칙적인

**구문분석**

[7행] … said that about **four-fifths of his time** [in science] was wasted, {*adding* sadly that … nowhere."}
〈분수＋of＋명사〉가 that절의 주어로 쓰이면서 of 뒤의 명사(his time)에 수를 일치시켜 단수 동사 was가 왔다. [ ]는 his time을 수식하는 전치사구이다. { }는 부대상황을 나타내는 분사구문이다.

[10행] **Without** such passion, they **would have achieved** nothing.
if절을 대신하여 without이 이끄는 구가 쓰인 가정법 과거완료 문장이다. Without such passion은 But for such passion 또는 If it had not been for such passion으로 바꿔 쓸 수 있다.

## 3 ①

**해석** 한 행동 과학 실험이 캘리포니아에서 실시되었다. 사람들에게 에어컨 대신 선풍기를 사용하도록 부탁하는 표지판이 한 지역의 집 문에 부착되었다. 네 가지 형태의 표지판이 있었다. 첫 번째 표지판은 사람들에게 얼마나 많은 돈을 절약할 수 있는지 알려주었다. 두 번째 표지판은 환경적인 메시지를 담고 있었고, 세 번째 표지판은 사람들에게 좋은 시민이 되어 달라고 요청했다. 실험 결과는 이 표지판 중 어떤 것도 사람들의 행동에 영향을 주지 않았음을 보여주었다. 그러나 '한 설문조사는 여러분 이웃의 77%가 에어컨 대신 선풍기를 사용함을 보여줍니다.'라고만 쓰여 있는 네 번째 표지판이 있었다. 다른 표지판들과 달리, 이것은 확실하게 사람들의 관심을 끌었고, 에너지 사용에 있어 급격한 감소를 가져왔다. 이것은 어떤 상황에서는 사회적 압력이 사람들을 행동하게 만드는 최선의 방법임을 보여준다.

**문제풀이** 사람들에게 에어컨 대신 선풍기를 사용할 것을 제안한 실험에서, '이웃 사람들 대부분이 그렇게 하고 있다'고 쓰여 있는 표지판만 사람들의 행동 변화를 가져오는 데 효과가 있었다는 내용이므로, 빈칸에 들어갈 말로 ① '사회적 압력'이 가장 적절하다.

**오답풀이** ② 국민적 자부심 ③ 정치적 설득
④ 간단한 과학 ⑤ 경제적 이득

**구문분석**

[1행] Signs [**that** *asked* people *to use* fans instead of air conditioners] were placed on doors ….
[ ]는 문장의 주어인 Signs를 수식하는 주격 관계대명사절이며, 문장의 동사는 were placed이다. 「ask＋목적어＋to-v」는 '~에게 …하라고 요청[부탁]하다'라는 의미이다.

[3행] The first told people [how much money they could save].

[ ]는 동사 told의 직접목적어 역할을 하는 간접의문문으로 「의문사+주어+동사」의 어순을 취한다.

## 4  ③

**해석** 샤덴프로이데는 '타인의 불행에 대한 기쁨의 감정'을 의미한다. 샤덴프로이데를 복잡한 단어로 만드는 것은 그것이 서로 다른 감정들의 혼합이라는 것이다. 신경과학자들은 질투, 안도, 그리고 다른 사람들로부터의 인정의 욕구들이 모두 포함되어 있다는 것을 알아냈다. 다음의 상황을 상상해 보라. 성적이 완벽하고 외모도 훌륭한 모범생이 갑자기 시험에 실패한다. 그녀의 반 친구들 중의 한 사람으로서, 당신은 아마도 그녀를 부러워해서, 그녀가 실패하는 것을 보고 당신은 비밀스럽게 기뻐할지도 모른다. 이제 당신 또한 반에서 가장 훌륭한 학생들 중 하나라고 상상해 보라. 어려움을 겪고 있는 경쟁자를 보는 것은 당신이 실패한 그 사람이 아니라는 안도감을 줄 것이다. 가장 훌륭한 학생이 실패했기 때문에 당신의 성적이 더 나아 보여서, 당신은 심지어 자신의 성적이 더 수용 가능하다고 느낄지도 모른다.

**문제풀이** 다른 사람의 실패를 보고 기쁨이나 안도를 느끼는 샤덴프로이데라는 감정을 예시를 통해 설명하는 글이므로, 빈칸에 들어갈 말로 ③ '타인의 불행에 대한 기쁨의 감정'이 가장 적절하다.

**오답풀이** ① 모든 경쟁자들이 실패하기를 바라는 마음
② 모든 사람이 공평하게 성공을 나누기를 바라는 소망
④ 실패는 누구에게나 가능한 결과라는 의식
⑤ 친구들로부터 언제나 칭찬을 받고자 하는 갈망

**구문분석**

[1행] [**What** makes *schadenfreude* a complicated word] is {*that* it is a mixture of other feelings}.
[ ]는 관계대명사 what이 이끄는 명사절로 문장의 주어이며, { }는 접속사 that이 이끄는 명사절로 문장의 보어이다.

[4행] A model student [**who** *gets* perfect grades and *is* good-looking] suddenly fails a test.
[ ]는 A model student를 수식하는 주격 관계대명사절이다. 주격 관계대명사절 안의 동사는 선행사의 수에 일치시키므로 단수 동사 gets와 is가 쓰였으며 두 동사는 and로 병렬 연결되었다.

[7행] [Seeing a competitor facing difficulties] **is** likely to give you a sense of relief {*that* you're not the one **who failed**}.
[ ]는 문장의 주어로 쓰인 동명사구로, 동명사구 주어는 단수 취급하므로 단수 동사 is를 썼다. { }는 a sense of relief를 부연 설명하는 동격의 명사절이다. who failed는 the one을 수식하는 주격 관계대명사절이다.

## 5  ④

**해석** 17세기 유명 네덜란드 화가인 렘브란트는 100점이 넘는 자화상을 그린 것으로 유명하다. 이 그림들은 그가 자신을 보는 방식의 변화를 보여준다. 그의 초기 작품들에서 그는 자신을 성공한 젊은 예술가로 그렸다. 그는 당시의 상류층 사람들의 초상화에서 발견되는 것과 같은 구성 요소를 이용했다. 예를 들어, 'Rembrandt and

Saskia'라는 그림은 비싼 옷을 입고 행복과 자신감으로 가득 찬 듯 보이는 자신과 아내의 초상화이다. 그러나 이후에 그가 슬프고 근심이 많은 사람이 되었다는 사실이 그의 자화상들에서 분명하게 드러난다. 아내의 죽음 이후에 우울해져서, 그는 심지어 자신을 거지로 그렸다. 그의 그림에서 가난은 그의 깊은 절망에 대한 은유로 이용되었다.

**문제풀이** 렘브란트의 자화상에 담긴 그의 모습이 그가 스스로를 어떻게 보는지에 따라 변했다는 것을 설명하는 글이므로, 빈칸에 들어갈 말로 ④ '그가 자신을 보는 방식의 변화를 보여준다'가 가장 적절하다.

**오답풀이** ① 그가 행복한 사람이 아니었다는 사실을 숨긴다
② 사람들이 그를 이기적이었다고 생각하게 한다
③ 그의 다른 예술 작품들만큼 좋게 평가받지 못한다
⑤ 시간이 지나면서 그의 화풍이 어떻게 향상되었는지를 보여준다

**구문분석**

[1행] Rembrandt, [the famous 17th-century Dutch artist], is known for **having painted** more than 100 self-portraits.
[ ]는 Rembrandt를 부연 설명하는 동격어구이다. having painted는 전치사 for의 목적어로 쓰인 동명사로, 주절의 시점(is)보다 이전의 일을 나타내므로 완료형 동명사(having v-ed)가 쓰였다.

[5행] … a portrayal of him and his wife [**wearing** expensive clothes and **appearing** full of happiness and pride].
[ ]는 him and his wife를 수식하는 현재분사구로, 현재분사 wearing과 appearing이 and로 병렬 연결되었다.

[7행] …, the fact [**that** he had become a sad and troubled man] is clearly shown in his self-portraits.
[ ]는 문장의 주어 the fact를 부연 설명하는 동격의 명사절이고, 동사는 is이다.

## 6  ⑤

**해석** 해안 쪽으로 사람들의 이동이 점점 빨라지는 것은 현대적인 현상이지만, 해안 거주와 관련된 잠재적 위험에 대한 지식과 이해는 그렇지 않다. 실제로, 인간이 유발한 온실가스 배출이 기하급수적으로 기후를 변화시키지 않았고, 바다를 온난화시키지 않았고, 해수면 상승을 이끌지 않았을 때조차도, 우리 조상들은 바다의 많은 움직임과 경고를 어떻게 더 잘 듣고 존중할지를 알고 있어서 더 내륙 쪽으로 정착했다. 예를 들어, 일본 해안가를 따라, 몇몇은 600년이 더 넘은 수백 개의 이른바 쓰나미 스톤이 특정 지점 아래로 집을 짓지 않을 것을 사람들에게 경고하기 위해 놓여졌다. 전 세계에 걸쳐, 달과 조석, 바람, 비와 허리케인은 자연스럽게 인간의 정착 선택을 안내했다.

**문제풀이** 일본의 쓰나미 스톤 등을 예시로 들어 선조들이 바다와 관련된 자연현상을 파악하고 그에 따라 거주지를 결정했음을 설명하는 글이므로, 빈칸에 들어갈 말로 ⑤ '더 내륙 쪽으로 정착했다'가 가장 적절하다.

**오답풀이** ① 자연 서식지를 폐허로 만들었다
② 고르게 땅을 평평하게 했다
③ 원시사회의 미신을 형성했다

④ 그들의 조상을 원망했다

**구문분석**

[1행] The acceleration [of human migration toward the shores] is a contemporary phenomenon, but the knowledge and understanding of the potential risks regarding coastal living are not (*a contemporary phenomenon*).
[ ]는 문장의 주어인 The acceleration을 수식하는 전치사구이며, 문장의 동사는 is이다. are not 뒤에는 반복되는 어구 a contemporary phenomenon이 생략되었다.

[3행] Indeed, even at a time [when human-induced greenhouse-gas emissions were not … seas], our ancestors knew {*how to* better *listen* to and (*to*) *respect* the many movements and warnings of the seas}, [thus **settling** farther inland].
첫 번째 [ ]는 a time을 수식하는 관계부사절이다. { }는 knew의 목적어로 쓰인 의문사구로 「how to-v」는 '어떻게 ~해야 할지'라는 뜻이고, to부정사 to listen과 (to) respect가 and로 병렬 연결되었다. 두 번째 [ ]는 결과를 나타내는 분사구문이다.

**7** ③

**해석** Beresheet라는 이름의 새로운 우주선이 엄청난 양의 정보와 함께 우주로 발사되었는데, 이것은 인간의 지식과 문화를 보존하는 것을 목표로 한다. '달 도서관'이라고 불리는 이 자료 보관소는 25개의 매우 얇은 니켈 디스크에 저장된다. 중요한 역사적 문서와 위키피디아의 완전한 영어 사본이 그 정보에 포함된다. 그 디스크들은 아주 작은 공간에 많은 정보를 담을 수 있도록 하는 특별한 디자인을 가지고 있다. 극도로 작은 크기에도 불구하고 약 3천만 페이지의 정보가 그 자료 보관소에 들어 있다. 수십억 년 동안 그 자료의 보존을 보장하는 특별한 기술이 그것들의 제작에 사용되었다. 그 자료 보관소는 인류의 수집된 지식의 사본을 보존하면서, 미래까지 달에 오래 남아 있도록 의도되어 있다.

**문제풀이** 인류 지식의 보존을 위해 중요한 역사적 문서와 위키피디아 사본 등이 자료 보관소에 담겨 우주로 발사되었다는 내용이므로, 빈칸에 들어갈 말로 ③ '인간의 지식과 문화를 보존하는 것'이 가장 적절하다.

**오답풀이** ① 지구상 인간 활동을 관찰하는 것
② 대용량 데이터 저장 장치를 개발하는 것
④ 우주 공간에서 니켈 디스크의 쓰임을 테스트하는 것
⑤ 달의 움직임에 대한 정보를 수집하는 것

**구문분석**

[1행] A new spacecraft [**named** Beresheet] was launched into space with a huge amount of information, {*which* aims to back up human knowledge and culture}.
[ ]는 A new spacecraft를 수식하는 과거분사구이며, { }는 앞 절 전체를 선행사로 하는 계속적 용법의 주격 관계대명사절이다.

[7행] Special technology [**that** ensures the survival of the data for billions of years] was used in their making.
[ ]는 Special technology를 수식하는 주격 관계대명사절이다.

[9행] The archive is meant to remain on the moon long into the future, [**preserving** a copy of humanity's collected knowledge].
[ ]는 부대상황을 나타내는 분사구문이다.

**8** ②

**해석** 막 성공을 경험한 사람은 자신의 다음 시도에서 또다시 성공할 확률이 더 크다고 종종 여겨진다. 그러나 이것은 사실이 아니다. 일반적으로 스포츠와 도박에 적용되는 이런 믿음은 '뜨거운 손 오류'로 알려져 있다. 이 잘못된 믿음에 대한 주된 이유는 '통계적 독립'의 개념을 이해하지 못해서이다. 이것은 각각의 일이 이전의 어떤 일과 연관성 없이 일어난다는 것을 의미한다. 예를 들어, 농구 선수가 연이어 5개의 슛을 넣었다고 상상해 보라. 각 슛은 독립된 일이기 때문에 이 성공적인 시도들은 그 선수의 다음 슛에 영향을 주지 않는다. 따라서, 뜨거운 손 오류는 사람들이 부정확한 가정을 하게 한다.

**문제풀이** 각각의 일이 이전 일과 연관성 없이 일어남을 보여주는 예시를 들어 '뜨거운 손 오류'를 설명하는 글이므로, 빈칸에 들어갈 말로 ② '사람들이 부정확한 가정을 하게 한다'가 가장 적절하다.

**오답풀이** ① 통계에는 오해의 소지가 있을 수 있다는 것을 보여준다
③ 운동선수의 성공 가능성을 측정할 수 있다
④ 우리가 일의 결과를 예측하도록 도울 수 있다
⑤ 우리가 농구를 더 잘 이해하도록 도왔다

**구문분석**

[1행] It is often believed [**that** a person {*who* has just experienced success} has a greater chance of …].
It은 가주어이고, [ ]가 진주어이다. { }는 that절의 주어인 a person을 수식하는 주격 관계대명사절이며, that절의 동사는 has이다.

[4행] The primary reason for this mistaken belief is an inability [**to understand** the concept of "statistical independence."]
[ ]는 an inability를 수식하는 형용사적 용법의 to부정사구이다.

**UNIT 07** **REVIEW TEST** *Grammar in the passage* p.77

**1** The biggest mistake that most investors make is getting into a panic over losses.
대부분의 투자자들이 저지르는 가장 큰 실수는 손실을 보고 공황 상태에 빠지는 것이다.

**2** What kept all of these people going <u>was</u> their passion for their subject.

이 모든 사람들을 계속하게 했던 것은 자신들의 주제에 대한 열정이었다.

**3** Products that are considered green <u>are preferred</u> by consumers.

친환경적이라고 여겨지는 상품은 소비자들에게 선호된다.

**4** Many people who purchase these products <u>are not concerned</u> about the environment.

이런 상품들을 구매하는 많은 사람들은 환경을 염려하지 않는다.

**5** A new spacecraft named Beresheet <u>was launched</u> into space.

Beresheet라는 이름의 새로운 우주선이 우주로 발사되었다.

**6** About four-fifths of his time in science <u>was wasted</u>.

과학에 들인 그의 시간 중 5분의 4 정도가 헛되었다.

**7** The acceleration of human migration toward the shores <u>is</u> a contemporary phenomenon.

해안 쪽으로 사람들의 이동이 점점 빨라지는 것은 현대적인 현상이다.

**8** Rembrandt, the famous 17th-century Dutch artist, <u>is known</u> for having painted self-portraits.

17세기 유명 네덜란드 화가인 렘브란트는 자화상들을 그린 것으로 유명하다.

**9** Seeing a competitor facing difficulties <u>gives</u> you a sense of relief.

어려움을 겪고 있는 경쟁자를 보는 것은 당신에게 안도감을 준다.

**10** A person who has just experienced success <u>has</u> a greater chance of succeeding again.

막 성공을 경험한 사람은 또 다시 성공할 확률이 더 크다.

# UNIT 07
# 접속사와 비교 구문

① **부사절을 이끄는 접속사**　　　　　　　　p.79

1 Steve는 어젯밤에 계단에서 떨어졌을 때 다쳤다.
2 나는 여기가 처음이어서 거기에 어떻게 가는지 모른다.
3 그 물체는 무언가가 그것을 멈추지 않는다면 계속 움직인다.
4 비록 날씨가 더 나빠졌지만, 그들은 텐트 설치하는 것을 멈추지 않았다.
5 Maria는 내가 요구했던 대로 그 일을 처리했다.

**상승 PLUS**

그들은 거기에 제시간에 도착할 수 있도록 택시를 탔다.
나는 너무 당황해서 무슨 말을 해야 할지 몰랐다.
그 믹서기는 고기를 갈 수 있을 정도로 충분히 강력하다.
네가 과거에 무엇을 했더라도, 다시 시작할 기회가 있을 것이다.

**☑ CHECK UP**　　　　　　　　　　　　　p.79

**STEP 1**　1 If　2 as　3 so　4 unless　5 While

**STEP 2**　1 Although　2 while　3 so that

**STEP 1**

1 너는 시험을 통과하지 못하면 시험을 다시 봐야 한다.
▶문맥상 조건을 나타내는 부사절을 이끄는 접속사 If가 알맞다.

2 그것은 쉽게 부러지기 때문에 장식하는 데 쓰이면 안 된다.
▶문맥상 이유를 나타내는 부사절을 이끄는 접속사 as가 알맞다.

3 Dan은 너무 단호해서 아무도 그의 마음을 바꿀 수 없다.
▶〈so+형용사+that ~〉은 '너무 …해서 ~하다'라는 의미이다.

4 허가를 받지 않으면 너는 사진을 찍거나 동영상 촬영을 할 수 없다.
▶문맥상 '~하지 않는 한'이라는 조건을 나타내는 부사절을 이끄는 접속사 unless가 알맞다.

5 이 스마트폰은 좋지만, 너무 비싸다.
▶문맥상 대조를 나타내는 부사절을 이끄는 접속사 While이 알맞다.

**STEP 2**

1 비록 나는 혼란스러웠지만 그 질문에 답하려고 노력했다.
▶문맥상 '비록 ~이지만'이라는 의미의 부사절을 이끄는 접속사 Although가 알맞다.

2 나는 기다리는 동안 커피 한 잔을 마셨다.
▶문맥상 '~하는 동안'이라는 의미의 부사절을 이끄는 접속사 while이 알맞다.

3 우리가 공부에 집중할 수 있도록 조용히 해라.
▶문맥상 '~하기 위해, ~하도록'이라는 의미의 so that이 알맞다.

② 명사절을 이끄는 접속사　　　　　　　　p.80
1 오늘 그가 나타나지 않은 것이 이상했다.
2 나는 그가 대회의 우승자가 될 것이라고 예상했다.
3 John이 프랑스 출신이라는 사실이 나를 놀라게 했다.
4 그 계획이 성공할지는 확실하지 않다.
5 나는 그들이 전에 서로 만난 적이 있는지 모른다.

상승 PLUS

당신의 판단이 옳든 옳지 않든, 그것은 그 상황에 대한 당신의 반응에 영향을 줄 것이다.

③ 기타 접속사 및 접속사 대용어구　　　　　p.80
1 일단 그것을 맛보면, 너는 더 먹고 싶을 것이다.
2 다음에 당신이 저를 찾아올 계획이 있을 때 미리 저에게 알려 주세요.
3 교수님은 학생들이 이해하지 못했을 경우에 대비해서 추가로 설명하셨다.
4 네가 그 이론을 설명해줬기 때문에 나는 그것을 잘 이해한다.

✅ CHECK UP　　　　　　　　　　　　　p.80

STEP 1　1 Whether　2 that

STEP 2　1 if　2 as soon as　3 that

STEP 1

1 네가 파티에 간 가지 않든 내게 상관없다.
▶주어 역할을 하는 명사절을 이끄는 접속사가 필요하며 or not 이 뒤따르므로 Whether가 와야 한다.

2 네 꿈을 성취한 것은 인상적이다.
▶가주어 It으로 시작하는 〈It ~ that ...〉 구문으로 진주어 역할을 하는 that절이 와야 한다.

STEP 2

1 Carl은 그의 상사에게 금요일에 휴가를 내도 되는지 물어보았다.
▶문맥상 '~인지 (아닌지)'라는 의미의 명사절을 이끄는 접속사 if가 알맞다.

2 사무실에 돌아오자마자 저에게 전화해 주세요.
▶문맥상 '~하자마자'라는 의미의 as soon as가 알맞다.

3 네가 항상 나를 믿어 주는 것은 내가 자부심을 느끼게 한다.
▶가주어 It으로 시작하는 〈It ~ that ...〉 구문으로 진주어 역할을 하는 that절이 와야 한다.

④ 비교 표현　　　　　　　　　　　　　　p.81
1 우리는 우리가 갖고 싶은 만큼 모든 것을 가질 수는 없다.
2 축구 경기를 하는 것이 보는 것보다 더 재미있다.
3 Sean은 셋 중 가장 능숙한 직원이다.

상승 PLUS

그 코미디 쇼는 내가 기대했던 것보다 훨씬 더 재미있었다.

⑤ 다양한 비교 표현　　　　　　　　　　　p.81
1 소문은 충격적일수록 더 빨리 퍼진다.
2 관광 산업은 요즘 점점 더 커지고 있다.
3 그 회사는 매출이 현재보다 세 배 더 높기를 바란다.
4 사무실의 어떤 직원도 그 경영자만큼 부지런하지 않다.

✅ CHECK UP　　　　　　　　　　　　　p.81

STEP 1　1 stronger　2 even

STEP 2　1 the more　2 twice

STEP 1

1 Linda의 성공하려는 결심은 다른 사람들이 생각하는 것보다 더 강하다.
▶뒤에 than이 이어진 것으로 보아 〈비교급+than ~〉의 비교 표현이 쓰인 문장이다. 따라서 비교급 stronger가 와야 한다.

2 장난감 동물 중 일부가 바다에 훨씬 더 오래 떠 있었다.
▶비교급을 강조하는 부사는 even이다.

STEP 2

1 내가 완벽한 성적을 받으려고 열심히 노력하면 할수록 나는 더 많은 실수를 했다.
▶〈the+비교급 ~, the+비교급 ...〉은 '~하면 할수록 더 …하다'라는 의미이다. 따라서 비교급인 the more가 와야 한다.

2 학교 축제에 모인 사람들은 우리가 예상했던 것보다 2배 더 많았다.
▶〈배수사+as+원급+as〉는 '~보다 몇 배 더 …한[하게]'이라는 의미이다. 따라서 배수사인 twice가 와야 한다.

# GRAMMAR for Reading　　　　pp.82~83

1 (1) as　(2) since　(3) that
2 (1) twice as high as they were
　 (2) it got more and more interesting
　 (3) so that she could pass the audition
3 (1) As soon as[The moment] I entered the room
　 (2) one of the most beautiful cities
　 (3) No one in our class is as kind as
4 that it is more harmful than you think
　🔗EXTRA Q. ②
5 (A) Although　(B) because
6 (A) easier　(B) closer

# 1

(1) ⓐ Jenny는 뉴스를 볼 때 보통 커피를 마신다.

　　ⓑ 곧 비가 올 것이기 때문에 너는 우산을 가져가야 한다.

▶ 시간(~할 때)과 이유(~ 때문에)의 의미를 가지는 접속사 as가 알맞다.

(2) ⓐ 그 회사는 설립된 이후로 계속 성장하고 있다.

　　ⓑ 그가 예전 모자를 잃어버려서 나는 그에게 새 모자를 사주었다.

▶ 시간(~한 이후로)과 이유(~ 때문에)의 의미를 가지는 접속사 since가 알맞다.

(3) ⓐ 그 소설은 매우 흥미로워서 나는 읽는 것을 멈출 수 없었다.

　　ⓑ Thomas가 이길 것이라는 예측이 들어맞지 않았다.

▶ '너무 …해서 ~하다'라는 의미의 〈so+형용사+that ~〉에 쓰인 부사절을 이끄는 접속사 that과, 동격의 명사절을 이끄는 접속사 that이 필요하다.

# 2

(1) 〈배수사+as+원급+as ~(~보다 몇 배 더 …한[하게])〉 구문이 쓰인 문장이다.

(2) 〈비교급+and+비교급(점점 더 ~한[하게])〉 구문이 쓰인 문장이다.

(3) '~하기 위해, ~하도록'이라는 의미로 부사절을 이끄는 접속사 표현 〈so that ~〉이 쓰인 문장이다.

# 3

(1) '~하자마자'라는 의미로 부사절을 이끄는 as soon as 또는 the moment를 써야 한다.

(2) '가장 ~한 … 중에 하나'라는 뜻의 〈one of the+최상급+복수명사〉를 써야 한다.

(3) '어떤 ~도 A만큼 …하지 않다'라는 뜻의 〈부정 주어+as[so]+원급+as A〉 구문을 써야 한다.

# 4

**해석** 대부분의 사람들은 잠을 잘 때 선호하는 특정 자세가 있다. 우리 중 일부에게 이 자세는 엎드리는 것이다. 그러나 수면 전문가들은 이 자세가 좋은지 아닌지에 대해 의견을 달리한다. 어떤 이들은 그것이 코 고는 것을 줄이는 손쉬운 방법이라고 홍보하지만, 대다수는 그것이 당신이 생각하는 것보다 더 해롭다는 데 동의한다. 가장 심각한 부정적 영향 중 하나는 그것이 당신의 척추 위치를 바꾼다는 것이다. 이는 결국 목 통증 문제로 이어질 수 있다.

**문제풀이** 동사 agree의 목적어 역할을 하는 명사절을 이끄는 접속사 that 다음에 that절의 주어와 동사(it is)를 쓰고 〈비교급+than ~〉의 비교 표현을 써야 한다.

**구문분석**

[1행] Most people have a specific position [(**which** [**that**]) they prefer to sleep in].

[　]는 a specific position을 수식하는 목적격 관계대명사절로, 관계대명사 which[that]가 생략되었다.

[2행] However, sleep experts disagree about [**whether or not** this position is good].

[　]는 whether가 이끄는 명사절로 전치사 about의 목적어로 쓰였다.

**EXTRA Q.** ① 잠을 자기에 가장 좋은 자세
② 건강을 해칠 수 있는 수면 자세

# 5

**해석** 비록 아기가 태어나기 전에 젖니가 자라기 시작하지만, 그 치아는 그들이 약 6개월이 될 때까지 나타나지 않는다. 아이가 5에서 6세가 되면, 이 치아들은 빠지기 시작한다. 젖니는 영구치가 그 자리에 자라면서 그것을 밀어내기 때문에 빠진다. 아이가 12에서 13세가 될 때, 그들은 모든 젖니를 잃고 영구치 전체가 나게 될 것이다.

**문제풀이** (A) 문맥상 아기가 태어나기 전에 젖니가 자라기 시작하지만 6개월이 될 때까지는 나타나지 않는다는 것이 자연스러우므로 Although(비록 ~이지만)가 알맞다.

(B) 문맥상 영구치가 밀어내기 때문에 유치가 빠진다는 것이 자연스러우므로 because(~ 때문에)가 알맞다.

**구문분석**

[1행] …, they do**n't** appear **until** the baby is about six months old.

「not ~ until …」는 '…하기 전까지는 ~ 않다, …해서야 비로소 ~하다'라는 의미이다.

[4행] …, they **will** *have lost* all their baby teeth and (*have*) *grown* a full set of adult teeth.

젖니가 빠지기 시작하여 12세나 13세쯤에 젖니가 빠지는 것이 완료될 것이므로 미래완료 시제를 썼다. have lost와 (have) grown이 and로 병렬 연결되었다.

# 6

**해석** 만약 시끄러운 상황에서 잘 들을 수 없다면, 오른쪽 귀를 사용해 보라. 각각의 뇌 반구는 특정한 기능을 가지고 있으며, 반대쪽 몸과 밀접하게 연결되어 있다. 좌반구는 음성 언어를 다루는데, 오른쪽 귀와 더 밀접하게 연결되어 있다. 그러므로, 오른쪽 귀를 통해 말을 이해하는 것은 왼쪽 귀를 통해 말을 이해하는 것보다 더 쉽다. 그러니 다음에 들리지 않을 때 오른쪽 귀를 앞으로 내밀어라. 오른쪽 귀가 화자에게 더 가까울수록, 더 잘 들을 수 있을 것이다.

**문제풀이** (A) than은 비교급과 함께 쓰이는 표현이므로 easy를 easier로 고쳐야 한다.

(B) '~하면 할수록 더 …하다'라는 뜻의 〈the+비교급 ~, the+비교급 …〉 구문이므로 close를 비교급 closer로 써야 한다.

**구문분석**

[4행] Therefore, [**understanding** words through the right ear] is easier than {*understanding* words through the left}.

[　]는 문장의 주어로 쓰인 동명사구이며, {　}는 전치사 than의 목적어로 쓰인 동명사구이다.

[5행] So **the next time** you can't hear, put your right ear forward.

the next time은 '다음에 ~할 때'라는 의미로 부사절을 이끈다.

| ✈ 수능 유형<br>독해 | 주어진 문장의 위치·<br>흐름과 무관한 문장 | pp.84~88 |
|---|---|---|

**모의고사 기출 ②**

1 ③  2 ⑤  3 ③  4 ③  5 ②  6 ⑤  7 ③  8 ②

## 모의고사 기출 ②

**해석** 내가 나의 강아지를 훈련시키기 위해 사용하는 기법은 '행동 포착'이라 불리는데 이는 일반적인 훈련 방법과 다르다. 일반적으로 당신은 명령을 먼저하고 강아지가 명령을 따를 때만 보상을 한다. 그러나 행동 포착에서 당신은 우선 강아지가 당신이 원하는 행동을 할 때까지 기다려야 한다. 특정한 행동이 일어나기를 기다리면서 그저 당신의 강아지의 행동을 관찰하라. 그 행동이 일어나면 강아지에게 보상을 하라. 예를 들면, 당신이 "엎드려"라고 말할 때마다 강아지가 앉도록 훈련시키고자 한다면, 그 강아지가 그렇게 할 때까지 기다려야 한다. 그 후, 당신의 강아지가 앉자마자, "엎드려"라고 명령을 내리고 보상으로 특별한 것을 준다. 일단 보상이 기다리고 있다는 것을 강아지가 알면, 그 경험을 재미있는 게임으로 여긴다.

**문제풀이** however가 있는 주어진 문장은 행동 포착 기법에 대한 설명으로, 이와 대조되는 일반적인 강아지 훈련 방식을 설명하는 문장과 행동 포착 기법에 대한 세부 설명이 등장하는 문장 사이인 ②에 위치하는 것이 적절하다.

**구문분석**

[3행] The technique [(that) I use *to train my puppy*] is called *behavior capture* {**which** is different from the common training method}.

[ ]는 문장의 주어인 The technique을 수식하는 목적격 관계대명사절로 관계대명사 that이 생략되었으며, 문장의 동사는 is called이다. to train my puppy는 목적을 나타내는 부사적 용법의 to부정사구이다. { }는 behavior capture를 수식하는 주격 관계대명사절이다.

[7행] For example, if you want to train him to lie down **whenever** you say, "Lie down," you just have to wait until he happens to *do so*.

whenever는 '~할 때는 언제든지'라는 의미의 복합관계부사이다. do so는 lie down을 의미한다.

## 1 ③

**해석** 비록 북극곰의 피부는 검고 각각의 털은 속이 비고 투명하지만, 북극곰들은 검은색으로 보이지 않는다. 이것은 발광 때문인데, 그것은 햇빛이 피부에 닿게 하지만 털이 하얗게 보이게 한다. 그 과정은 햇빛이 털에 닿을 때 시작된다. 빛 에너지의 일부가 털로 이동하고, 이것은 그곳에 갇히게 된다. 그 에너지는 털의 텅 빈 부분 안에서 팅겨 나가고 서로 다른 방향으로 이동하는 더 많은 빛줄기로 나뉜다. (빛은 무언가에 의해 영향을 받지 않는 한 직선으로 뻗어 나간다.) 빛의 한 줄기가 털에 닿을 때마다, 그 빛은 갇히고 다른 털 쪽으로 반사된다. 이 과정은 에너지가 털을 빠져나갈 때까지 흰빛을 발산하며 계속되는데, 이것은 북극곰을 하얗게 보이게 한다.

**문제풀이** 북극곰이 하얗게 보이는 이유에 대하여 설명하는 글이므로, 빛의 속성에 대해 언급한 ③은 전체 흐름과 맞지 않는다.

**구문분석**

[2행] This is due to luminescence, [**which** *allows* sunlight to get to the skin but *causes* the fur to look white].

[ ]는 luminescence를 부연 설명하는 계속적 용법의 주격 관계대명사절로, 관계대명사절의 동사 allows와 causes가 but으로 병렬 연결되었다.

[7행] Every time a beam of light touches a hair, the light **is caught** and **(is) reflected** towards other hairs.

수동태로 쓰인 동사 is caught와 (is) reflected가 and로 병렬 연결되었다.

## 2 ⑤

**해석** 한 사회학자가 놀이를 네 가지 유형으로 분류했다. 첫 유형인 아곤은 경쟁에 중점을 두며 축구와 체스 같은 경기를 포함한다. 다음은 알레아라고 불린다. 이 유형의 놀이는 카드 게임과 복권을 포함하는데, 승자를 결정하는 데 무작위성에 의존한다. 세 번째 유형인 미미크리는 핼러윈을 위해 변장하는 것과 같은 시늉하기와 관련된 놀이를 포함한다. 마지막 유형은 일린크스라고 불린다. 이것은 유쾌한 무질서 상태를 만들어 내기 위해 빠른 동작을 사용하는 놀이이다. 예로는 롤러코스터 타기나 단순히 원을 그리며 돌기가 있다. 그러나 사회학자는 한 개의 놀이 유형이 다른 사람들에 의해 다른 유형에 놓일 수 있다고 언급했다. 예를 들어, 야구의 경우 어떤 사람은 경쟁을 위해 야구를 할지 모르지만, 다른 사람은 결과에 내기 거는 것을 즐길지도 모른다.

**문제풀이** 주어진 문장은 하나의 놀이가 사람에 따라 다른 유형으로 분류될 수 있다는 내용이다. 따라서 사람에 따라 특정 놀이를 다르게 분류한 예를 설명한 문장 앞인 ⑤에 위치하는 것이 적절하다.

**구문분석**

[5행] This type of play, [**which** includes card games and the lottery], depends on randomness {*to decide* a winner}.

[ ]는 주어인 This type of play를 부연 설명하는 계속적 용법의 주격 관계대명사절이다. { }는 목적을 나타내는 부사적 용법의 to부정사구이다.

## 3 ③

**해석** 우리의 음식과 제조품에 내포된 물은 '가상수'라고 불린다. 예를 들어 2파운드의 밀을 생산하기 위해서 약 265갤런의 물이 필요하다. 그래서 이 2파운드의 밀의 가상수는 265갤런이다. 가상수는 또한 유제품, 수프, 음료, 그리고 액체로 된 약에도 있다. (하지만 건강을 유지하기 위해 가능한 한 많은 물을 마시는 것이 필요하다.) 매일 인간은 다량의 가상수를 소비하고 가상수의 함유량은 제품에 따라 다르다. 예를 들어 2파운드의 고기를 생산하는 것은 2파운드의 채소를 생산하는 것의 약 5배에서 10배의 물을 필요로 한다.

**문제풀이** '가상수'에 대한 정의와 예시를 설명하는 글이므로, 물 섭취와 건강의 관련성에 대해 언급한 ③은 전체 흐름과 맞지 않는다.

**구문분석**

[1행] The water [**that** is embedded in our food and manufactured products] is called "virtual water."
[ ]는 The water를 수식하는 주격 관계대명사절이다.

[7행] For instance, [**to produce** two pounds of meat] requires about *5 to 10 times as much* water *as* to produce two pounds of vegetables.
[ ]는 문장의 주어 역할을 하는 명사적 용법의 to부정사구이다. 「배수사＋as＋원급(형용사)＋as」는 '~보다 몇 배 …한'이라는 뜻이다.

## 4 ③

**해석** 얼룩말의 줄무늬는 얼룩말이 포식자를 피하도록 돕는 위장으로 사용된다. 이 줄무늬의 구불거리는 선은 얼룩말이 사는 지역에서 자라는 키 큰 풀들의 구불거리는 선과 조화를 이룬다. 비록 그 줄무늬는 검은색과 흰색이고 그 풀은 노란색과 초록색이지만, 얼룩말은 효과적으로 숨을 수 있다. 사자는 얼룩말의 주된 포식자인데 색맹이기 때문에 키 큰 풀밭에 가만히 서 있는 얼룩말을 감지하지 못한다. 얼룩말의 줄무늬는 그들이 때로 함께 모여 있으면 훨씬 더 효과적이다. 개체들이 서로 가까이에 서 있을 때 그들의 줄무늬들은 함께 섞인다. 이것은 사자들을 혼란스럽게 하는데, 사자들은 각각의 동물들로 구성된 한 무리 대신에 하나의 커다란 물체로 본다. 이는 사자들이 자신의 먹이를 잡는 것을 더 어렵게 한다.

**문제풀이** 주어진 문장은 얼룩말이 무리를 이루면 그 줄무늬가 더 효과를 발휘한다는 내용이다. 따라서 여러 마리의 얼룩말이 함께 서 있을 때의 줄무늬 효과에 관한 문장 앞인 ③에 위치하는 것이 적절하다.

**구문분석**

[2행] The wavy lines of these stripes blend in with **those** of the tall grass [*that* grows in the areas {**where** the zebra lives}].
those는 앞에 언급된 The wavy lines를 대신하는 지시대명사이다. [ ]는 the tall grass를 수식하는 주격 관계대명사절이고, { }는 the areas를 수식하는 관계부사절이다.

[9행] **This** makes *it* harder for them [*to catch* their prey].
This는 앞 문장 전체를 가리킨다. it은 가목적어이고 [ ]가 진목적어이며, for them은 to부정사의 의미상 주어이다.

## 5 ②

**해석** 개는 인간과 오랜 시간 살아왔는데, 그들의 역할이 어떻게 발달해 왔는지 알아보는 것은 흥미롭다. 개는 한때 경비견으로 쓰이다가 나중에는 (사람과) 친구가 되었다. 요즘 개들은 훨씬 더 가치 있는 역할을 하고 있다. 예를 들어, 어떤 개들은 간질이 있는 사람들이 언제 발작을 일으킬지 감지하도록 훈련된다. (특정 형태의 뇌 손상이 간질 발작을 일으킬 수 있다.) 사람들은 이에 대해 경고를 받을 때 도움을 받거나 병원에 갈 수 있다. 개가 어떻게 이것을 감지하는지 완전히 이해되지는 않지만, 개는 사람 호흡에서 화학적 농도 변화를 맡을 수 있을지도 모른다. 당뇨 경고견으로 알려진 다른 개들은 위험할 정도로 높거나 낮은 혈당 수치를 탐지하도록 훈련받는다.

**문제풀이** 간질 발작이나 당뇨 경보를 알리는 개의 역할을 제시하는 글이므로 간질 발작의 원인에 관한 내용인 ②는 전체 흐름과 맞지 않는다.

**구문분석**

[1행] …, and **it** is interesting [**to see** {how their roles have evolved}].
it은 가주어이고, to부정사구인 [ ]가 진주어이다. { }는 동사 see의 목적어로 쓰인 간접의문문으로 「의문사＋주어＋동사」의 어순이다.

[2행] [**Once (being) used** as guards], they later became companions.
[ ]는 시간을 나타내는 분사구문으로, 분사구문의 의미를 명확히 하기 위해 접속사(Once)가 남아 있는 경우이다. used 앞에 being이 생략되었다.

[3행] … they are serving **even** more valuable roles.
even은 비교급을 강조하는 부사로 '훨씬'이라는 의미이다.

## 6 ⑤

**해석** 학교 도서관에서 소리에 대한 염려는 과거에 그랬던 것보다 오늘날 훨씬 더 중요하고 복잡하다. 오래전, 전자 장비들이 도서관 환경의 그렇게 중요한 부분이 되기 전에는 사람들이 만들어 내는 소음을 처리하기만 하면 되었다. 오늘날에는, 컴퓨터, 프린터 그리고 다른 장비들의 광범위한 사용이 기계 소음을 더했다. 집단 활동과 설명이 학습 과정의 필수적인 부분이기 때문에, 사람의 소음도 또한 증가했다. 그래서 현대의 학교 도서관은 더는 예전처럼 조용한 구역이 아니다. 그러나 많은 우리의 학생들이 조용한 학습 환경을 원하기 때문에, 도서관은 공부와 독서를 위해 여전히 조용함을 제공해야 한다. 도서관 환경에 대한 이러한 요구를 고려해 볼 때, 원치 않는 소음이 제거되거나 적어도 최소한으로 유지될 수 있는 공간을 만드는 것이 중요하다.

**문제풀이** 주어진 문장은 조용한 도서관 환경에 대한 학생들의 요구가 있다는 내용이다. 따라서 주어진 문장의 내용을 가리키는 'this need'가 포함된 마지막 문장 앞인 ⑤에 위치하는 것이 적절하다.

**구문분석**

[3행] Acoustic concerns in school libraries are **much** more important and complex today than … .
much는 비교급을 강조하는 부사로 '훨씬'이라는 의미이다.

[10행] **Considering** this need for library surroundings, *it* is important [*to design* spaces {where unwanted noise can **be eliminated** or at least (**be**) kept to a minimum}].

「considering ~」은 '~을 고려하면'이라는 뜻이다. it은 가주어이며 to부정사구인 [ ]가 진주어이다. { }는 spaces를 수식하는 관계부사절이며 can 뒤에 수동태로 쓰인 동사 be eliminated와 (be) kept가 or로 병렬 연결되었다.

## 7 ③

**해석** 우리 모두는 기후 변화가 환경에 미치는 악영향에 대해 잘 알고 있지만, 새로운 연구는 우리 개인의 건강 또한 위협받을 수 있다는 것을 보여준다. 한 연구에 따르면, 박테리아의 일종인 비브리오가 따뜻한 물을 좋아해서 그 수가 급속히 증가하고 있다. 비브리오는 해안 주변의 염수에서 흔히 발견된다. 그것은 날생선을 먹거나 피부에 벌어진 상처가 있는 채로 수영하는 사람들을 감염시킨다. 미국에서 매년 약 8만 명이 비브리오로 병든다. 그 결과 매년 약 100명이 사망한다. (신체의 면역 체계는 백혈구로 전염병과 싸운다.) 최근 미국과 북유럽에서 비브리오 관련 질병으로 고통받는 사람 수가 증가했다. 기후 변화로 인한 대서양의 온도 상승이 원인인 것으로 여겨진다.

**문제풀이** 기후 변화로 인한 수온 상승으로 비브리오가 퍼지게 되고 이것이 인간의 건강을 위협하고 있다는 내용의 글이다. 따라서 신체의 면역 체계에 대해 언급한 ③은 전체 흐름과 맞지 않는다.

### 구문분석

[5행] It infects people [**who** eat raw seafood or swim *with* open cuts *on their skin*].

[ ]는 people을 수식하는 주격 관계대명사절이다. with open cuts on their skin은 「with+(대)명사+분사(~가 …된 채로)」 구문으로 분사 대신 부사구가 쓰였다.

[8행] **The number of** people [*suffering* from a Vibrio-related illness] **has** been higher … .

「the number of+복수 명사」는 '~의 수'라는 의미로 단수 취급하므로 단수 동사 has를 썼다. [ ]는 people을 수식하는 현재분사구이다.

[10행] **It** is believed [**that** rising temperatures in the Atlantic Ocean, {*which* are caused by climate change}, are to blame].

It은 가주어이고 [ ]가 진주어이다. { }는 rising temperatures를 부연 설명하는 계속적 용법의 주격 관계대명사절이다.

## 8 ②

**해석** 음식점들은 자신들이 받은 미슐랭 별점을 자랑스러워하기 때문에, 당신은 미슐랭 가(家) 사람들이 음식 평론가였다고 생각할지도 모른다. 사실, '미슐랭 가이드'를 만든 사람들인 안드레 미슐랭과 에두아르 미슐랭 형제는 타이어를 만드는 회사를 소유하고 있었다. 원래의 '미슐랭 가이드'는 음식점들을 방문하기 위해 사람들이 차를 사도록 권장하고, 그 결과 타이어를 사게 하겠다는 희망으로 음식점들을 홍

보했다. (미슐랭은 사람들이 정기적으로 타이어를 점검하도록 권장했다.) 그것은 무료로 배부되었으며 자동차 정비 업체와 주유소의 목록들도 포함하고 있었다. 가이드 책자의 인기가 높아지자, 그 형제는 조사관으로서 익명으로 음식점을 찾아가는 팀을 고용했다. 오늘날, 별세 개짜리 미슐랭 평점은 음식점이 받을 수 있는 최고의 영예 중 하나로 남아 있다.

**문제풀이** 음식점 평가로 유명한 '미슐랭 가이드'가 만들어진 계기와 그 명성에 대한 글이다. 따라서 미슐랭이 사람들에게 타이어를 정기적으로 점검하도록 권장했다는 내용의 ②는 전체 흐름과 맞지 않는다.

### 구문분석

[1행] As restaurants are proud of the Michelin stars [**that** they've received], you might think {*that* the Michelins themselves were food critics}.

[ ]는 the Michelin stars를 수식하는 목적격 관계대명사절이다. { }는 동사 think의 목적어로, 접속사 that이 이끄는 명사절이다.

[4행] The original *Michelin Guide* promoted restaurants in **the hope** [that it would *encourage* people *to buy* cars, and therefore tires, in order to visit them].

[ ]는 the hope를 부연 설명하는 동격의 명사절이다. 「encourage+목적어+to-v」는 '~가 …하도록 장려하다'의 의미이다.

[7행] **As** the guide's popularity grew, the brothers hired a team [*to anonymously visit* restaurants as inspectors].

As는 '~함에 따라'의 의미를 나타내는 접속사이다. [ ]는 a team을 수식하는 형용사적 용법의 to부정사구이다.

---

**UNIT 07** **REVIEW TEST**
*Grammar in the passage* p.89

1 Although a polar bear's skin is black, polar bears do not appear black.
비록 북극곰의 피부는 검지만, 북극곰들은 검은색으로 보이지 않는다.

2 One person might play baseball for the competition, while another might enjoy betting on the outcome.
어떤 사람은 경쟁을 위해 야구를 할지 모르지만, 다른 사람은 결과에 내기 거는 것을 즐길지도 모른다.

3 When people are alerted to this, they can get help or go to the hospital.
사람들은 이에 대해 경고를 받을 때 도움을 받거나 병원에 갈 수 있다.

**4** If you want to train him to lie down, you have to wait until he happens to do so.
당신이 강아지가 앉도록 훈련시키고자 한다면, 그 강아지가 그렇게 할 때까지 기다려야 한다.

**5** People noise has increased, because group work and instruction are essential parts of the learning process.
집단 활동과 설명이 학습 과정의 필수적인 부분이기 때문에, 사람의 소음이 증가했다.

**6** Once the puppy knows that there is a reward, he treats the experience as a pleasant game.
일단 보상이 있다는 것을 강아지가 알면, 그 경험을 재미있는 게임으로 여긴다.

**7** The modern school library is no longer the quiet zone.
현대의 학교 도서관은 더는 조용한 구역이 아니다.

**8** It is necessary to drink as much water as possible to stay healthy.
건강을 유지하기 위해 가능한 한 많은 물을 마시는 것이 필요하다.

**9** Acoustic concerns in school libraries are much more important today than they were in the past.
학교 도서관에서 소리에 대한 염려는 과거에 그랬던 것보다 오늘날 훨씬 더 중요하다.

**10** A three-star Michelin review remains one of the highest honors a restaurant can receive.
별 세 개짜리 미슐랭 평점은 음식점이 받을 수 있는 최고의 영예 중 하나로 남아 있다.

---

# ✈ UNIT 08
# 관계대명사와 관계부사

## ① 관계대명사의 역할과 종류   p.91
1 너는 음식을 서빙하고 있는 그 웨이터를 아니?
2 나의 어머니는 내가 항상 존경한 사람이다.
3 의사들은 심장이 뛰는 것을 멈춘 환자들을 소생시킬 수 있다.
4 Daniel은 내가 원하던 재킷을 샀다.

### 상승 PLUS
어떤 사람들은 그들을 실패하게 할지도 모르는 어떤 것을 하길

두려워한다.
Jacob은 내가 언제나 기댈 수 있는 유일한 사람이다.

## ② 관계대명사 what   p.91
1 그 회사가 제공하는 것은 무료 상담과 무료 회원권이다.
2 당신은 하고 싶은 것을 자유롭게 선택할 수 있다.
3 그것은 시민들이 정부에게 진정으로 바라는 것이 아니다.

### ☑ CHECK UP   p.91

**STEP 1**   1 who   2 What   3 whose

**STEP 2**   1 who[that]   2 what   3 who(m)[that]

---

**STEP 1**

1 당신을 믿어주는 사람들이 있다는 것은 멋진 일이다.
▶ 선행사가 people이고, 관계사절 안에서 주어 역할을 하므로 주격 관계대명사 who가 와야 한다.

2 그가 저녁 식사로 원한 것은 따뜻한 수프 한 그릇이었다.
▶ 문장에서 주어 역할을 하는 절을 이끌며 '~하는 것'의 의미를 나타내는 관계대명사 What이 와야 한다.

3 나는 주인공이 결국 불행해지는 영화들을 좋아하지 않는다.
▶ 선행사가 movies이고, 선행사와 main characters가 소유의 관계에 있으므로 소유격 관계대명사 whose가 와야 한다.

**STEP 2**

1 거짓말을 하는 사람들은 쉽게 곤경에 처한다.
▶ 선행사가 People이고, 관계사절 안에서 주어 역할을 하므로 주격 관계대명사 who 또는 that이 와야 한다.

2 이 노트북 컴퓨터는 내가 영어 말하기 대회에서 우승해서 받은 것이다.
▶ 선행사가 없고, 관계사절 안에서 동사 received의 목적어 역할을 하는 명사절을 이끌고 있으므로 관계대명사 what이 와야 한다.

3 나는 내가 우산을 빌려준 사람을 기억할 수 없다.
▶ 선행사가 the person이고, 관계사절 안에서 전치사 to의 목적어 역할을 하므로 목적격 관계대명사 whom 또는 who, that이 와야 한다.

## ③ 관계대명사의 생략   p.92
1 나는 그 여자가 방금 구매한 빨간 가방을 사고 싶었다.
2 이곳은 그 집이 지어질 땅이다.
3 핼러윈에 나는 귀여운 의상을 입고 있는 개를 보았다.

### 상승 PLUS
이 곳은 내가 태어난 마을이다.

## ④ 관계부사   p.92
1 폭우가 쏟아지던 어느 날 그는 친구를 찾아가기를 원했다.
2 네가 지난번에 묵었던 그 장소를 확인해 보는 게 어때?
3 선생님은 시험이 취소된 이유를 설명해 주셨다.

**4** 그는 우리에게 과거에 사람들이 음식을 차게 보관했던 방법을 말해 주었다.

상승 PLUS

이곳은 내가 그 반지를 발견한 곳이다.
지금이 네가 너의 전공을 선택해야 할 때이다.

☑ CHECK UP                                   p.92

STEP 1   1 how   2 why

STEP 2   1 O   2 X   3 X

**STEP 1**

1 색은 우리가 무게를 인식하는 방식에 영향을 줄 수 있다.
▶ 문맥상 방법을 나타내는 선행사 the way가 생략된 구문이므로 관계부사 how가 와야 한다.

2 나는 오늘 그가 숙제를 제출하지 않은 이유를 모른다.
▶ 이유를 나타내는 선행사 the reason이 있으므로 관계부사 why가 와야 한다.

**STEP 2**

1 소비자들은 그들이 항상 구입하는 같은 브랜드를 구매함으로써 불확실성을 줄인다.
▶ that은 the same brand를 선행사로 하는 목적격 관계대명사이므로 생략할 수 있다.

2 Kevin은 주인공이 어린이인 연극을 보았다.
▶ which는 a play를 선행사로 하는 목적격 관계대명사이지만, 전치사 in의 목적어로 쓰여 〈전치사＋관계대명사〉의 형태이므로 생략할 수 없다.

3 나는 Anne이 그녀의 동료들을 관리하고 격려하는 방식이 마음에 든다.
▶ 관계부사 how가 선행사 없이 쓰인 경우로, 선행사 the way와 관계부사 how는 함께 쓰지 않지만 둘 중 하나는 반드시 써야 하므로 생략할 수 없다.

⑤ **관계사의 계속적 용법**                        p.93
  1 내 컴퓨터는 Steve에 의해 망가졌는데, 그가 그것을 계단에서 떨어뜨렸다.
  2 그 인형은 작은 열쇠를 들고 있는데, 그것은 그 상자를 열 수 있다.
  3 나는 미국에 갈 예정인데, 그곳에서 나는 교환학생 프로그램에 참여할 것이다.

상승 PLUS

문어는 형식적인데, 이는 읽기를 어렵게 한다.

⑥ **복합관계사**                                p.93
  1 그 남자가 주문하는 어느 것이든 그를 만족시킬 것이다.
  2 네가 고르는 것은 무엇이든 그에게 좋은 선물이 될 것이다.
  3 네가 곤경에 빠지면 언제든지 편하게 나에게 도움을 청해도

된다.
**4** 네가 어디에서 노래를 부르더라도 너를 위한 무대가 있을 것이다.

☑ CHECK UP                                   p.93

STEP 1   1 who   2 where   3 However

STEP 2   1 which   2 whomever[whoever]

**STEP 1**

1 이 섬은 영국인들에게 점령되었는데, 그들은 그것을 프랑스인들에게 돌려주었다.
▶ the English를 선행사로 하는 계속적 용법의 주격 관계대명사가 필요하므로 who가 적절하다.

2 그녀는 테마파크에 방문하고 싶어 하는데, 그곳에서 그녀는 많은 사진을 찍을 것이다.
▶ the theme park를 선행사로 하면서 관계사절 안에서 부사 역할을 하는 계속적 용법의 관계부사가 필요하므로 where가 적절하다.

3 그곳이 아무리 편안할지 몰라도, 집 같은 곳은 없다.
▶ 문맥상 '아무리 ~하더라도'라는 의미가 적절하므로 복합관계사 However가 적절하다.

**STEP 2**

1 나는 새 원피스를 찾고 있었는데, 그것은 내가 어제 옷장에 넣어둔 것이다.
▶ the new dress를 선행사로 하는 계속적 용법의 목적격 관계대명사가 필요하므로 which가 와야 한다.

2 너는 같이 공부하고 싶은 사람을 누구든지 선택할 수 있다.
▶ 문맥상 '~하는 사람은 누구나'의 의미를 나타내면서 관계사절 안에서 목적어 역할을 하는 복합관계사 whomever 또는 whoever가 와야 한다.

# GRAMMAR for Reading       pp.94~95

1  (1) why   (2) when   (3) which   (4) where
   (5) what
2  (1) which   (2) who[that]   (3) how[the way]
   (4) However
3  (1) that she can get a scholarship from
   (2) where many independent films are shown
   (3) Whatever the actress wears
4  what is happening around you
5  (A) that   (B) who   (C) that

## 1

(1) 네가 왜 불안해 보이는지 이유를 말해 줄 수 있니?

▶ 선행사가 이유를 나타내는 the reason이므로 관계부사 why를 써야 한다.

(2) 나는 친구들과 함께 어울려 놀던 그 시절이 그립다.

▶ 선행사가 시간을 나타내는 the days이므로 관계부사 when을 써야 한다.

(3) 그 감독은 아카데미 상을 탔는데, 이는 그에게 명성을 가져다주었다.

▶ 앞 절 전체가 선행사이고, 관계사가 절의 주어 역할을 하므로 주격 관계대명사 which를 써야 한다.

(4) 나는 호텔 로비로 걸어 들어갔는데, 거기에서 낯선 사람이 나를 기다리고 있었다.

▶ 선행사가 장소를 나타내는 the hotel lobby이므로 관계부사 where를 써야 한다.

(5) 이건 내가 Kate의 생일 선물로 산 것이다.

▶ 선행사가 없고, 관계사절 안에서 동사 bought의 목적어 역할을 하므로 관계대명사 what을 써야 한다.

## 2

(1) 그녀는 나를 보지 않는 척했는데, 이는 매우 짜증스러웠다.

▶ 관계대명사 that은 계속적 용법으로 쓸 수 없으며, 앞 절 전체를 선행사로 취하므로 관계대명사 which를 써야 한다.

(2) 어제 나는 여행사에서 근무하는 한 남자를 만났다.

▶ 선행사가 a man이고, 관계사절 안에서 주어 역할을 하므로 주격 관계대명사 who나 that을 써야 한다.

(3) 이것이 Angela가 그렇게 훌륭한 몸매를 유지할 수 있는 방법이다.

▶ 선행사 the way와 관계부사 how는 함께 쓸 수 없으므로 둘 중 하나만 써야 한다.

(4) 그 문제가 아무리 어렵더라도, 그는 그것을 풀 수 있다.

▶ 문맥상 '아무리 ~하더라도'라는 의미가 적절하므로 복합관계사 However를 써야 한다.

## 3

(1) 선행사 a college를 수식하는 관계대명사절을 쓴다. 목적격 관계대명사 that이 전치사 from의 목적어로 쓰였고 관계대명사 that 앞에는 전치사를 쓸 수 없으므로 전치사는 관계대명사절 끝에 쓴다.

(2) 선행사 movie theaters를 수식하는 관계부사절을 쓴다.

(3) '~하는 것은 무엇이든지'라는 의미의 Whatever가 이끄는 명사절이 주어로 쓰인 문장이다.

## 4

**해석** 일기를 쓰는 것은 단순히 당신이 가지고 있는 어떤 생각이든지 글로 옮기는 행위이다. 그것은 당신 자신과 긴 대화를 나누는 것과 비슷하다. 당신은 그저 편안하게 휴식하면서 당신이 느끼는 것과 당신을 신경 쓰이게 하는 것을 적는다. 부정적인 감정에 대해서 쓰는 것은 당신의 삶에 대해 보다 나은 견해를 갖도록 도울 수 있다. 반면에, 긍정적인 것에 대해서 쓰는 것은 당신이 보다 자신감을 느끼며 당신의 주변에서 일어나고 있는 일을 통제한다고 느끼게 해 줄 수 있다.

**문제풀이** 전치사 of의 목적어로 관계대명사 what이 이끄는 명사절인 what is happening around you가 와야 한다.

**구문분석**

[1행] Keeping a journal is simply the act [of putting {**whatever** thoughts you have} into writing].
[ ]는 the act를 부연 설명하는 동격어구이다. { }는 putting의 목적어로 쓰인 복합관계사절이다.

[2행] You simply relax and write down [**what** you are feeling and **what** is bothering you].
[ ]는 동사 write down의 목적어로, 관계대명사 what이 이끄는 명사절 두 개가 and로 병렬 연결되었다.

## 5

**해석** 스포츠 심리학은 스포츠가 선수에게 미치는 영향을 분석하는 심리학의 일종이다. 그것은 운동 능력을 향상시키는 데 사용될 수도 있다. 스포츠 심리학자들은 운동을 전문적으로 하는 사람들은 그저 건강한 신체만이 아니라 건강한 정신도 필요하다고 믿는다. 선수가 경기 전에 자주 경험하는 불안감을 줄임으로써 심리학자들은 그들이 성공하도록 도울 수 있다. 스포츠 심리학자는 또한 선수가 당면한 일상적인 문제들에 관해 선수들과 이야기 나누고, 그들에게 긴장을 풀고 집중하는 방법에 대한 조언을 한다.

**문제풀이** (A) 선행사가 psychology이고, 관계사절 안에서 주어 역할을 하므로 주격 관계대명사 that이 와야 한다.

(B) 선행사가 people이고, 관계사절 안에서 주어 역할을 하므로 주격 관계대명사 who가 와야 한다.

(C) 선행사가 everyday problems이고, 관계사절 안에서 목적어 역할을 하므로 목적격 관계대명사 that이 와야 한다.

**구문분석**

[4행] By [**reducing** the anxiety {(*which*[*that*]) athletes often experience before events}], the psychologists can help them succeed.
[ ]는 전치사 By의 목적어로 쓰인 동명사구이다. { }는 the anxiety를 수식하는 목적격 관계대명사절로 관계대명사 which[that]가 생략되었다.

[7행] … and give them advice on [**how to relax** and (**to**) **focus**].
[ ]는 전치사 on의 목적어로 쓰인 명사구로, 「how to-v」는 '~하는 방법'으로 해석한다. to relax와 (to) focus가 and로 병렬 연결되었다.

EXTRA Q. 스포츠 심리학자들은 선수들이 건강한 신체뿐만 아니라 건강한 정신도 필요하다고 생각한다.

## 6

**해석** 적절히 한 사과는 강력한 도구가 될 수 있지만, 사람들은 자주 부정확하게 사과한다. 흔한 문제는 그들이 자신에 관해 말한다는 것이다. 그러나 좋은 사과의 초점은 그것이 속하는 곳, 다시 말해 상대방에게 두어야 한다. 상대방이 느끼는 방식, 상대방이 상처받은 방식, 그리고 상대방이 당신에게서 원하는 것에 집중함으로써 당신은 용납되고 인정받는 사과를 할 수 있을 것이다.

**문제풀이** (A) 선행사가 장소를 나타내는 the place이므로 관계부사 where나 이를 대신하는 that을 써야 한다.
(B) 방법을 나타내는 선행사 the way와 관계부사 how는 함께 쓸 수 없으므로 둘 중 하나만 써야 한다.

**구문분석**

[4행] By concentrating on [**how** the other person feels], on [**how** the other person was hurt], and on [**what** the other person wants from you], you'll be able to give an apology {*that* is both accepted and appreciated}.
세 개의 [ ]는 전치사 on의 목적어 역할을 하는 관계사절이다. { }는 an apology를 수식하는 주격 관계대명사절이다.

---

### ✈ 수능 유형 독해    이어질 글의 순서

pp.96~100

**수능 기출 ②**

1 ③  2 ③  3 ⑤  4 ①  5 ⑤  6 ③  7 ④  8 ①

---

**수능 기출 ②**

**해석** 어떤 사람들은 인생에서 의도적인 변화를 거의 하지 않는다. 물론, 시간이 지나면서 그들은 더 뚱뚱해지고, 주름살이 늘어나고, 머리가 희끗희끗해질 것이다. (B) 그러나 그들은 편안하고 예측 가능한 삶이 쉽다는 이유만으로 똑같은 모양의 머리를 하고, 똑같은 상표의 신발을 사고, 똑같은 아침을 먹으며 판에 박힌 일상을 고수한다. 하지만 연구와 실제 삶이 모두 보여주듯이, 다른 많은 사람들은 실제로 중요한 변화를 한다. (A) 그들은 마라톤을 위해 훈련을 하고, 담배를 끊고, 분야를 바꾸고, 희곡을 쓰고, 기타를 배우고, 또는 살면서 전에 한 번도 춤을 춰 본 적이 없다고 해도 탱고를 배운다. 이 두 집단의 사람들 사이에 있는 차이는 무엇인가? (C) 그것은 그들의 시각이다. 변화하는 사람들은 변화가 가능한지를 묻거나 변화할 수 없는 이유를 찾지 않는다. 그들은 그저 자신이 원하는 변화를 결정하고 그것을 성취하는 데 필요한 것을 한다. 항상 확고한 결심에서 생겨나는 변화는 최우선이 된다.

**문제풀이** 주어진 글은 인생에서 변화를 시도하지 않는 사람들에 대한 내용이므로, 이에 대한 구체적 예시를 보여주는 (B)가 이어져야 한다. (B)의 마지막 문장은 이와 반대로 변화를 시도하는 사람들에 대한 내용이므로 그 변화의 예시를 보여주는 (A)가 뒤따라야 한다. 마지막으로 두 유형의 사람들 간의 차이점에 대해 설명한 (C)가 오는 것이 자연스럽다.

**구문분석**

[9행] Yet as **both** research **and** real life show, many others *do* make important changes.
「both A and B」는 'A와 B 둘 다'라는 의미로, 주어로 쓰이면 항상 복수 취급하므로 복수 동사 show가 왔다. do는 일반동사 make를 강조하는 역할을 한다.

[12행] People [**who** change] do not *question* {whether change is possible} or *look for* reasons [(why[that]) they cannot change].
첫 번째 [ ]는 문장의 주어인 People을 수식하는 주격 관계대명사절이며, 동사 question과 look for가 or로 병렬 연결되었다. { }는 접속사 whether가 이끄는 명사절로 동사 question의 목적어 역할을 한다. 두 번째 [ ]는 reasons를 수식하는 관계부사절로, 관계부사 why 또는 that이 생략되었다.

---

## 1  ③

**해석** 어떤 유형의 거절이든 우리가 예상했던 것보다 더 자주 감정을 상하게 한다. 한 과학적인 실험은 우리의 뇌가 그렇게 느끼도록 만들어져 있음을 시사한다. (B) 실험 참가자들은 MRI(자기 공명 영상) 스캐너에 누워있는 동안 최근에 당한 거절을 기억해 보라고 요청받았다. 놀랍게도 신체적 고통이 느껴지는 뇌의 부분과 똑같은 곳에서 활동이 감지되었다. (C) 진화 심리학자들은 이는 인간이 소규모의 유목 민족으로 살았을 때로 거슬러 올라간다고 생각한다. 만약 그들이 집단에서 추방되면 이 초기의 인간은 죽을 확률이 높아졌다. (A) 그래서 뇌는 거절의 감정을 발달시켰는데, 이것은 일종의 경고 신호 역할을 했다. 초기의 인간이 거절의 고통을 느꼈을 때 그들은 자신의 행동을 바꿔야만 한다는 것을 알았다. 이는 부족과 함께 남아 생존할 확률을 높였다.

**문제풀이** 주어진 글은 거절로 인한 상처는 뇌의 작용으로 인한 것이라는 내용으로, 뒤에 거절에 반응하는 인간의 뇌에 대한 실험 내용을 설명하는 (B)가 와야 한다. 그 다음에는 이런 뇌의 기능을 초기 인간의 집단 생활에서 비롯된 것으로 설명하는 (C)에 이어, 일종의 경고 신호로 뇌가 거절의 감정을 발달시켜 초기 인간이 집단 내에 남아 생존 확률을 높였다는 내용의 (A)가 오는 것이 자연스럽다.

**구문분석**

[1행] Any type of rejection hurts, often more than we expected it **to** (**hurt**).
to부정사에서 반복되는 어구(hurt)가 생략되었다.

[7행] Test participants were asked to recall a recent rejection [**while lying** in an MRI scanner].
[ ]는 동시동작을 나타내는 분사구문으로 의미를 명확히 하기 위해 접속사(while)를 생략하지 않았다.

[8행] Surprisingly, activity was detected in the same part of the brain [**where** physical pain is experienced].
[ ]는 the same part of the brain을 수식하는 관계부사절이다.

**2** ③

**해석** 하나의 보편적인 철새의 대형은 V자 모양인데, 이것은 거위들에 의해 가장 흔히 사용된다. 이 패턴은 비행 효율을 증대시켜, 새들이 더 적은 에너지를 쏟게 한다. (B) 이것은 장거리 비행을 하는 새들에게는 필수적이다. 이 대형이 그들이 에너지를 절약하도록 돕는 한 가지 이유는 각각의 새들이 약간씩 다른 고도로 비행하기 때문이다. (C) 이런 차이는 각각의 새들이 그 앞에 있는 새의 날개로부터 나오는 상승 기류로부터 득을 보도록 한다. 이것은 새가 느끼는 저항력의 양을 줄여준다. (A) 다른 새 뒤에 있는 모든 새는 이 (저항력) 감소를 경험하지만, 선두에 있는 새는 그렇지 않다. 그래서 그 새가 피곤해지면 다른 새가 그 자리를 맡으면서 그 새는 뒤로 이동한다.

**문제풀이** 주어진 글은 철새가 비행하기에 V자 대형이 효율적이라는 내용으로, V자 대형이 비행 시 새들의 에너지 절약에 도움이 되는 이유를 설명하는 (B)가 그 뒤에 와야 한다. 다음으로 (B)에서 언급된 새들이 약간 다른 고도로 나는 것의 이점에 대해 설명하는 (C)가 이어진 후, (C)의 마지막에 언급된 저항력 감소에 대한 추가적인 내용을 서술하는 (A)가 오는 것이 자연스럽다.

**구문분석**

[1행] One common formation of migrating birds is the V-shape, [**which** is most commonly used by geese].
[ ]는 the V-shape를 부연 설명하는 계속적 용법의 주격 관계대명사절이다.

[4행] Every bird [**that** is behind *another*] experiences this reduction, but the lead bird does not (**experience this reduction**).
[ ]는 Every bird를 수식하는 주격 관계대명사절이며, 「every ~」가 주어로 쓰이면 항상 단수 취급하므로 단수 동사 experiences가 왔다. another는 '다른 새'를 의미하는 대명사이고, does not 뒤에는 반복되는 어구(experience this reduction)가 생략되었다.

[5행] …, it moves to the back, **with** another bird **taking** its place.
「with+(대)명사+분사」는 '~가 …하면서[된 채로]'라는 의미로, 명사(another bird)와 분사가 능동의 관계이므로 현재분사 (taking)가 쓰였다.

**3** ⑤

**해석** 플라스틱 펜을 이용하여 약 열 번 머리에 문지르고 그 펜을 작은 휴지 조각이나 분필 가루에 가까이 가져가라. (C) 당신은 휴지 조각이나 분필 가루가 펜에 달라붙는 것을 발견할 것이다. 당신이 한 것은 정전기라고 불리는 전기의 한 형태를 만든 것이다. (B) 이러한 종류의 전기는 마찰에 의해서 만들어지고, 그 펜은 전기를 띠게 된다. 정전기는 또한 대기에서 발견된다. (A) 뇌우가 몰아치는 동안, 구름이 서로 마찰을 할 때 전기를 띠게 될 수 있다. 폭풍우가 몰아치는 동안 우리가 종종 보게 되는 번개는 전기를 띤 구름과 지면 사이의 커다란 전하의 흐름에 의해서 야기된다.

**문제풀이** 주어진 글은 플라스틱 펜을 머리에 문지른 후 휴지 조각이나 분필 가루에 가까이 가져가라는 내용으로, 뒤에 그 결과와 이를 정

전기라고 부른다고 설명하는 (C)가 와야 한다. 이어서 정전기 발생 원인을 설명하면서 정전기가 대기에서도 발생할 수 있다고 이야기하는 (B)가 뒤따르고, 대기에서 일어나는 정전기 현상을 구체적으로 설명하는 (A)가 마지막에 오는 것이 자연스럽다.

**구문분석**

[4행] The lightning [**that** we often see during a storm] is caused … .
[ ]는 The lightning을 수식하는 목적격 관계대명사절이다.

[8행] [**What** you have done there] is {*to create* a form of electricity **called static electricity**}.
[ ]는 관계대명사 What이 이끄는 명사절로 문장의 주어로 쓰였다. { }는 문장의 보어로 쓰인 명사적 용법의 to부정사구이다. called static electricity는 a form of electricity를 수식하는 과거분사구이다.

**4** ①

**해석** 최근에 제품의 브랜드는 소비자들에게 매우 중요해져서 생산 및 공급 과정에서의 변화를 야기시켰다. 브랜드가 제조사보다 지배적인 위치로 이동하게 된 것이다. (A) 이 브랜드들은 그들이 정확히 어떤 제품을 필요로 하는지 제조사들에게 설명한다. 그들은 또한 제조사들에게 짧은 시간 내에 많은 양의 제품을 만들어 내라고 요구한다. 만약 제조사가 이 요구를 충족시키지 못하면, 그 제조사는 그냥 다른 제조사로 교체될 것이다. (C) 불행하게도, 이 관계는 많은 공장 노동자들에게 해를 끼친다. 만약 노동자 집단이 보다 나은 근무 조건과 더 많은 임금을 요구한다면, 제조사들은 경비가 더 적게 드는 나라로 공장을 옮긴다. (B) 제조사들이 이렇게 하는 이유는 그들이 경비를 절감하지 않으면 힘을 가진 브랜드와의 계약을 유지하지 못할까 봐 두려워하기 때문이다. 그러므로, 그들은 그저 노동자들에게 저임금을 주고 오래된 시설들을 수리하지 않은 채로 둔다.

**문제풀이** 주어진 글은 제조사보다 브랜드의 힘이 강력해지는 현상에 관한 내용이다. 주어진 글에서 언급된 지배적인 위치에 있는 브랜드가 제조사에 요구하는 사항을 설명하는 (A)가 온 뒤, 이런 관계로 인해 제조사 입장에서 발생하는 문제에 대해 언급하는 (C)가 이어진 후, 제조사가 경비를 절감하며 제품을 생산하는 이유에 대해 이야기하는 (B)가 오는 것이 자연스럽다.

**구문분석**

[1행] A product's brand has become **so** important to consumers these days **that** it has caused a change in the supply chain.
「so+형용사[부사]+that ~」은 '매우 …해서 ~하다'라는 의미이다.

[8행] The reason [**why** manufacturers do this] is {*that* they fear … **unless** they cut costs}.
[ ]는 The reason을 수식하는 관계부사절이다. { }는 문장의 보어로 쓰인 명사절이다. unless는 조건의 부사절을 이끄는 접속사로 '만약 ~하지 않으면'이라는 뜻이다.

**5** ⑤

**해석** 호주에 있는 Hillier 호수는 멀리서는 물이 완전한 분홍색으로 보이는 호수이다. (C) 더 가까이 다가오면, 당신은 그 호수가 희뿌연 분홍색인 것을 보게 될 것이다. 과학자들은 근처의 Pink 호수와 세네갈의 Retba 호수의 색깔은 설명할 수 있지만 Hillier 호수의 색깔은 설명하지 못한다. (B) 어떤 이들은 그것이 소금 때문이라고 말한다. 다른 호수에는 짠물이 있는데, 그것은 분홍색 박테리아와 조류가 살게 한다. 이것들이 물을 분홍색으로 바꾼다. 그러나 1년 내내 그것의 색깔을 유지하는 Hillier 호수와 달리, 이 호수들은 온도에 따라 색이 변한다. (A) 심지어 병 안에서도, 물은 분홍색으로 남아 있다. 원인이 무엇이든지 간에, 그 색깔이 호수가 위험하다는 것을 의미하지는 않는다. 그러나 그 호수는 오직 연구자들만 접근할 수 있어서, 관광객들이 그것을 방문하는 것은 불가능하다.

**문제풀이** 주어진 글은 Hillier 호수가 멀리서 보면 완전한 분홍색으로 보인다는 내용으로, 가까이서 보면 희뿌연 분홍색이라는 내용의 (C)가 이어지는 것이 글의 흐름상 자연스럽다. 이어서 (C)의 마지막에 언급된 다른 호수들과 비교하며 호수가 분홍색인 이유에 대해 추측하는 (B)가 뒤따라야 한다. 마지막으로 원인이 무엇이든지 간에 호수가 위험한 것은 아니며, 일반인들은 방문할 수 없다는 내용인 (A)가 오는 것이 자연스럽다.

**구문분석**

[1행] Lake Hillier in Australia is a <u>lake</u> [**whose** water looks solid pink from a distance].
[ ]는 a lake를 수식하는 소유격 관계대명사절이다.

[4행] ..., so **it** is impossible *for tourists* [**to visit** it].
it은 가주어이고, to부정사구인 [ ]가 진주어이다. for tourists는 to부정사의 의미상 주어이다.

**6** ③

**해석** 우리 누구든 내릴 수 있는 가장 필수적인 선택 중 하나는 우리가 시간을 어떻게 투자하느냐이다. (B) 물론 시간을 어떻게 투자하는지는 우리가 단독으로 내릴 결정이 아니다. 우리가 인류의 구성원이기 때문에, 혹은 특정 문화와 사회에 속해 있기 때문에 해야 할 일들을 많은 요인들이 결정한다. (C) 그럼에도 불구하고, 개인이 선택할 수 있는 여지는 있으며 시간에 대한 통제권은 어느 정도 우리 손안에 있다. 가장 억압적인 산업혁명의 시대에도 사람들은 시간에 있어서 자유 의지를 포기하지 않았다. (A) 이 시기에 사람들은 공장에서 일주일에 80시간 이상 일했다. 하지만 다수를 따라 술집에 가는 대신, 자신들의 얼마 안 되는 소중한 자유 시간을 독서나 정치 참여에 사용하는 일부 사람들도 있었다.

**문제풀이** 주어진 글은 어떻게 시간을 투자하느냐는 우리의 선택이라는 내용으로, 이어서 시간 투자를 제약하는 여러 요인들이 있다는 (B)가 와야 한다. 산업혁명 시기의 노동자들을 예로 들며 그럼에도 어느 정도 시간에 대한 개인 선택의 여지가 있다고 언급하는 (C)가 온 후, 이 산업혁명 시기의 사람들이 어떻게 시간을 사용했는지 설명하는 (A)가 오는 것이 자연스럽다.

**구문분석**

[4행] But there were <u>some</u> [**who** *spent* their few precious free hours {*reading* books} or {*getting* involved in politics} instead of ...].
[ ]는 some을 수식하는 주격 관계대명사절이다. 「spend+시간+v-ing」는 '~하는 데 (시간을) 쓰다'의 의미이며, 두 개의 동명사구 { }가 or로 병렬 연결되었다.

[7행] Many factors determine [**what** we should do *either* {because we are members of the human race}, *or* {because we belong to a certain culture and society}].
[ ]는 determine의 목적어로 관계대명사 what이 이끄는 명사절이다. 「either A or B」는 'A나 B 둘 중 하나'라는 의미로 A와 B에 각각 접속사 because가 이끄는 부사절이 쓰였다.

**7** ④

**해석** 두 스페인 축구팀 FC 바르셀로나와 레알 마드리드 사이의 경쟁의식을 전 세계의 팬들이 즐긴다. 그러나 그들의 경쟁의식은 당신이 생각하는 것보다 더 이전으로 거슬러 올라간다. (C) 그것은 1469년으로 거슬러 올라가는데, 그때 스페인 제국을 형성하기 위해 카스티야에 의해 많은 땅들이 통합되었다. 그러나 카탈루냐의 대단히 독립적인 국민들은 그 제국을 싫어했고 독립을 열망했다. (A) 이런 감정은 카탈루냐의 FC 바르셀로나와 카스티야의 FC 마드리드 간의 축구 시합으로 이어졌다. 이후에, '왕실의'라는 의미의 'Real'이라는 타이틀이 FC 마드리드에게 주어졌는데, 이는 카탈루냐인들을 매우 화나게 만들었다. (B) 오늘날 FC 바르셀로나와 레알 마드리드 사이의 경쟁은 계속되고 있고, 매 경기가 감정이 넘치는 과열된 전투 같다. 이것은 누가 이기느냐 지느냐 이상이다. 이것은 지역 자존심의 문제이다.

**문제풀이** 주어진 글은 FC 바르셀로나와 레알 마드리드의 경쟁의식이 오래 전부터 있었다는 내용으로, 이어서 이 경쟁의식이 언제, 어떻게 시작되었는지 설명하는 (C)가 와야 한다. 그 다음으로 두 지역 간의 감정의 골이 어떻게 축구팀으로 이어졌는지 이야기하는 (A)가 이어진 후, 마지막으로 오늘날까지 계속되는 두 팀의 경쟁을 설명하는 (B)가 오는 것이 자연스럽다.

**구문분석**

[5행] Later, "Real," [a title {**that** means "royal,"}] was given to FC Madrid, [**which** made the Catalonians very angry].
첫 번째 [ ]는 "Real"을 부연 설명하는 동격어구이며, { }는 a title을 수식하는 주격 관계대명사절이다. 두 번째 [ ]는 앞 절 전체를 부연 설명하는 계속적 용법의 주격 관계대명사절이다.

[7행] ..., and each game is an <u>overheated battle</u> [**filled** with emotion].
[ ]는 an overheated battle을 수식하는 과거분사구이다.

**8** ①

**해석** 러다이트는 영국의 직물 산업에 종사했던 노동자들이었다. 그들은 산업혁명 중 노동력을 절감하는 기계가 사용되기 시작할 때 시위를 벌였다. (A) 기계에 자신들의 일자리를 잃게 될까 봐 두려워서 그들은 고용주들에게 협박 편지를 보냈다. 이 편지들은 이 운동의 가상의 지도자인 '제너럴 러드'에 의해 서명되었다. (C) 하지만 그들의 전략은 실패했다. 그 결과 그들은 공장에 침입해서 설치되어 있던 새 기계들을 부수기 시작했다. 그들은 단 3주 만에 수백 대의 기계를 부수었고, 곧 그들의 운동은 퍼져 나갔다. (B) 영국 정부는 공장들을 보호하기 위해 강력하게 대처했다. 그들은 산업적 사보타주라는 범죄를 사형으로 처벌하게 했고 많은 러다이트 지도자들을 체포했는데, 이는 재빨리 그 운동을 종식시켰다.

**문제풀이** 주어진 글은 러다이트가 누구인지, 그리고 그들이 저항하게 된 시대적 상황이 무엇인지에 대한 내용이다. 이런 배경에서 러다이트들이 협박 편지로 고용주에게 항의하는 내용인 (A)가 먼저 오고, 이 방법이 실패한 이후 그들의 거세진 항의 운동에 관한 (C)가 그 뒤에 와야 한다. 마지막으로 이들의 시위에 대한 영국 정부의 대응과 그에 따른 결과를 설명하는 (B)가 오는 것이 자연스럽다.

**구문분석**

[4행] [(**Being**) **Fearful** that they would lose their jobs to machines], they sent threatening letters … .
[ ]는 이유를 나타내는 분사구문으로 앞에 Being이 생략되었다.

[7행] They *made* the crime of industrial sabotage *punishable* by death and **arrested** many of the Luddite leaders, [**which** quickly ended the movement].
문장의 동사 made와 arrested가 and로 병렬 연결되었다. 「make+목적어+목적격 보어(형용사)」는 '~를 …하게 하다'라는 의미이다. [ ]는 앞 절 전체를 부연 설명하는 계속적 용법의 주격 관계대명사절이다.

[10행] …, they started [**breaking** into factories and **destroying** the new machines {*that* **had been installed**}].
[ ]는 동사 started의 목적어로, breaking과 destroying이 이끄는 동명사구가 and로 병렬 연결되었다. { }는 the new machines를 수식하는 주격 관계대명사절로, 주절의 시점 (started)보다 이전에 일어난 일을 나타내므로 과거완료 시제 (had been installed)가 쓰였다.

---

## UNIT 08 — REVIEW TEST
*Grammar in the passage*　　　p.101

**1** The Luddites were <u>laborers</u> <u>who</u> worked in the
　　　　　　　　　　　　선행사　　　관계대명사
English textile industry.
러다이트는 영국의 직물 산업에 종사했던 노동자들이었다.

**2** <u>The lightning</u> <u>that</u> we often see during a storm
　　　선행사　　　관계대명사
is caused by a large flow of electrical charges.
폭풍우가 몰아치는 동안 우리가 종종 보게 되는 번개는 커다란 전하의 흐름에 의해서 야기된다.

**3** Every <u>bird</u> <u>that</u> is behind another experiences
　　　선행사　관계대명사
this reduction.
다른 새 뒤에 있는 모든 새는 이 감소를 경험한다.

**4** <u>Changing</u>, <u>which</u> always stems from a firm
　　선행사　　관계대명사
decision, becomes job number one.
항상 확고한 결심에서 생겨나는 변화는 최우선이 된다.

**5** One common formation of migrating <u>birds</u> is
the V-shape, <u>which</u> is most commonly used by
　　선행사　　　관계대명사
geese.
하나의 보편적인 철새의 대형은 V자 모양인데, 이것은 거위들에 의해 가장 흔히 사용된다.

**6** Lake Hillier is a <u>lake</u> <u>whose</u> water looks solid
　　　　　　　　　　선행사　관계대명사
pink from a distance.
Hillier 호수는 멀리서는 물이 완전한 분홍색으로 보이는 호수이다.

**7** This dates back to a <u>time</u> <u>when</u> humans lived in
small tribes.　　　　　선행사　관계부사
이것은 인간이 소규모의 부족으로 살았을 때로 거슬러 올라간다.

**8** The manufacturers move their factories to
<u>countries</u> <u>where</u> costs are lower.
　선행사　　관계부사
제조사들은 경비가 더 적게 드는 나라로 그들의 공장을 옮긴다.

**9** The <u>reason</u> <u>why</u> manufacturers do this is that
　　선행사　　관계부사
they fear they can't keep their contracts.
제조사들이 이렇게 하는 이유는 그들이 계약을 유지하지 못하는 것을 두려워해서이다.

---

# UNIT 09
## 조동사와 가정법

**① 조동사**  p.103

1 드론은 과학적 자료를 모으는 데 유용할지도 모른다.

2 더 저렴한 가격으로 항공권을 사기 위해서 너는 가능한 한 빨리 예약해야 한다.

3 그들은 참가자들이 그 질병에 대한 검사를 받고 싶은지를 물어봤다.

> **상승 PLUS**
>
> 그녀는 우리가 운동할 때 물을 많이 마셔야 한다고 제안했다.

**② 〈조동사+have v-ed〉**  p.103

1 나는 그가 내 컴퓨터를 고칠 때 그에게 더 주의를 기울였어야 했다.

2 엄마가 우리에게 쪽지를 식탁 위에 남겨두셨을지도 모른다.

3 그는 지난 주말에 일하느라 바빴음이 틀림없다.

> ☑ **CHECK UP**  p.103
>
> **STEP 1**  1 cannot  2 stay  3 may well
>
> **STEP 2**  1 T  2 T  3 F, should have come

**STEP 1**

1 그렇게 영리한 소년이 그렇게 어리석은 말을 했을 리가 없다.
▶ 문맥상 '~했을 리가 없다'라는 의미를 가진 〈cannot have v-ed〉가 알맞다.

2 의사는 그녀가 집에 있어야 한다고 권했다.
▶ 문맥상 제안을 나타내는 동사 recommended의 목적어로 쓰인 that절이 당위성을 나타내므로 that절의 동사는 〈(should) 동사원형〉이 알맞다.

3 예상치 못한 결과에 네가 실망하는 것도 당연하다.
▶ 문맥상 '~하는 것도 당연하다'라는 의미를 가진 may well이 알맞다.

**STEP 2**

1 나는 그에게 진실을 말하지 않을 수 없다.
▶ '~하지 않을 수 없다'라는 의미의 〈cannot help v-ing〉가 쓰였다.

2 너는 다른 사람들의 비평에 대한 네 생각을 공개해야 한다.
▶ 조동사 다음에 동사원형이 왔다.

3 우리는 더 일찍 왔어야 했다. 우리는 너무 늦었다.
▶ 문맥상 과거의 일에 대한 후회를 나타내므로 '~했어야 했다'라는 의미의 〈should have v-ed〉를 써야 한다.

**③ 가정법 과거 vs. 가정법 과거완료**  p.104

1 만약 내가 아기라면, 내가 원하는 만큼 잘 수 있을 텐데.

2 만약 네가 이 근처에 산다면, 나는 너를 더 자주 볼 텐데.

3 만약 내가 상황을 설명했더라면, 너는 나를 용서했을 텐데.

4 만약 그가 더 크게 말했더라면, 나는 그가 말한 것을 들었을 텐데.

> **상승 PLUS**
>
> 만약 Anne이 부상을 당하지 않았더라면, 그녀는 오늘 밤 공연에서 춤을 출 텐데.

**④ 〈I wish+가정법〉 vs. 〈as if+가정법〉**  p.104

1 내가 새 스마트폰을 갖고 있다면 좋을 텐데.

2 내가 사람들에게서 유용한 충고를 받았더라면 좋을 텐데.

3 너는 매 경기가 마치 월드컵 결승전인 것처럼 뛰어야 한다.

4 Matthew는 마치 빗속에서 10마일을 달렸던 것처럼 보였다.

> ☑ **CHECK UP**  p.104
>
> **STEP 1**  1 would have saved  2 had heard
>   3 had read
>
> **STEP 2**  1 would do  2 knew  3 had passed

**STEP 1**

1 네가 티켓을 온라인에서 샀다면, 시간을 절약했을 텐데.
▶ if절의 동사로 〈had v-ed〉가 쓰인 것으로 보아 가정법 과거완료 문장이므로 주절의 동사는 〈조동사의 과거형+have v-ed〉가 와야 한다.

2 그는 큰 소리를 들었지만, 마치 아무것도 듣지 못했던 것처럼 행동했다.
▶ 문맥상 과거 사실의 반대를 가정하고 있으므로 〈as if+가정법 과거완료〉 문장이 와야 한다.

3 내가 고등학생이 되기 전에 책을 많이 읽었더라면 좋을 텐데.
▶ 문맥상 과거의 일에 대한 유감을 나타내므로 〈I wish+가정법 과거완료〉 문장이 와야 한다.

**STEP 2**

1 만약 그것이 가능하다면 나는 모든 것을 처음부터 다시 할 텐데.
▶ if절에 동사의 과거형이 쓰인 것으로 보아 가정법 과거 문장이므로 주절의 동사는 〈조동사의 과거형+동사원형〉으로 써야 한다.

2 Ellen은 Bradley 씨를 잘 아는 것처럼 이야기하지만, 그녀는 그를 모른다.
▶ 문맥상 현재 사실의 반대를 가정하고 있으므로 〈as if+가정법 과거〉로 써야 한다.

3 만약 Sam이 2년 전에 시험을 통과했더라면, 그는 지금 의사일 텐데.
▶ 과거에 실현되지 못한 일이 현재까지 영향을 미치는 경우를 나타내는 혼합 가정법이 쓰인 문장이므로, if절의 동사는 〈had v-ed〉로 써야 한다.

## ⑤ 기타 가정법 구문　　　　　　　　　p.105

1　그 이야기가 사실이라면, 모두가 행복할 것이다.
2　그들이 내 말을 들었더라면, 이런 실수를 하지 않았을 텐데.
3　그가 훌륭한 지도자라면 추종자들의 의견을 존중할 것이다.
4　충분한 시간이 주어졌다면 그는 실수를 덜 했을 텐데.
5　예약을 하지 않았더라면, 우리는 이 음식을 먹어볼 수 없었을 것이다.

---

### ☑ CHECK UP　　　　　　　　　　　p.105

**STEP 1**　1 Had I known　2 have failed　3 Were it

**STEP 2**　1 T　2 F, Had I learned[If I had learned]

---

**STEP 1**

1　음식이 비싼 것을 알았더라면, 나는 여기에 오지 않았을 텐데.
▶ 가정법 구문의 조건절에서 조동사가 had이고 if가 생략되면 〈(조)동사＋주어〉 어순으로 도치된다.

2　네 도움이 없었더라면 나는 시험에 또 떨어졌을 것이다.
▶ '(과거에) ~이 없었더라면'을 나타내는 〈If it had not been for ~〉가 쓰인 구문으로 과거 사실의 반대를 가정하고 있으므로 주절의 동사는 〈조동사의 과거형＋have v-ed〉가 온다.

3　더 시원하면, 나는 밖에서 운동할 텐데.
▶ 가정법 구문의 조건절에서 동사가 were이고 if가 생략되면 〈동사＋주어〉 어순으로 도치된다.

**STEP 2**

1　내가 너라면, 그들에게 인사할 텐데.
▶ 가정법 과거 문장의 조건절에서 If가 생략되어, 주어와 동사가 도치되었다.

2　내가 중국어를 배웠더라면, 나는 그게 무슨 의미인지 알았을 텐데.
▶ 가정법 과거완료 문장의 조건절에서 If가 생략되어 있으므로 주어와 조동사 had를 도치시키거나 주어 앞에 If를 써야 한다.

---

# GRAMMAR for Reading　　pp.106~107

1　(1) would　(2) may[might]　(3) cannot[can't]

2　(1) could travel　(2) cannot[can't] have left
　　(3) would have asked

3　(1) must have forgotten　(2) could have
　　(3) Had I taken

4　(A) must　(B) can

5　if the government had been serious

6　(A) explain　(B) would be

---

**1**

(1) 나는 오늘 밤 조깅을 하느니 차라리 수영하러 가고 싶다.
　나는 이번 주말에 조부모님을 찾아뵙고 싶다.
▶ 〈would rather A than B〉는 'B하느니 차라리 A하고 싶다', 〈would like to-v〉는 '~하고 싶다'의 의미이다.

(2) 비가 꽤 많이 내리고 있어서, 우리는 집에 돌아가는 편이 낫겠다.
　내가 숙제를 하다가 도움이 필요하면 오늘 밤 너에게 전화를 할지도 모른다.
▶ 〈may[might] as well〉은 '~하는 편이 낫다'의 의미이며, may[might]는 추측을 나타내는 조동사로 쓰인다.

(3) 그녀는 미래에 무엇을 할 것인지 걱정하지 않을 수 없다.
　나는 이 프로젝트가 끝날 때까지 휴가를 갈 수 없다.
▶ 〈cannot help v-ing〉는 '~하지 않을 수 없다'의 의미이며, can은 가능을 나타내는 조동사로 쓰인다.

**2**

(1) 현재의 소망을 나타내는 〈I wish＋가정법 과거〉가 쓰인 문장이므로 〈조동사의 과거형＋동사원형〉인 could travel로 써야 한다.
(2) '~했을 리가 없다'라는 의미는 〈cannot have v-ed〉로 나타낸다.
(3) 가정·조건의 의미가 함축된 명사구 주어(A wise person)가 if절을 대신하며, 과거 사실과 반대되므로 주절의 동사는 가정법 과거완료인 would have asked로 써야 한다.

**3**

(1) '~했음이 틀림없다'라는 의미는 〈must have v-ed〉로 나타낸다.
(2) 현재 사실의 반대를 가정하는 가정법 과거가 쓰인 문장이므로 주절의 동사는 〈조동사의 과거형＋동사원형〉으로 쓴다.
(3) 과거 사실의 반대를 가정하는 가정법 과거완료의 조건절에서 if가 생략되면 조건절의 주어와 조동사 had가 도치된다.

**4**

**해석** 한 연구팀이 왜 사람들이 음악을 듣는 것을 좋아하는지를 조사했다. 그들은 그 이유가 우리 뇌의 반응과 관련되어 있음이 틀림없다는 것을 알아냈다. 우리가 음악을 들을 때 우리 뇌는 쾌락 중추를 활성화하는 화학 물질을 분비한다는 것이다. 그들은 또한 우리가 음악을 들으면, 우리의 혈압은 떨어질 것이라는 것을 발견했다. 그것은 음악이 뇌가 혈압을 낮추는 특정한 종류의 칼슘을 만들게 할 수 있기 때문이다. 쥐를 대상으로 한 실험에서, 모차르트의 음악이 쥐들의 높은 혈압을 정상 범위로 낮추는 데 단지 30분이 걸렸다.

**문제풀이** (A) 문맥상 음악 듣기를 즐기는 이유가 우리 뇌의 반응과 관련되어 있음이 틀림없다는 강한 추측의 의미를 나타내는 것이 자연스러우므로 must가 알맞다.
(B) 문맥상 음악이 뇌가 혈압을 낮추는 특정 칼슘을 만들게 할 수 있다는 가능·능력의 의미를 나타내는 것이 자연스러우므로 can이 알맞다.

**구문분석**

[1행] A team of researchers looked into [why people enjoy listening to music].

---

[ ]는 looked into의 목적어로 쓰인 간접의문문으로 「의문사+주어+동사」의 어순이다.

## 5

**해석** 마이크로비즈는 여러 미용 제품이나 세제 같은 다른 제품에서 발견되는 미세한 플라스틱 조각이다. 불행히도 물고기와 다른 해양 생물이 그것을 먹이로 착각할 수 있다. 그것을 먹는 것은 심각한 문제를 일으키고 성장에 영향을 미칠지도 모른다. 그래서 영국 정부는 2018년에 화장품에 마이크로비즈의 사용을 금지했다. 하지만 환경 단체는 만족해하지 않는다. 그들은 만일 정부가 해양 보호를 심각하게 여겼다면, 화장품뿐만 아니라 모든 제품에서 마이크로비즈를 금지했을 것이라고 말한다.

**문제풀이** 가정법 과거완료 구문으로 if절은 〈if+주어+had v-ed〉의 어순이다.

**구문분석**

[1행] Microbeads are tiny pieces of plastic [**that** are found in many beauty products and other products, such as detergent].
[ ]는 tiny pieces of plastic을 수식하는 주격 관계대명사절이다.

## 6

**해석** 사람들이 사회적 행동을 설명할 때, 그들은 '근본적 귀인 오류'라고 불리는 실수를 흔히 한다. 사람들은 흔히 자신의 부정적인 행동을 자신이 통제할 수 없는 외적인 요인 탓으로 돌린다. 그러나 그들은 다른 사람들의 실수를 지능이나 성격과 같은 내적인 요인 탓으로 돌리는 경향이 있다. 예를 들어, 시험에 떨어진 사람은 그 시험이 불공정했다고 설명할지도 모른다. 그러나 반 친구가 (그 시험에) 떨어진다면 바로 그 같은 사람이 그것을 게으르거나 충분히 공부하지 않아서와 같은 내적인 무언가의 탓으로 돌리기 쉬울 것이다.

**문제풀이** (A) 조동사 뒤에는 동사원형이 와야 한다.
(B) 가정법 과거가 쓰인 문장에서 주절의 동사는 〈조동사의 과거형+동사원형〉이 와야 한다.

**구문분석**

[5행] For example, a person [**failing** a test] might explain {*that* the test was unfair}.
[ ]는 a person을 수식하는 현재분사구이다. { }는 동사 explain의 목적어로 쓰인 명사절이다.

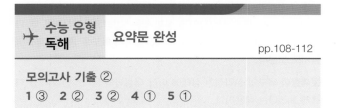

## 모의고사 기출 ②

**해석** 우리는 한 민족의 특정 세계관이나 심리의 측면을 표현하는 것으로서 속담을 바라볼 때 주의를 기울여야 한다. 즉, 소위 '국민성'에 관하여 어떠한 고정된 결론도 도출되어서는 안 된다. 고대시대, 성서 시대와 중세 시대로부터 유래하여 현재 다양한 문화에 존재하는 유명한 속담들이 너무나 많아서 그 속담들이 몇몇 상상화된 국민성을 반영하고 있다고 보는 것은 어리석다. 그럼에도 불구하고, 특정 문화 속에서 특정 속담들의 빈번한 사용은 다른 사회적 및 문화적 지표들과 함께 사용되어 일부 공통적인 개념을 형성할 수 있다. 그러므로 만약 독일인들이 정말로 "아침 시간은 금과 같다."라는 속담을 빈번하게 사용한다면, 그것은 일찍 일어나는 것에 대한 독일인들의 태도를 적어도 어느 정도까지는 반영한다.
→ 비록 속담들이 국민성을 직접적으로 반영할 수는 없지만, 특정 속담들의 빈번한 사용은 한 국가에 관한 일반적인 개념을 형성하기 쉽다.

**문제풀이** 속담으로 한 국민성을 일반화해서는 안 되지만, 빈번하게 사용되는 특정 속담의 경우 어느 정도는 한 국가의 특성을 나타내는 데 사용될 수 있다는 내용이다.

**구문분석**

[4행] There are **so** many … in various cultures **that** *it* would be foolish [*to think* of them …].
「so ~ that …」은 '너무 ~해서 …하다'라는 의미이다. it은 가주어이고, to부정사구인 [ ]가 진주어이다.

[9행] Thus, if the Germans really **do** use the proverb, …, then it **does** mirror … .
일반동사 use와 mirror를 강조하기 위해 「do[does/did]+동사원형」이 쓰였다.

## 1 ③

**해석** 당신은 학교에서 미끄러져 넘어진 적이 있는가? 그것은 굉장히 창피했을지도 모른다. 아마 당신은 사람들이 여전히 그것에 관해 웃고 있으리라고 생각할지도 모르지만, 어느 누구도 기억조차 하지 못할 가능성이 있다. 이는 조명 효과로 설명될 수 있다. 그것(=조명효과)은 무언가를 자신의 관점에서만 보고 다른 사람들이 얼마나 주의 깊게 우리에게 관심을 갖는지를 과대평가하는 우리의 성향이다. 그것을 입증하기 위해서, 연구자들은 학생들에게 창피한 그림이 있는 티셔츠를 입게 했다. 그리고 나서 그들은 학생들에게 얼마나 많은 반 친구들이 나중에 그 티셔츠를 기억할지 추측해 보게 했다. 그 학생들이 추측한 평균 수는 그것을 기억한 학생들의 실제 수의 거의 두 배였다. 연구자들은 이것이 지나친 자기 인식과 타인의 관점으로 스스로를 바라보는 능력이 없는 것에서 발생할지도 모른다고 믿는다.
→ 연구자들은 사람들이 우리가 생각하는 것보다 덜 주의 깊게 우리를 관찰한다는 것을 발견했다.

**문제풀이** 우리가 생각하는 것보다 타인들은 우리에게 덜 주목한다는 조명 효과에 관한 내용이다.

**구문분석**

[2행] …, **chances are that** nobody else even remembers.
「(the) chances are that …」은 '아마 …일 것이다, …할 가능성

정답 및 해설   **53**

이 충분하다'라는 의미이다.

[3행] It is our tendency [**to see** things only from our own perspective and **to overestimate** {how closely others are paying attention to us}].
[ ]는 our tendency를 수식하는 형용사적 용법의 to부정사구로, to see와 to overestimate가 and로 병렬 연결되었다. { }는 overestimate의 목적어로 쓰인 간접의문문으로 「의문사＋주어＋동사」의 어순이다.

[7행] The average number [(**which**[**that**]) they guessed] was approximately *twice as large as* the actual number of students {**who** remembered it}.
[ ]는 The average number를 수식하는 목적격 관계대명사절로 관계대명사 which[that]가 생략되었다. 「배수사＋as＋원급＋as A」는 'A보다 ~배 …한[하게]'이라는 뜻이다. { }는 students를 수식하는 주격 관계대명사절이다.

## 2 ②

**해석** 당신이 체중을 줄이려고 한다면, 무엇을 하겠는가? 두 가지 일반적인 방법은 규칙적으로 운동하는 것과 단 것을 피하는 것이다. 불행히도, 운동은 당신이 디저트를 원하게 될 가능성을 높일 수 있다. 한 연구에서 지원자들은 일상용품과 디저트 사진을 보면서 조작용 손잡이를 쥐었다. 연구원들은 지원자들 손의 움직임을 관찰했는데, 손잡이를 자신의 몸쪽으로 끌어당기면 (해당 사진에 대한) 긍정적인 감정을 나타내기 때문이었다. 이후 지원자의 절반은 운동을 했고, 나머지 절반은 기억력 퍼즐을 했다. 그리고 나서 두 집단은 손잡이 조작 활동을 다시 했다. 결과는 운동을 한 지원자들이 (기억력 퍼즐을 한) 다른 지원자들보다 디저트 사진에 더 끌렸음을 보여줬다. 이것은 신체가 칼로리 섭취를 통해 손실된 에너지를 대체하려고 하기 때문일지도 모른다.
→ 연구는 운동을 하는 사람들이 정신적인 활동을 하는 사람들보다 디저트를 더 원하는 것을 보여준다.

**문제풀이** 운동(신체적 활동)을 한 집단과 퍼즐(정신적 활동)을 한 집단을 비교한 실험 결과, 운동을 한 집단이 디저트를 더 원했다는 내용이다.

### 구문분석

[2행] Unfortunately, exercising can increase the likelihood [**that** you'll want dessert].
[ ]는 the likelihood를 부연 설명해 주는 동격의 명사절이다.

[3행] In a study, volunteers held a joystick [**while looking** at images of everyday items and desserts].
[ ]는 동시동작을 나타내는 분사구문으로 의미를 명확히 하기 위해 접속사를 생략하지 않았다.

[5행] ..., **as** [*pulling* the joystick toward their bodies] indicated positive feelings.
as는 이유를 나타내는 접속사로 쓰였다. [ ]는 부사절의 주어로 쓰인 동명사구이며, 동사는 indicated이다.

## 3 ②

**해석** 위대한 아이디어는 우연히 나오지 않는다. 가끔 그것들은 갑자기 떠오르는 것처럼 보일 수도 있지만, 자세히 관찰해 보면 그것들은 운보다 훨씬 더 많은 것을 필요로 한다. 아이작 뉴턴을 예로 들어 보자. 이야기에 따르면 '우연히' 사과 하나가 땅으로 떨어졌을 때, 그는 사과나무 아래 앉아 있었다. 이것이 그를 생각하게 했고, 결국 그는 중력의 기본 법칙을 발견해 냈다. 그러나 사과는 항상 땅으로 떨어진다. 만약 사과가 대신 하늘로 솟아올랐다면, 그것은 우둔한 관찰자라 할지라도 그것에 대해 궁금해했을 특이한 사건이었을 것이다. 그러나 떨어지는 사과는 평범한 사건이었다. 특별했던 것은 바로 뉴턴의 사고였고, 그는 수년 동안의 성실한 연구와 과학적 훈련으로 그의 사고를 그런 식으로 만들었다.
→ 혁신적인 아이디어가 가끔은 우연히 생기는 것처럼 보일지 모르나, 성실한 노력 없이는 만들어질 수 없다.

**문제풀이** 위대한 아이디어가 우연히 얻어지는 것처럼 보이지만, 사실은 오랜 노력과 연구에 의해 가능하다는 내용이다.

### 구문분석

[6행] **If** the apple **had shot up** into the sky instead, it **would have been** an extraordinary event, [one {*that* even an unintelligent observer would have wondered about}].
과거 사실과 반대되는 일을 가정하는 가정법 과거완료 문장이다. [ ]는 an extraordinary event를 부연 설명하는 동격어구이며, { }는 one을 수식하는 목적격 관계대명사절이다.

[8행] **It was** Newton's mind **that** was special, ... .
문장의 주어인 Newton's mind를 강조하는 「It was ~ that ...」 강조 구문이 쓰였다.

## 4 ①

**해석** 우리는 흔히 우리가 물리적 환경을 실제 있는 그대로 본다고 가정한다. 하지만 우리가 세상을 어떻게 보는지는 우리가 그로부터 무엇을 원하는지에 달려 있다고 새로운 연구는 제시한다. 한 집단의 심리학자들이 사람들에게 물병이 얼마나 멀리 떨어져 있는지 추정해 보도록 했을 때, 목마른 사람들은 목마르지 않은 사람들보다 그 물병이 더 가깝다고 추측하였다. 이러한 인식의 차이는 신체적인 과제에서도 드러났다. 25달러짜리 상품권을 향해 콩 주머니를 던져서 가장 근처에 던진 사람이 그것을 얻는다고 들었을 때, 사람들은 평균적으로 콩 주머니를 9인치 못 미치게 던졌다. 하지만, 상품권의 가치(액수)가 0달러였을 때는, 상품권을 지나 1인치를 더 멀리 던졌다. 뇌가 진화함에 따라, 목표물까지의 거리를 더 가깝게 본 사람들은 그들이 원했던 것을 더욱 자주 쫓을 수 있었을지도 모른다. 이러한 인식의 오류는 사람들이 자신이 필요했던 것을 얻게 해주면서 사실상 이점이 되었다.
→ 바라던 물건들은 사람들에게 실제 있는 것보다 물리적으로 더 가깝게 인식되는데, 이는 사람들이 그것들을 추구하도록 동기를 부여했을지도 모른다.

**문제풀이** 욕구의 심리적인 상태에 따라 대상과의 물리적인 거리를 다르게 느낀다는 내용이다.

[1행] But new research suggests [**that** {how we see the world} depends on *what we want from it*].

[ ]는 동사 suggests의 목적어로 쓰인 명사절이다. { }는 명사절의 주어 역할을 하는 간접의문문이며, what ... it은 전치사 on의 목적어 역할을 하는 간접의문문이다.

[3행] When a group of psychologists **asked** people **to estimate** [how far away a bottle of water was], ... .

asked의 목적격 보어로 to부정사(to estimate)가 쓰였다. [ ]는 estimate의 목적어 역할을 하는 간접의문문이다.

[9행] ..., people [**who** saw distances to goals as shorter] *might have gone* after {what they wanted} more often.

[ ]는 people을 수식하는 주격 관계대명사절이다. 「might have v-ed」는 '~했을지도 모른다'라는 의미이다. { }는 동사구 go after의 목적어 역할을 하는 관계대명사절이다.

## 5 ①

**해석** 우리는 스포츠 경기의 결과를 예측할 수 없고, 이것은 매주 달라진다. 이러한 이질성이 스포츠의 특징이다. 소비자들이 매력적으로 여기는 것은 바로 그 결과의 불확실성과 경기의 수준이다. 스포츠 마케팅 담당자에게 있어, 이것은 문제가 되는데 왜냐하면 경기의 수준이 보장될 수 없고, (경기의) 결과와 관련하여 어떠한 약속도 할 수 없으며 스타 선수의 경기력에 대해 어떠한 확신도 주어질 수 없기 때문이다. 소비재와 다르게, 스포츠는 마케팅 전략의 중요한 특징으로써 일관성을 보여줄 수도 없고 보여주지도 않는다. 따라서 스포츠 마케팅 담당자는 오로지 승리에만 기반한 마케팅 전략을 피해야 하고, 대신에 핵심 제품(즉, 시합 그 자체)보다는 시설, 주차, 상품, 기념품, 식음료와 같은 제품 확장 개발에 집중해야 한다.
→ 스포츠는 불확실하다는 본질적 속성을 갖고 있으며, 이것은 그것의 마케팅 전략이 단지 스포츠 경기보다는 상품과 서비스를 특징으로 하도록 요구한다.

**문제풀이** 스포츠 마케팅은 승패라는 경기 결과보다는 시설, 주차장, 기념품 등의 제품 확장 개발에 집중해야 한다는 내용이다.

[1행] We cannot predict the outcomes of sporting contests, [**which** vary from week to week].

[ ]는 the outcomes of sporting contests를 부연 설명하는 계속적 용법의 주격 관계대명사절이다.

[2행] **It is** the uncertainty of the result and the quality of the contest **that** consumers *find attractive*.

문장의 목적어인 the uncertainty of the result and the quality of the contest를 강조하는 「It is ~ that ...」 강조 구문이 쓰였다. 「find+목적어+목적격 보어(형용사)」는 '~을 ...라고 여기다'의 의미이다.

[4행] ..., **as** [the quality ... guaranteed], [no promises ... result] *and* [no assurances ... players].

이유를 나타내는 부사절을 이끄는 접속사 as 뒤에 세 개의 절이 and로 병렬 연결되었다.

## UNIT 09 REVIEW **TEST**
*Grammar in the passage*
p.113

**1** Certain proverbs in a particular culture <u>could</u> be used together with other cultural indicators.
특정 문화 속의 특정 속담들은 다른 문화적 지표들과 함께 사용될 수 있다.

**2** No fixed conclusions about a "national character" <u>should</u> be drawn.
'국민성'에 관하여 어떠한 고정된 결론도 도출되어서는 안 된다.

**3** It <u>may have been</u> very embarrassing.
그것은 굉장히 창피했을지도 모른다.

**4** The sport marketer <u>must</u> avoid marketing strategies based solely on winning.
스포츠 마케팅 담당자는 오로지 승리에만 기반한 마케팅 전략을 피해야 한다.

**5** The researchers believe this <u>might</u> be caused by extreme self-awareness.
연구자들은 이것이 지나친 자기 인식에 의해 발생할지도 모른다고 믿는다.

**6** Great ideas <u>may</u> sometimes seem to arise suddenly.
위대한 아이디어는 가끔 갑자기 떠오르는 것처럼 보일 수도 있다.

**7** People who saw distances to goals as shorter <u>might have gone</u> after what they wanted.
목표물까지의 거리를 더 가깝게 본 사람들은 그들이 원했던 것을 쫓을 수 있었을지도 모른다.

**8** Exercising <u>can</u> increase the likelihood that you <u>will</u> want dessert.
운동은 당신이 디저트를 원하게 될 가능성을 높일 수 있다.

**9** If you were trying to lose weight, what would you do?
당신이 체중을 줄이려고 한다면, 무엇을 하겠는가?

**10** If the apple had shot up into the sky, it would have been an extraordinary event.
만약 사과가 하늘로 솟아올랐다면, 그것은 특이한 사건이었을 것이다.

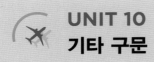
### ① 병렬 구조　　　　　　　　　　　p.115
1 우리 엄마와 언니는 쇼핑몰에 쇼핑하러 갔다.
2 DNA는 사람들의 신원을 확인해 줄 뿐만 아니라 그들이 어떻게 연관되어 있는지를 밝혀준다.
3 체중을 늘리는 것은 대개 체중을 줄이는 것보다 훨씬 더 쉽다.
4 부산의 교통은 서울의 교통만큼 복잡하지 않다.

### ② 강조 표현　　　　　　　　　　　p.115
1 내 목을 아프게 하는 것은 바로 미세먼지이다.
2 우리가 어제 시내에서 만난 사람은 바로 유명한 배우였다.
3 나는 네가 올해 크리스마스 파티에 올 수 있기를 정말 바란다.
4 이 식당은 가장 맛있는 음식을 정말로 판다.

### ✓ CHECK UP　　　　　　　　　　　p.115

**STEP 1**　1 sliding　2 dusted　3 that　4 did

**STEP 2**　1 F, to offer　2 F, doing　3 T

**STEP 1**

1 너는 버튼을 누르거나 문을 밀어서 문을 열 수 있다.
▶ 전치사 by의 목적어로 쓰인 동명사구(pressing the button)와 or로 병렬 연결된 어구 자리이므로 동명사 sliding이 알맞다.

2 나는 침대를 정돈했고 물건들을 정리했고 가구의 먼지를 닦았다.
▶ 과거시제인 동사구(made ..., organized ...,)와 and로 병렬 연결된 어구 자리이므로 과거시제 동사 dusted가 알맞다.

3 내가 저 새 기타를 구입한 것은 바로 내 친구 Jeremy를 위해서였다.
▶ for my friend Jeremy를 강조하는 〈It is[was] ~ that ...〉 강조 구문이 쓰인 문장이다.

4 용과는 달리, 공룡은 한때 정말로 존재했다.
▶ 일반동사(exist)의 의미를 강조하기 위해 〈do[does/did]+동사원형〉 형태가 쓰였으며, 과거의 일이므로 did를 쓴다.

**STEP 2**

1 나는 불평하려는 것이 아니라 그에게 조언하려고 그를 방문했다.
▶ 목적을 나타내는 부사적 용법의 to부정사 두 개가 상관접속사 〈not A but B〉로 병렬 연결되었다. 따라서 to부정사 to offer를 써야 한다.

2 나는 혼자 일하는 것보다 다른 사람들과 함께 일하는 것을 더 즐긴다.
▶ 비교 구문으로, 동사 enjoy의 목적어로 쓰인 동명사구(working ... others)와 병렬 연결된 어구 자리이므로 동명사 doing을 써야 한다.

---

3 전쟁에 정당성을 주는 것은 바로 적의 존재이다.
▶ the presence of enemy를 강조하는 〈It is[was] ~ that ...〉 강조 구문이 쓰인 문장이다.

### ③ 도치 구문　　　　　　　　　　　p.116
1 그들은 거의 볼 수 없었을 뿐만 아니라 피곤하기도 했다.
2 음악의 박자에 맞춰 이동하며 악단은 길을 따라 행진했다.
3 그 뮤지컬이 너무 신나서 나는 그것을 한 번 더 보았다.

### 상승 PLUS
그는 선거에서 지역 후보를 지지하고, 나 또한 그렇다.
나는 완벽하지 않지만, 다른 사람들 또한 그렇지 않다.

### ④ 삽입 어구와 동격 어구　　　　　　p.116
1 솔직히 말하면, 그 시험은 내가 예상했던 것보다 더 쉬웠다.
2 이 반에서 가장 키 큰 사람인 내 친구는 농구를 잘한다.
3 그가 그 노인을 의심했었다는 사실은 그가 죄책감을 느끼게 했다.

### ✓ CHECK UP　　　　　　　　　　　p.116

**STEP 1**　1 was a note　2 is a computer　3 do I

**STEP 2**　1 was the soldier
　　　　　2 were all kinds of delicious cakes　3 that

**STEP 1**

1 도장 밑에 은행에서 보낸 어음 한 장이 있었다.
▶ 장소의 부사구 Under the stamp가 문장의 앞에 왔으므로 주어와 동사가 도치된다.

2 컴퓨터가 사람보다 좀처럼 더 민감하지는 않다.
▶ 부정어 Rarely(좀처럼 ~ 않다)가 문장의 앞에 왔으므로 주어와 동사가 도치된다.

3 Haley는 외국어를 배우는 것을 좋아하지 않는데, 나 또한 그렇지 않다.
▶ 앞 내용에 대해 '~ 또한 그렇지 않다'라는 의미를 나타내기 위해 〈neither+do+주어〉의 어순으로 쓴다.

**STEP 2**

1 그 군인은 다시는 아내를 만나지 못할 운명이었다.
▶ 부정어구 Never again이 문장의 앞에 왔으므로 주어와 동사가 도치된다.

2 식탁 위에는 온갖 종류의 맛있는 케이크가 있었다.
▶ 장소의 부사구인 On the kitchen table이 문장의 앞에 왔으므로 주어와 동사가 도치된다.

3 그가 옳았다는 생각이 나에게 갑자기 떠올랐다.
▶ The thought를 부연 설명하는 동격의 명사절을 이끄는 접속사 that이 필요하다.

⑤ 어순에 유의해야 하는 구문     p.117

1 내 꿈이 어떻게 이루어질 것인지에 관해 생각하는 것은 나를 즐겁게 했다.

2 일하러 가는 길에 저를 좀 태워다 주시겠어요?

3 나는 TV에서 볼 흥미로운 것을 찾고 있다.

4 나는 나 혼자 여행할 만큼 충분히 자랐다.

⑥ 부정의 뜻을 나타내는 표현     p.117

1 나는 콜라를 마시지 않고는 좀처럼 피자를 먹지 않는다.

2 모든 작가가 관객들이 자신의 연극을 이해할 거라고 믿는 것은 아니었다.

3 많은 예산을 들인 영화가 항상 관객의 기대를 충족시키는 것은 아니다.

## ☑ CHECK UP     p.117

STEP 1   1 turn it in    2 where I will stay
        3 someone creative

STEP 2   1 write them down    2 who ate the cake
        3 brave enough

**STEP 1**

1 작문을 끝냈으면 저에게 제출해 주세요.
▶ 〈타동사+부사〉 형태의 동사구 turn in의 목적어로 대명사(it)가 왔으므로 목적어는 부사 앞에 와야 한다.

2 나는 여행하는 동안 어디에서 묵을지 결정하지 못했다.
▶ 동사 decided의 목적어로 쓰인 간접의문문이므로 〈의문사+주어+동사〉의 어순으로 쓴다.

3 우리는 새로운 아이디어를 생각해 낼 창의적인 사람이 필요하다.
▶ someone과 같이 -one으로 끝나는 부정대명사는 형용사가 뒤에서 수식한다.

**STEP 2**

1 당신의 목표에 집중하는 가장 좋은 방법은 그것들을 적어두는 것이다.
▶ 〈타동사+부사〉 형태의 동사구 write down의 목적어로 대명사(them)가 왔으므로 목적어는 부사 앞에 와야 한다.

2 그들은 누가 그 케이크를 먹었는지 몰랐다.
▶ 동사 know의 목적어로 쓰인 간접의문문 안에서 의문사(who)가 주어로 쓰인 경우이므로 〈의문사+동사〉의 어순으로 쓴다.

3 그들은 대중들에게 진실을 말할 만큼 충분히 용감했다.
▶ 부사로 쓰인 enough는 형용사(brave)를 뒤에서 수식한다.

## GRAMMAR for Reading     pp.118~119

1 (1) nor called   (2) did I think

    (3) It was the vegetable soup that

2 (1) F, something delicious

    (2) F, How the workers feel

    (3) T   (4) F, exercising

3 (1) Not every room in this hotel

    (2) Not only did she save his life

    (3) Could you turn it on

4 it is the law of cause and effect that

5 not all   ⌐EXTRA Q. heat

6 (A) that   (B) use

**1**

(1) 'A도 B도 둘 다 아닌'은 상관접속사 〈neither A nor B〉로 표현하고, 이때 연결된 어구는 문법 형태와 구조가 대등해야 하므로 과거시제 동사 called를 쓴다.

(2) 부정어 Little이 문장의 맨 앞에 오면 주어와 동사가 도치되는데, 이때 동사가 일반동사(think)이므로 〈부정어(구)+do[does/did]+주어+동사원형〉의 어순이 된다. 과거의 일을 나타내므로 did를 쓴다.

(3) '…하는 것은 바로 ~이다[였다]'를 나타내는 〈It is[was] ~ that …〉 강조 구문을 사용하는데 과거의 일이므로 It was와 that 사이에 강조하고자 하는 the vegetable soup을 쓴다.

**2**

(1) 나는 무언가 맛있는 것을 주문하고 싶다.
▶ something처럼 -thing으로 끝나는 부정대명사는 형용사(구)가 뒤에서 수식하므로 something delicious로 써야 한다.

(2) 직원들이 자신의 일을 어떻게 느끼는지는 그들의 업무 성과에 반영된다.
▶ 의문사 How가 이끄는 간접의문문이 문장의 주어로 쓰였으므로 〈의문사+주어+동사〉의 어순으로 써야 한다.

(3) 그 회사가 파산했다는 뉴스는 내게 충격적이었다.
▶ that은 The news를 부연 설명하는 동격의 명사절을 이끄는 접속사이다.

(4) 건강에 좋은 음식을 먹고 운동함으로써 당신은 건강을 유지할 수 있다.
▶ 전치사 By의 목적어로 쓰인 동명사구(eating healthy food)와 등위접속사(and)로 병렬 연결된 어구 자리이므로 동명사 exercising을 써야 한다.

**3**

(1) 부정어(Not)와 every가 함께 쓰여 '모두 ~하는 것은 아니다'라는 의미로 부분 부정을 나타낸다.

(2) 부정어(Not only)가 문장의 앞에 오고, 일반동사(save)가 쓰인 경우이므로 〈Not only+do[does/did]+주어+동사원형〉의 어순으로 도치된다.

(3) 〈타동사＋부사〉인 동사구(turn on)의 목적어가 대명사(it)이므로 목적어는 부사 앞에 와야 한다.

## 4

**해석** 누구나 가끔은 감정의 기복에 대처해야만 한다. 유감스럽게도 우리는 일반적으로 감정은 설명하기 힘들고 이해할 수 없는 것으로 여긴다. 하지만 감정은 인간 정신의 자연 발생적인 산물이다. 다른 모든 것처럼, 감정이 따르는 것은 바로 인과 법칙이다. 그러므로 당신의 감정에 혼란스러워하지 마라. 감정을 인생의 자연스러운 부분으로 받아들인다면 당신은 그것에 더욱 편안해질 것이다.

**문제풀이** 〈It is ~ that ...〉 강조 구문으로, 강조하고자 하는 the law of cause and effect를 it is와 that 사이에 쓴다.

**구문분석**

[1행] At one time or another, everyone has to deal with **both** emotional highs **and** emotional lows.
「both A and B」는 'A와 B 둘 다'라는 의미로 A와 B에 문법적으로 대등한 명사구가 왔다.

## 5

**해석** 화산은 폭발할 때 막대한 피해를 초래하기 때문에 아주 위험할 수 있다. 하지만 모든 생명체가 그것들을 두려워하는 것은 아니다. 실제로, 새의 한 종류인 maleo는 생존을 위해 화산에 의존한다. 그 새는 둥지를 만들 때 화산 지대를 찾아내서, 그 열을 자신의 알을 부화하는 데 사용한다. maleo의 알은 몹시 큰데, 이는 암컷 maleo가 혼자서는 알을 따뜻하게 유지할 수 없다는 것을 의미하기 때문에 이런 추가적인 도움이 필요하다.

**문제풀이** 부정어(not)와 all이 함께 쓰여 '모두 ~하는 것은 아니다'라는 의미로 부분 부정을 나타낸다.

**구문분석**

[3행] It **seeks out** volcanic areas [*when making* a nest] and **uses** their heat {to help hatch its eggs}.
동사 seeks out과 uses가 and로 병렬 연결되었다. [ ]는 때를 나타내는 분사구문으로 의미를 명확히 하기 위해 접속사를 생략하지 않았다. { }는 목적을 나타내는 부사적 용법의 to부정사구이다. help의 목적어로 동사원형이 왔다.

**✔EXTRA Q.** maleo는 자신의 알을 따뜻하게 유지하는 것을 돕는 데 화산의 열을 사용한다.

## 6

**해석** 우주 비행사들이 겪는 가장 큰 문제 중 하나는 바로 다리 정맥의 약화이다. 혈액이 무중력 상태에서는 다르게 흐르고, 혈액 순환 체계는 열심히 작동할 필요가 없기 때문에 정맥은 가늘고 약해진다. NASA는 새끼 기린은 어떻게 이 문제를 해결하는지 알아보기 위해 새끼 기린을 연구했다. 새끼 기린은 다리 정맥이 빠르게 팽창하기 때문에 태어나자마자 일어설 수 있다. 이것을 염두에 두고, NASA는 우주 비행사의 다리 둘레에 딱 맞고 그들의 정맥을 확장하기 위해 진공 압력을 사용하는 관을 만들었다. 결과적으로 우주 비행사들은 그들의 정맥을 튼튼하고 건강하게 유지할 수 있다.

**문제풀이** (A) '…하는 것은 바로 ~이다'라는 의미의 〈It is ~ that ...〉 강조 구문이므로 that을 써야 한다.
(B) 선행사 tubes를 수식하는 주격 관계대명사절 안에서 동사 fit과 and로 병렬 연결되는 자리이므로 복수 동사인 use를 써야 한다.

**구문분석**

[3행] NASA studied baby giraffes [**to see** {how they deal with this}].
[ ]는 목적을 나타내는 부사적 용법의 to부정사구이다. { }는 see의 목적어로 쓰인 간접의문문으로 「의문사＋주어＋동사」의 어순이다.

---

✈ 수능 유형 독해 **내용 일치 · 도표 일치**   pp.120~124

**수능 기출 ④**
1 ④  2 ③  3 ③  4 ②  5 ③  6 ④  7 ④  8 ③

**수능 기출 ④**

**해석** 자신의 그림들 각각에 대한 헌신으로 알려진 Protogenes는 고대 그리스의 화가이자 Apelles의 라이벌이었다. 그는 Caria의 해안에 있는 Caunus에서 태어났지만 삶의 대부분을 Rhodes에서 살았다. 그에 대해 그 밖에 다른 것은 알려진 바가 거의 없다. 그러나 그의 그림에 대한 몇 가지 설명은 있다. 'Ialysus'와 'Satyr'는 그의 작품 중에서 가장 잘 알려져 있었다. Protogenes는 Rhodes의 한 마을의 지역 영웅의 묘사인 'Ialysus'를 그리는 데 대략 7년을 보냈다. 적어도 200년 동안 Rhodes에 남아 있은 다음에 그것은 로마로 옮겨졌다. 그곳에서 나중에 그것은 화재로 파괴되었다. Protogenes는 기원전 305년부터 304년까지 Demetrius Poliorcetes가 Rhodes를 공격하는 동안에 'Satyr'를 작업했다. 흥미롭게도 그가 'Satyr'를 그린 정원은 적의 막사 한가운데에 있었다. Protogenes는 'Satyr'가 완성되었을 때 약 70세였다고 한다.

**문제풀이** ④ 적의 막사 한가운데에 있는 정원에서 'Satyr'를 그렸다고 했다.

**구문분석**

[6행] Protogenes **spent** approximately seven years **painting** the *Ialysus*, [a depiction of a local hero of a town in Rhodes].
「spend＋시간＋v-ing」는 '~하는 데 (시간)을 보내다'라는 의미이다. [ ]는 the *Ialysus*를 부연 설명하는 동격어구이다.

[11행] Interestingly, the garden [**in which** he painted the *Satyr*] was in the middle of the enemy's camp.
[ ]는 the garden을 수식하는 목적격 관계대명사절로, in which는 관계부사 where로 바꿔 쓸 수 있다.

## 1 ④

**해석** 쿠카멜론은 시큼한 오이 같은 맛이 나는 특이한 과일이다. 멕시코와 중앙아메리카가 원산지로, 그것은 멕시코의 시큼한 오이 피클 또는 마우스멜론이라고 불리기도 한다. 그것은 작은 수박을 닮았다. 그것은 농산물 직판장에서 살 수도 있지만, 기르기 쉽기 때문에 많은 사람들이 정원에 심는다. 4월과 5월에 실내에서 재배를 시작하는 것이 가장 좋다. 어린싹이 땅에서 나오는 데는 3~4주가 걸릴 수 있다. 일단 충분히 커지면 그것들을 정원에 옮겨 심어라. 쿠카멜론 열매가 포도 정도의 크기가 되면 수확될 만큼 충분히 익은 것이다. 그것을 먹는 방법은 여러 가지지만, 가장 좋은 방법은 당신의 입에 바로 넣는 것이다.

**문제풀이** ④ 실내에서 재배를 시작하여 충분히 커지면 정원에 옮겨 심으라고 했다.

**구문분석**

[1행] [(**Being**) Native to Mexico and Central America], it is also called a Mexican sour gherkin or a mouse melon.
[ ]는 부대상황을 나타내는 분사구문으로 Native 앞에 Being이 생략되었다.

[5행] **It can take** three or four weeks *for the young plants* *to emerge* from the soil.
「It takes+시간+to-v」는 '~하는 데 (시간)이 걸리다'라는 의미이다. for the young plants는 to부정사의 의미상 주어이다.

[7행] ..., it is **ripe enough to be** picked.
부사로 쓰인 enough는 형용사(ripe)를 뒤에서 수식한다. 「형용사+enough to-v」는 '~할 만큼 충분히 …한'이라는 의미이다.

## 2 ③

**해석** 벌거숭이두더지쥐는 동아프리카에서 발견되는 작은 설치류이다. 그들은 무척 못생긴 동물로, 큰 이빨이 있고 털이 없으며 분홍색 피부를 가지고 있다. 그들은 길이가 150mm 정도밖에 되지 않고, 암컷과 수컷의 크기 차이가 없다. 그들의 명칭에도 불구하고, 그들은 두더지도 쥐도 아니며, 그들의 사회적 행동은 개미나 꿀벌의 사회적 행동과 더 유사하다. 그들은 군인과 일꾼, 그리고 여왕과 함께 300마리의 개체에 이르는 큰 집단을 이루어 지하에서 살고 새끼를 낳는다. 지상으로 나오는 일이 거의 없어서, 그들의 눈은 매우 작다. 두더지쥐는 또한 고통을 거의 느끼지 않는 것으로 보이며, 산소가 아주 적은 곳에서 살 수 있다.

**문제풀이** ① 털은 없고 피부가 분홍색이다.
② 수컷과 암컷의 크기 차이는 없다.
④ 지하에서 살며 지상으로 나오는 일은 거의 없다.
⑤ 산소가 아주 적은 곳에서 살 수 있다.

**구문분석**

[4행] Despite their name, they are **neither** moles **nor** rats, and their social behavior more closely resembles *that* of ants or bees.
「neither A nor B」는 'A도 B도 아닌'의 의미로 A와 B에 문법적

으로 대등한 형태가 왔다. that은 앞에 나온 social behavior를 가리킨다.

[7행] **Rarely do they come up** to the surface of the earth, ... .
부정어(Rarely)가 문장의 앞에 오고, 문장의 동사로 일반동사(come up)가 쓰여 「부정어(Rarely)+do[does/did]+주어+동사원형」의 어순으로 도치되었다.

## 3 ③

**해석** 위 그래프는 11세의 호주 여자아이들과 남자아이들이 문제가 생겼을 경우 누구와 상담하는지를 보여준다. 여자아이들과 남자아이들은 문제가 생겼을 경우 어머니가 가장 많이 상담을 받아주는 사람이었다. 남자아이들의 경우, 아버지가 두 번째로 많이 상담을 받아주었고, 친구가 그 뒤를 이었다. 선생님에게 상담한 여자아이들의 비율은 아버지와 상담한 여자아이들의 비율보다 20퍼센트포인트 더 높았다. 선생님과 상담한 남자아이들의 비율은 선생님과 상담한 여자아이들의 비율보다 4퍼센트포인트 더 높았다. 여자아이들은 문제가 생겼을 경우, 남자 형제나 여자 형제에게 가는 것보다 친구에게 더 많이 갔다.

**문제풀이** ③ 선생님과 상담한 여자아이들의 비율(40%)은 아버지와 상담한 여자아이들의 비율(60%)보다 20퍼센트포인트 낮았다.

**구문분석**

[1행] The above graph shows [**who** Australian girls and boys {*aged* eleven} consulted if they had problems].
[ ]는 shows의 목적어로 쓰인 간접의문문이다. { }는 Australian girls and boys를 수식하는 과거분사구이다.

## 4 ②

**해석** 유명한 건축가이자 도시 설계가인 자이메 레르네르는 1937년에 브라질의 쿠리치바에서 태어났고, 1971년에는 시장으로 선출되었다. 그는 두 번이나 재선되었고, 8년을 더 시장으로 지냈다. 그가 시장으로 있는 동안, 그는 쿠리치바를 본보기가 되는 지역사회로 변모시킨 수많은 저비용의 프로젝트를 생각해 냈다. 시민들의 삶의 질에 가장 큰 영향을 준 것은 바로 그 도시의 효율적인 대중교통 시스템이었다. 이제 전 세계 100여 개 이상의 국가에서 모방되는 그 시스템은 효율적이고 편리하며 저렴하다. 레르네르는 또한 쓰레기 관리, 재활용, 그리고 녹지 보호 프로그램을 실행하기도 했다. 게다가, 그는 도시 빈민의 요구도 좀처럼 무시하지 않았으며 도시 중심가 근처에 저소득층을 위한 주택을 지었다.

**문제풀이** ② 두 번 재선되어 시장으로 8년을 더 지냈다고 했다.

**구문분석**

[5행] **It was** the city's efficient public transit system **that** had the biggest impact ... .
문장의 주어인 the city's efficient public transit system을 강조하는 「It was ~ that ...」 강조 구문이 쓰였다.

[6행] [Now (**being**) copied in more than 100 countries

around the world], it is efficient, ... .
[ ]는 부대상황을 나타내는 분사구문으로 copied 앞에 being이 생략되었다.

## 5 ③

**해석** 멕시코 해변에서 1,000km 떨어진 곳에 위치한 클리퍼턴 섬은 그다지 매력적인 장소는 아니다. 그곳은 날카로운 산호와 공격적인 게들로 뒤덮여 있다. 그곳에는 5월부터 10월까지 끊임없이 비가 많이 오고, 건기에는 섬에 암모니아 냄새가 난다. 그래서 그 섬에 사람이 살지 않는다는 것은 놀랍지 않다. 그러나 과거에는 프랑스, 미국, 영국, 그리고 멕시코 모두가 이 섬을 얻기 위해 싸웠다. 그들이 그렇게 한 것은 이 섬의 전략적 위치 때문만이 아니라, 비료로 팔리던 비싼 바닷새의 배설물인 구아노 표층 때문이기도 했다. 클리퍼턴 섬을 식민지화하려는 시도가 1858년에서 1917년까지 이어졌으나, 모두 실패했다. 한 멕시코 정착민 집단이 드디어 성공했을 때, 그들은 곧 잊혀졌으며 오도 가도 못한 채로 남겨졌다.

**문제풀이** ① 산호와 게들로 뒤덮여 있다.
② 5월부터 10월까지 비가 많이 오고 건기에 암모니아 냄새가 난다.
④ 섬에 대한 영토권 분쟁은 1858년에서 1917년까지 지속되었다.
⑤ 섬을 차지한 멕시코 정착민 집단은 잊혀졌다.

**구문분석**

[6행] They did so **not only** because of its strategic position **but also** for its surface layer of guano, [valuable seabird waste {*that* was sold as fertilizer}].
「not only A but also B」는 'A뿐만 아니라 B도'라는 의미로 A와 B에는 이유를 나타내는 전치사구가 쓰였다. [ ]는 guano를 부연 설명하는 동격어구이며, { }는 valuable seabird waste를 수식하는 주격 관계대명사절이다.

[7행] Attempts [**to colonize** Clipperton Island] were made from 1858 to 1917, ... .
[ ]는 문장의 주어인 Attempts를 수식하는 형용사적 용법의 to부정사구이며, 문장의 동사는 were made이다.

## 6 ④

**해석** 16세기 스페인의 위대한 작곡가인 토마스 루이스 데 빅토리아는 아빌라에서 태어나 소년 시절 교회 합창단에서 노래했다. 변성기가 왔을 때 공부하기 위해 로마로 가서, 다양한 교회와 종교 기관에서 직책을 맡으며, 20년 동안 그 도시에 머물렀다. 로마에서 그는 유명한 이탈리아 작곡가인 팔레스트리나를 만났는데, 심지어 그의 제자였을지도 모른다. 사제가 되고 난 후, 1580년대에 그는 스페인으로 돌아와 왕가의 작곡가이자 오르간 연주자로 마드리드에서 평화롭게 여생을 보냈다. 그는 1611년에 사망했으나, 그의 무덤은 아직 확인되지 않았다.

**문제풀이** ④ 사제가 된 후 스페인으로 돌아왔다.

**구문분석**

[1행] Tomas Luis de Victoria, [the greatest Spanish composer of the sixteenth century], was born ... .
[ ]는 Tomas Luis de Victoria를 부연 설명하는 동격어구이다.

[5행] ..., and **may** even **have been** his pupil.
「may have v-ed」는 '~했을지도 모른다'의 의미이다.

## 7 ④

**해석** 위 그래프는 1986년과 2016년 사이에 평균적인 미국의 패스트푸드 음식의 칼로리 수치와 1인분 제공량이 어떻게 변화했는지를 보여준다. 음식의 모든 부분이 1인분 제공량과 칼로리 수치 모두에서 증가했고, 디저트는 가장 큰 증가를 보였다. 세 개의 범주 중에서 1인분 제공량이 가장 큰 주요리는 90칼로리가 추가되며 39그램이 증가했다. 곁들임 요리의 1인분 제공량은 30년 동안 단지 4그램 증가에 그쳤지만 42칼로리가 증가했다. 디저트는 칼로리 수치가 두 배 이상 증가하는 동안 1인분 제공량은 71그램이 증가했다. 1986년의 전체 음식은 735칼로리인 반면, 2016년의 (전체) 음식은 1,053칼로리였다.

**문제풀이** ④ 디저트의 1인분 제공량은 71그램 증가하였으나, 칼로리는 1986년에는 234칼로리, 2016년에는 420칼로리로 두 배 이상 증가하지 않았다.

**구문분석**

[2행] All parts of the meal increased in both portion size and calorie count, **with** desserts **showing** the greatest increase.
「with+(대)명사+분사」는 '~가 …하면서[된 채로]'라는 의미로, 명사(desserts)와 분사가 능동의 관계이므로 현재분사(showing)가 쓰였다.

## 8 ③

**해석** 요하네스 베르메르는 중산층의 일상생활 장면을 그린 것으로 알려진 17세기 네덜란드의 화가였다. 그는 천천히 세부 사항에 큰 관심을 기울이며 그림을 그렸고, 파란색과 노란색 같은 밝은 색깔을 선호했다. 그러나 가장 유명한 것은 바로 그의 숙련된 빛 처리와 사용이다. 베르메르는 일생 동안 보통의 명성을 얻었지만 그 이후 거의 200년 동안은 잊혀졌다. 이렇게 된 한 가지 이유는 아마도 그가 상대적으로 적은 수의 작품을 그렸기 때문일지도 모른다. 그의 예술 작품은 총 45점으로 추정된다. 19세기에 와서야 그의 작품이 재발견되었다. 그 이후로, 그의 천재성에 대한 진가를 이해하는 것이 늘어났고, 현재 그는 그 시대의 가장 훌륭한 네덜란드 화가 중 한 사람으로 여겨진다.

**문제풀이** ③ 그는 살아 있는 동안 보통의 명성을 얻었다고 했다.

**구문분석**

[2행] He painted slowly and with great attention to detail, [**favoring** bright colors such as blue and yellow].
[ ]는 부대상황을 나타내는 분사구문이다.

[3행] However, **it is** his skilled treatment and use of light **that** is most renowned.

문장의 주어인 his skilled treatment and use of light를 강조하는 「it is ~ that ...」 강조 구문이다.

[7행] **It wasn't until** the 19th century **that** his work was rediscovered.
「It wasn't until ~ that ...」은 '~이 되어서야 비로소 …했다'라는 의미이다.

## REVIEW TEST
*Grammar in the passage*                                    p.125

**1** They fought not only <u>because of its strategic position</u> but also <u>for its surface layer of guano</u>.
그들은 그것의 전략적 위치 때문만이 아니라 그것의 구아노 표층 때문에 싸웠다.

**2** He <u>returned to Spain</u> and <u>spent the rest of his life in Madrid</u>.
그는 스페인으로 돌아왔고 마드리드에서 여생을 보냈다.

**3** All parts of the meal increased in both <u>portion size</u> and <u>calorie count</u>.
음식의 모든 부분이 1인분 제공량과 칼로리 수치 모두에서 증가했다.

**4** It is <u>his skilled treatment and use of light</u> that is most renowned.
가장 유명한 것은 바로 그의 숙련된 빛의 처리와 사용이다.

**5** <u>Jaime Lerner, a well-known architect and urban planner</u>, was born in Brazil.
유명한 건축가이자 도시 설계가인 자이메 레르네르는 브라질에서 태어났다.

**6** It was <u>the city's efficient public transit system</u> that had the biggest impact on the residents' lives.
시민들의 삶에 가장 큰 영향을 준 것은 바로 그 도시의 효율적인 대중교통 시스템이었다.

**7** <u>Tomas Luis de Victoria, the greatest Spanish composer of the sixteenth century</u>, was born in Avila.
16세기 스페인의 위대한 작곡가인 토마스 루이스 데 빅토리아는 아빌라에서 태어났다.

**8** It is ripe enough to be picked.
그것은 수확될 만큼 충분히 익었다.

**9** Rarely do they come up to the surface of the earth.
그들이 지표면에 나오는 일은 거의 없다.

**10** Once they are big enough, replant them in your garden.
일단 그것들이 충분히 커지면, 그것들을 너의 정원에 옮겨 심어라.

# The 상승
## 문법독해편